JN114630

いちばんわかる 日商簿記 1級
工業簿記・原価計算の問題集

CPA
Certified Public Accountant
CPA会計学院 編著

はしがき

　本書を手に取る方の多くは、いま日商簿記３級２級の勉強中、もしくは、すでに合格したという方でしょう。

　日商簿記１級は日商簿記検定の最高峰に位置づけられる試験です。

　簿記２級合格後の新たな目標として、簿記１級は非常におすすめです。

　簿記２級においても多くのことを学習しますが、簿記会計分野の領域は非常に広く、簿記２級においてまだ学習できてないことは多々あります。

　この点、簿記１級では幅広くそして奥深く学習することになるため、簿記会計に関する大きな強みを身につけることができます。

　事実、簿記１級合格者は企業において高く評価されています。しかし、現状簿記１級合格者は多くないため、非常に重宝されます。合格したあかつきには、昇進や転職などキャリアアップに大きく活きることでしょう。

　また簿記１級は、国家資格である公認会計士試験や税理士試験の登竜門でもあり、最終的に公認会計士を目指すという方にもおすすめです。

　しかし、その分難しい試験であるという点も事実です。

　そこで本書においては、難しい内容でもしっかりと身につけられ、かつ、効率的に学習できるよう以下のような特徴を持たせました。

　　・図や表を積極的に用いることで、理解・定着ができる。

　　・各論点に例題を設けることで、解く力を養うことができる。

　　・学習上の重要性を付すことで、効率的に学習できる。

　上記に加えて最大の強みは、CPAラーニングと連動している点です。

　CPAラーニングでは本書を用いた講義を実施しています。

　講義動画は、CPA会計学院の公認会計士講座の講師が担当しており、本書の内容を、かみ砕いてわかりやすく解説しています。正しく理解し、効率的に学習を進めるためにも、講義を受講することをおすすめいたします。

　簿記1級はその内用面、試験範囲の広さから、完全独学が難しい試験となっています。本書と合わせて、ぜひCPAラーニングをご活用して頂き、簿記１級の合格を勝ち取って下さい。

　本書は、会計資格の最高峰である公認会計士試験で高い合格実績を誇るCPA会計学院が自信を持ってお贈りする一冊です。本書で学習された皆様が、日商簿記検定１級に合格されることを心より願っております。

　　※　本章に該当する問題は試験で出題されないため掲載していませんが、本シリーズ教科書（『いちばんわかる日商簿記１級 商業簿記・会計学の教科書 第Ⅰ部〜第Ⅲ部』）と合わせて学習することは有益であるため、章名を残しています。

2023年５月吉日

CPA会計学院　講師一同

■CPAラーニングを活用しよう！

■合格への道

1．学習を始める前に知っておくべき1級の特徴

特徴1　試験科目は4つあるが、実質2科目！

　簿記1級の試験科目は「商業簿記」、「会計学」、「工業簿記」、「原価計算」の4つに分けられています。しかし、実際は「商業簿記と会計学」、「工業簿記と原価計算」がそれぞれセットであり、実質2科目です。簿記2級で言えば前者が商業簿記、後者が工業簿記です。簿記1級は、簿記2級の商業簿記と工業簿記の延長線上にあると言えます。

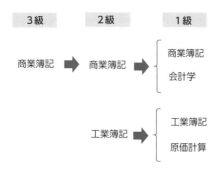

特徴2　試験範囲が広いが、得点調整がなされる！

　簿記1級は試験範囲が非常に広く、時にはテキストに記載されてないような論点が出題されることもあります。しかし、簿記1級は得点調整（傾斜配点）がなされると言われます。具体的には、試験が難しく受験生の多くが点数を取れなかった場合、正答率が低い問題の配点は小さくなり、正答率が高い問題の配点が大きくなるよう調整されます。このため、難しい問題をいかに正答するかよりも、正答すべき基本的な問題をいかに失点しないかが大事な試験と言えます。

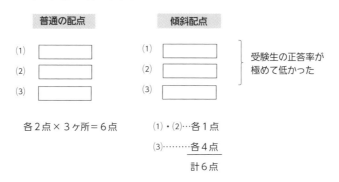

特徴3　理論問題も出題されるが、計算問題を最優先で！

　簿記1級では計算問題（金額を解答する問題）だけでなく、理論問題（文章の正誤を判定する問題や語句補充問題）も出題されます。理論の出題範囲は幅広く、完璧な対応は不可能に近いです。しかし、配点は計算問題の方が多く、また、計算問題が解ければ正答できるレベルの理論問題も多いです。そのため、計算問題をしっかり解けるようにすることを最大限意識して学習するようにしましょう。

2．短期で確実に合格するために！

① CPAラーニングの動画を見る！

簿記1級は内容的にも分量的にも、独学で合格を目指すのは非常に大変です。合格への最短ルートは、講義動画を見ることです。CPAラーニングでは、CPA会計学院の人気講師が本テキストを使用してわかりやすく講義しています。講義は、「商業簿記・会計学」と「工業簿記・原価計算」の2つありますが、並行して学習することをおすすめします。

② 重要度を意識する！

本書は「論点の説明→例題で確認」という構成にしていますが、全ての例題に重要度を明示しています。簿記1級は試験範囲が広く、網羅的に学習することは非常に大変です。また、得点調整が行われる可能性も考慮すると、難しい論点に勉強時間を充てるのは非効率な勉強とも言えます。効率的に学習するために、重要度を活用して下さい。

重要度A	どんな方も解けるようにすべき論点
重要度B	基本的に解けるようにすべきだが、余裕がない方はやらなくてよい論点
重要度C	余裕がある方のみ解けるようにすべき論点

基本的には重要度Bまでをしっかりと復習して、正答できる力を身につけるのがおすすめです。

もし、時間がない方は重要度Aまでをしっかりとやって、簡単な論点のみ重要度Bまで手を出すようにして下さい。

③ 計算問題をスラスラ解けるようにする！

上述の通り、簿記1級では理論問題も出題されますが、合格への最短ルートは計算問題をできるようにすることです。計算問題は1回復習しただけではスラスラ解けるようにはなりません。講義後、最低でも3回は例題を解くようにしましょう。

	タイミング	ここに注意！
1回目	講義後すぐに	講義を聞いただけでは解けないので、最初は解答解説を見ながらやりましょう。その後に、解答解説を見ずに自力で解いてみるようにして下さい。
2回目	1回目の復習の3日後	3日しか経ってなくても結構忘れてるので、解けなくなってるかもしれません。でも、それで大丈夫です。知識は、「忘れかけた頃に思い出す」ことで身についていくものだからです。
3回目	2回目の復習の1週間後	3回目なので論点によってはスラスラ解けるかもしれません。ただ、やっぱりすっかり忘れて解けないことも多いです。でも、それで大丈夫です。知識は、「忘れかけた頃に思い出す」ことで身についていくものだからです。

また、3回目以降も継続して復習するようにして下さい。1ヶ月〜1.5ヶ月おきに復習するのがおすすめです。3回目の復習で完璧に解けるようになったとしても、時間の経過によりだんだんと忘れてしまうので解けなくなってるかもしれません。でも、それで大丈夫です。知識は、「忘れかけた頃に思い出す」ことで身についていくものだからです。

④　基礎固めを大事にする！

　簿記1級では応用的な問題も出題されます。応用的な問題は無限にパターンがあるので、全てのパターンを事前に演習することは不可能です。では、応用問題への対応力はどのように身につけるのでしょうか？

　それは、基礎を徹底的に固めることです。基礎固めこそが応用力獲得の一番の近道です。そして、そのために例題を何回も反復するようにして下さい。

　何回も反復すると解答数字を覚えてしまうかもしれません。しかし例題で大事なのは、解答数字を算定することよりも、「自分が何を分かっていて、何が分かってないのか」を明確にすることです。例題が解けなかったり、解けたけど解き方でちょっと迷ったり、問題文の意味が読み取れなかったり、ちょっとした勘違いをしたり、などなどスラスラ解けないことがあるはずです。

　ちょっとでもスラスラ解けなかったら、そこは理解不足・定着不足という認識を持つようにして下さい。基礎をしっかりと固め、理解不足や定着不足をゼロに近づけることで合格に近づいていきます。

理解するためのコツ～自分に問いかけてみよう～

・なぜそうするのかを説明できる？
・似た論点の違いがわかってる？
・問題文の指示の意味がわかってる？（問題文読まずに、単にその例題の解き方を覚えちゃってない？）
・計算式の意味がわかっている？（単に計算式を公式のように覚え、そこに数値を当てはめるだけになっていない？）

⑤　講義を受講し終えたらあとは総復習！

　講義が全部終わってからは総復習の段階に入ります。全範囲を学習してみると、簿記1級の試験範囲の広さが実感でき、多くのことを学習してきたことがわかるでしょう。それは「全範囲を勉強したぞ」という自信にもつながりますが、一方で、試験範囲の広さを目の当たりにして自信をなくすかもしれません。

　しかし、講義が全部終わったのなら合格まであと一歩です。合格できるかどうかは、講義を受講し終えてからの総復習にかかっています。まだ完全に身についてない論点を再度復習し、穴を一つひとつ埋めていきましょう。また、完全に身についた論点についても、忘れてしまっていないかという点を確認するようにして下さい。

　これを繰り返すことで、基礎が固まり、合格するための力を身につけることができます。簿記1級は合格率の低い試験ではありますが、難しい問題を解けるようにしないと受からない試験ではありません。

　講義が終われば合格まであと少しです。合格に向けて総復習、頑張って下さい。

■日商簿記検定1級について

試験概要

受験資格	なし
試験形式	年2回のペーパー試験
申込期日	受験日の約2か月前から約1か月間 (受験希望地の商工会議所によって、申込期日や申し込み方法は異なる)
受験日	6月中旬(第2日曜日)、11月下旬(第3日曜日)
受験料	税込7,850円
試験科目	商業簿記・会計学・工業簿記・原価計算
試験時間	商業簿記・会計学(90分) 工業簿記・原価計算(90分) 合計180分(途中休憩あり)
合格基準	70%以上 ただし、1科目ごとの得点は40%以上
合格発表日	受験後、約1か月後に発表(商工会議所により異なる)
筆記用具について	試験では、HBまたはBの黒鉛筆、シャープペン、消しゴムが使用可 (ラインマーカー、色鉛筆、定規等は使用不可)
計算器具について	電卓の持ち込み可(ただし、計算機能(四則演算)のみのものに限り、例えば、次の機能があるものは持ち込み不可。印刷(出力)機能、メロディー(音の出る)機能、プログラム機能(例):関数電卓等の多機能な電卓、辞書機能(文字入力を含む)ただし、次のような機能は、プログラム機能に該当しないものとして、試験会場での使用を可とします。日数計算、時間計算、換算、税計算、検算(音のでないものに限る)
合格率	10%前後であることが多い

※ 本書の刊行時のデータです。最新の情報は商工会議所のWEBサイトをご確認ください。(https://www.kentei.ne.jp/bookkeeping)

■書籍の訂正及び試験の改正情報について

発行後に判明した誤植や試験の改正については、下記のURLに記載しております。

cpa-learning.com/correction-info

目　次

第 1 章

原価計算総論

※ 本章に該当する問題は試験で出題されないため掲載していませんが、本シリーズ
　教科書（『いちばんわかる日商簿記１級 商業簿記・会計学の教科書 第Ⅰ部〜第Ⅲ部』）
　と合わせて学習することは有益であるため、章名を残しています。

第 2 章

材料費会計

次の〔資料〕に基づいて、以下の各問に答えなさい。

〔資料〕

1．材料Xの当月購入数量は3,700kgであり、送り状価額は1,498,500円であった。

2．当月の材料副費の実際発生額は下記のとおりである。

　　引 取 運 賃　　30,500円　　　保 険 料　　14,800円　　　買入手数料　　15,500円

　　保 管 費　　　9,800円　　　購入事務費　　4,600円　　　関　　税　　13,400円

3．当月の材料Xの月初在庫量は300kg、購入原価は120,900円であった。

4．材料Xは、継続記録法を用いて消費量の計算を行い、総平均法を用いて消費単価の計算を行っている。なお、材料Xはすべて主要材料として使用される。

5．当月の材料の月末帳簿棚卸数量は280kgであり、実地棚卸数量も同じであった。

問1　購入原価の範囲を、購入代価に材料副費のすべてを加えたものとした場合における、材料Xの消費単価を計算しなさい。　　　　　　　　　　　　　　　　　　　　　　　　　　　重要度 Ⓐ

問2　購入原価の範囲を、購入代価に引取費用（外部材料副費）を加えたものとした場合における、材料Xの消費単価を計算しなさい。　　　　　　　　　　　　　　　　　　　　　　　　　　　重要度 Ⓑ

問3　問1 において、仮に消費価格として予定消費価格（@420円/kg）を用いた場合の材料消費価格差異を計算しなさい。なお、有利差異の場合には＋を、不利差異の場合には－を付けることとする（以下同様）。　　　　　　　　　　　　　　　　　　　　　　　　　　　　　　　　　　　　　　重要度 Ⓐ

ここからは以下の〔追加資料〕に基づいて答えること。

〔追加資料〕年間予算データ

1．材料Xの年間予算は、予算購入額が送り状価額で16,800,000円、予算購入数量が42,000kgである。

2．材料副費の年間予算額は下記のとおりである。

　　引 取 運 賃　　360,000円　　　保 険 料　　180,000円　　　買入手数料　　180,000円

　　保 管 費　　108,000円　　　購入事務費　　60,000円　　　関　　税　　120,000円

問4 購入原価の範囲を、購入代価にすべての材料副費を加えたものとする場合で、材料副費は一括して購入代価に基づいて材料に予定配賦する場合の材料副費配賦差異を計算しなさい。 重要度 B

■ 解答欄

問1 ☐☐☐☐☐☐☐☐ 円/kg

問2 ☐☐☐☐☐☐☐☐ 円/kg

問3 ☐☐☐☐☐☐☐☐ 円

問4 ☐☐☐☐☐☐☐☐ 円

解答・解説 材料副費

問1 ☐☐☐☐ 427円/kg

問2 ☐☐☐☐ 423.4円/kg

問3 ☐☐☐☐ −26,040円

問4 ☐☐☐☐ 1,310円

問1

(1) 当月購入分の購入原価の総額

1,498,500円（送り状価額）＋88,600円※（材料副費）＝1,587,100円

(2) 総平均法による材料の消費単価の計算

（120,900円＋1,587,100円）÷（300kg＋3,700kg）＝@427円/kg

※ 30,500円＋14,800円＋15,500円＋9,800円＋4,600円＋13,400円＝88,600円

《材料副費（実際発生額）のすべてを材料の購入原価に含める場合》

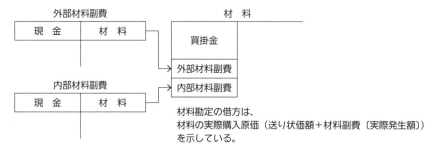

※　材料副費の実際発生額を購入原価に算入

問2

(1)　当月購入分の購入原価の総額

1,498,500円（送り状価額）＋74,200円（引取費用・外部材料副費）＝1,572,700円

(2)　総平均法による材料の消費単価の計算

（120,900円＋1,572,700円）÷（300kg＋3,700kg）＝@423.4円/kg

《外部材料副費（実際発生額）のみを材料の購入原価に算入する場合》

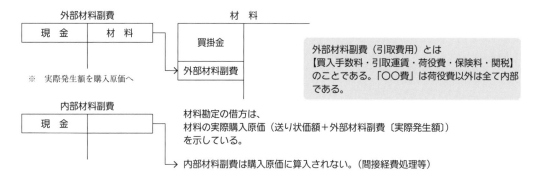

外部材料副費（引取費用）とは
【買入手数料・引取運賃・荷役費・保険料・関税】
のことである。「○○費」は荷役費以外は全て内部
である。

問3

(1)　材料勘定

材　料			（単位：円）
前　月　繰　越	120,900	仕　　掛　　品	1,562,400
買　　掛　　金	1,498,500	消　費　価　格　差　異	26,040
材　料　副　費	88,600	次　月　繰　越	119,560

◇　買掛金：送り状価額

◇　仕掛品：@420円/kg×（300kg＋3,700kg－280kg）

◇　次月繰越：@427円/kg×280kg

(2)　材料消費価格差異の算定

予定消費価格と実際消費価格の差に消費数量を乗じて算定する方法

（@420円/kg－@427円/kg）×3,720kg（当月材料消費量）＝－26,040円（不利差異）

予定価格を使った消費原価と実際価格を使った消費原価の差額で算定する方法

@420円/kg×3,720kg－@427円/kg×3,720kg＝－26,040円（不利差異）

問4

  (1) 購入原価に含める材料副費の予定配賦率の算定

   1,008,000円 ÷ 16,800,000円 = 6 %

  (2) 材料に予定配賦される材料副費

   1,498,500円 × 6 % = 89,910円

  (3) 材料副費配賦差異

   89,910円 − 88,600円 = + 1,310円 (有利差異)

次の〔資料〕に基づいて、以下の各問に答えなさい。　　　　重要度 A

〔資料〕
1．当月の材料受払記録

受　入			払　出		
日付	数量（kg）	購入原価（円）	日付	数量（kg）	備　考
2	1,400	3,570,000	10	1,950	主要材料
9	1,600	3,984,000	14	950	補助材料

※　月初の材料在庫はゼロであった。

2．材料の消費数量の計算としては継続記録法を採用し、消費単価の計算は総平均法を用いる。

3．当月末の材料の実地棚卸数量は90kgであった。なお、当月に発生した棚卸減耗はすべて正常な範囲内と判断されている。

問1　当月の①棚卸減耗費の金額、②当月の直接材料費の金額を求めなさい。

問2　材料の消費価格として、予定消費価格（@2,500円/kg）を用いた場合における、当月の①棚卸減耗費の金額、および②材料消費価格差異を求めなさい。なお、有利差異の場合には「＋」を、不利差異の場合には「－」を付すこととする（以下同様）。

問3　材料の購入時において、予定受入価格（@2,500円/kg）を用いた場合における、当月の①棚卸減耗費の金額、および②材料受入価格差異の総額を求めなさい。

■ 解答欄

問1　①　［　　　　　　］円　　②　［　　　　　　］円

問2　①　［　　　　　　］円　　②　［　　　　　　］円

問3　①　［　　　　　　］円　　②　［　　　　　　］円

予定消費価格と予定受入価格

問1　① [25,180円]　② [4,910,100円]

問2　① [25,180円]　② [−52,200円]

問3　① [25,000円]　② [−54,000円]

問1

材料勘定

材　料			（単位：円）
諸　　　　口	7,554,000	仕　　掛　　品	4,910,100
		製　造　間　接　費	2,392,100
		棚　卸　減　耗　費	25,180
		次　月　繰　越	226,620

◇　諸口：3,570,000円＋3,984,000円＝7,554,000円

　　実際購入価格の計算：7,554,000円÷3,000kg（総平均法）＝@2,518円/kg

◇　次月繰越：@2,518円/kg（実際購入価格）×90kg＝226,620円

◇　棚卸減耗費：@2,518円/kg（実際購入価格）×10kg＝25,180円

◇　仕掛品：@2,518円/kg（実際購入価格）×1,950kg＝4,910,100円

◇　製造間接費：@2,518円/kg（実際購入価格）×950kg＝2,392,100円

問2

（1）材料勘定

材　料			（単位：円）
諸　　　　口	7,554,000	仕　　掛　　品	4,875,000
		製　造　間　接　費	2,375,000
		消　費　価　格　差　異	52,200
		棚　卸　減　耗　費	25,180
		次　月　繰　越	226,620

◇　棚卸減耗費：@2,518円/kg（実際購入価格）×10kg＝25,180円

◇　仕掛品：@2,500円/kg×1,950kg＝4,875,000円

◇　製造間接費：@2,500円/kg×950kg＝2,375,000円

◆　予定消費価格を用いている場合には、棚卸減耗費の金額は、実際購入価格に基づいて算定する。

◇　材料消費価格差異：（1,950kg＋950kg）×（@2,500円/kg−@2,518円/kg）
　　　　　　　　　　　＝−52,200円（不利）

◆　材料消費価格差異は、材料の消費時に把握するものである。

《予定消費価格を用いた場合の勘定》

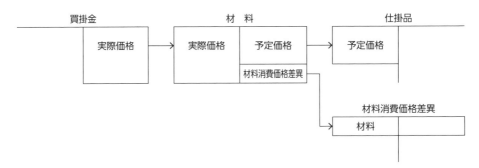

問3

(1) 材料勘定

材　料		（単位：円）	
諸　　　　　　口	7,500,000	仕　　　掛　　　品	4,875,000
		製　造　間　接　費	2,375,000
		棚　卸　減　耗　費	25,000
		次　月　繰　越	225,000

◇　棚卸減耗費：@2,500円/kg（予定受入価格）×10kg＝25,000円

◇　次月繰越：@2,500円/kg（予定受入価格）×90kg＝225,000円

◆　予定受入価格を用いている場合には、棚卸減耗費・次月繰越の金額は**予定受入価格**に基づいて算定する。

(2) 材料受入価格差異の算定

@2,500円/kg×（1,400kg＋1,600kg）－7,554,000円＝－54,000円（不利）

◆　材料受入価格差異は、材料の**受入時**に把握するものである。

《予定受入価格を用いた場合の勘定》

2-3　非原価項目

次の〔資料〕に基づいて、以下の各問に答えなさい。　　　　　　　　　　　　　　重要度 B

〔資料〕

1．材料X及びYの月初在庫・当月仕入高（送り状価額）

	月初在庫		当月仕入高	
	在庫量	購入原価	購入数量	送り状価額
材料X	100kg	51,900円	500kg	250,000円
材料Y	150kg	28,500円	1,000kg	180,000円

2．材料副費は送り状価額（値引等考慮前）の4％を材料に予定配賦している。

3．材料Xは継続記録法を用いて消費量の計算を行い、材料Yは棚卸計算法を用いて消費量の計算を行っている。

4．材料Xについての値引が3,000円、割戻が2,000円ある。また、材料Yについての割引が2,200円ある。

5．当月末の材料Xの帳簿棚卸数量は150kgであり、実地棚卸数量は80kgであった。なお、購入数量の10％を超える分の材料の消失については、異常であると判断される。

6．当月末の材料Yの実地棚卸数量は100kgであった。

7．非原価項目については、営業外損益として処理するものとする。

8．材料消費単価の計算は先入先出法を採用するものとする。

問1　当月に仕入れた①材料Xの購入原価、および②材料Yの購入原価を求めなさい。

問2　当月に発生した①正常棚卸減耗費の金額、および②異常棚卸減耗費の金額を答えなさい。

■解答欄

問1　①　［　　　　　　　］円　　②　［　　　　　　　］円

問2　①　［　　　　　　　］円　　②　［　　　　　　　］円

問1	①	255,000円	②	187,200円

問2	①	25,500円	②	10,200円

問1

(1) 材料Xの購入原価

250,000円×1.04－3,000円（割戻）－2,000円（値引）＝255,000円

(2) 材料Yの購入原価

180,000円×1.04＝187,200円

※ 仕入割引は原価計算外の財務収益として計上するため、材料勘定に影響しない。

問2

(1) 当月購入分の材料消費単価

255,000円÷500kg＝@510円/kg

(2) 棚卸減耗の数量

正常：500kg×10％＝50kg

異常：150kg－80kg－50kg＝20kg

(3) 棚卸減耗費

正常：@510円/kg×50kg＝25,500円

異常：@510円/kg×20kg＝10,200円

第 3 章

労務費会計

予定消費賃率

次の〔資料〕に基づいて、以下の各問に答えなさい。 重要度 B

〔資料〕

1．直接工の支払賃率は@800円/hである。

2．直接工の作業時間に関する年間予算データは下記のとおりである。

加工時間	段取時間	間接作業時間	手待時間	不在時間	定時休憩時間
35,200 h	1,800 h	2,500 h	500 h	380 h	1,000 h

3．直接工の加給金に関する年間予算データは下記のとおりである。

定時間外作業手当	危険作業手当
2,400,000円	1,600,000円

4．直接工の加給金以外の諸手当に関する年間予算データは下記のとおりである。

住宅手当	家族手当	通勤手当
1,090,000円	760,000円	1,560,000円

問1 当期の予定消費賃率を求めなさい。なお、消費賃率は、基本給に加給金を加えたものを基礎に算定するものとする。

問2 当期の予定消費賃率を求めなさい。なお、消費賃率は、基本給に加給金を加えたものを基礎に算定するものとするが、定時間外作業手当は製造間接費として扱うこととする。

■解答欄

問1 ☐ 円/h

問2 ☐ 円/h

解答・解説 予定消費賃率

問1	900円/h

問2	840円/h

問1

予定消費賃率

@800円/h ＋（2,400,000円＋1,600,000円）÷40,000h（就業時間）＝@900円/h

◆　支払賃金　＝　基本給（支払賃率×就業時間）　＋　加給金（定時間外・危険・深夜等）

◆　消費賃率　＝　$\dfrac{基本給＋加給金}{就業時間}$

◆　**支払賃率**は、工具に対して賃金を支払う際に用いるものであり、一方**消費賃率**は仕掛品勘定へ振り替える（直接的または間接的）際、すなわち製造原価となる金額の算定の際に用いるものである。

問2

予定消費賃率

@800円/h ＋1,600,000円（危険手当）÷40,000h（就業時間）＝@840円/h

◆　定時間外作業手当を製造間接費として扱う場合には、消費賃率の算定において**定時間外作業手当は考慮しない**。

◆　原則として、消費賃率は、［基本給＋加給金］をベースに算定する。

消費賃率の算定で諸手当を含めるという考え方もあるため、問題文において指示がある場合には、［基本給＋加給金＋問題文の指示（諸手当等）］をベースに消費賃率を算定することも考えられる。ただし、指示のない場合には、原則どおり［基本給＋加給金］で計算する。

第3章　労務費会計

3-2　賃率差異

次の〔資料〕に基づき、以下の各問に答えなさい。　　　　　　　　　　　　　重要度 A

〔資料〕

1．直接工の予定消費賃率は@900円／hである。

2．当月の直接工の実際作業時間は下記のとおりである。

加工時間	段取時間	間接作業時間	手待時間
3,800 h	800 h	400 h	200 h

3．当月の支払賃金は、直接工が4,720,000円、間接工が1,650,000円である。

4．当月の工場事務員給与の実際支給額は2,420,000円である。

5．直接工の未払賃金は、当月末が1,750,000円、前月末が1,742,000円である。

6．間接工の未払賃金は、当月末が560,000円、前月末が540,000円である。

7．工場事務員の未払給料は、当月末が280,000円、前月末が245,000円である。

問1　当月の賃率差異を求めなさい。なお、差異は貸方・借方で答えることとする。

問2　上記資料から判明する直接労務費の金額を計算しなさい。

問3　上記資料から判明する製造間接費の金額を計算しなさい。

■解答欄

問1 | 　　　　　　　　　円（　　　　　）

問2 | 　　　　　　　　　円

問3 | 　　　　　　　　　円

問1　48,000円（　借　方　）

問2　4,140,000円

問3　4,665,000円

直　接　工　賃　金			|（単位：円）
支　払　賃　金	4,720,000	前　月　末　未　払	1,742,000
当　月　末　未　払	1,750,000	仕　　　掛　　　品	4,140,000
		製　造　間　接　費	540,000
		賃　率　差　異	48,000

◇　仕掛品：@900円/h ×（3,800 h ＋800 h）

◇　製造間接費：@900円/h ×（400 h ＋200 h）

◇　賃率差異：貸借差額

間　接　工　賃　金			|（単位：円）
支　払　賃　金	1,650,000	前　月　末　未　払	540,000
当　月　末　未　払	560,000	製　造　間　接　費	1,670,000

※　間接工賃金の**要支払額**は1,670,000円である。

賃　　　金			|（単位：円）
支　払　賃　金	6,370,000	前　月　末　未　払	2,282,000
当　月　末　未　払	2,310,000	仕　　　掛　　　品	4,140,000
		製　造　間　接　費	2,210,000
		賃　率　差　異	48,000

◆　賃金勘定は、直接工および間接工の賃金を表すものである。

給　　　料			|（単位：円）
支　払　給　料	2,420,000	前　月　末　未　払	245,000
当　月　末　未　払	280,000	製　造　間　接　費	2,455,000

◇　製造間接費：2,210,000円（直接工・間接工）＋2,455,000円（工場事務員）＝4,665,000円

次の〔資料〕に基づき、当月（10月）の賃金勘定の記入を行いなさい。　　　　重要度 A

〔資料〕

1．給与計算期間は9月21日から10月20日までであり、10月25日に現金で支払われる。

2．当月の給与支給総額

基　本　給	9,680,000円
加　給　金	1,520,000円
諸　手　当	480,000円
合　　計	11,680,000円

3．原価計算期間は10月1日から10月31日までである。

4．直接工の実際就業時間

	9/21 ～ 9/30	10/1 ～ 10/20	10/21 ～ 10/31
加 工 時 間	3,400 h	6,500 h	2,800 h
段 取 時 間	130 h	280 h	120 h
手 待 時 間	50 h	※ 100 h	160 h
間 接 作 業 時 間	110 h	520 h	100 h
合計	3,690 h	7,400 h	3,180 h

※　手待時間には、工場にとって管理不能なものが20 h含まれている。

5．直接工の予定消費賃率は@1,000円/ hである。なお、予定消費賃率は基本給と加給金を基礎として算定している。

■解答欄

賃　　金　　　　　　　　　　（単位：円）

支 払 賃 金		前 月 未 払 賃 金	
当 月 未 払 賃 金		仕 掛 品	
		製 造 間 接 費	
		非 原 価 項 目	
		賃 率 差 異	

	賃 金		（単位：円）
支 払 賃 金	11,200,000	前 月 未 払 賃 金	3,690,000
当 月 未 払 賃 金	3,180,000	仕 掛 品	9,700,000
		製 造 間 接 費	860,000
		非 原 価 項 目	20,000
		賃 率 差 異	110,000

◇ 支払賃金：9,680,000円 ＋1,520,000円

◇ 前月未払賃金：3,690 h ×@1,000円／ h

◇ 当月未払賃金：3,180 h ×@1,000円／ h

◆ 　未払賃金は負債であるため、支払賃率に基づいて実際額を記入するべきであるが、計算の簡便性から予定消費賃率を使用するのが一般的となっている。

◇ 仕掛品：（6,500 h ＋2,800 h ＋280 h ＋120 h ） ×@1,000円／ h

◇ 製造間接費：（100 h － 20h ＋160 h ＋520 h ＋100 h ） ×@1,000円／ h

◇ 非原価項目：20h×@1,000円

◆ 　管理不能な手待時間は、非原価項目として処理する。（製造原価に含まれない。）

◇ 賃率差異：貸借差額

次の〔資料〕に基づき、当月（11月）の賃金勘定を完成させなさい。　　重要度 B

〔資料〕

1．直接工作業票の要約（11/ 1 ～ 11/30）

加 工 時 間	4,550時間
段 取 時 間	2,180時間
間接作業時間	320時間
手 待 時 間	240時間
	7,290時間

2．直接工出勤票の要約（11/ 1 ～ 11/30）

定時間内作業	
（11/ 1 ～ 11/20）	5,560時間
（11/21 ～ 11/30）	1,340時間
定時間外作業	
（11/ 1 ～ 11/20）	230時間
（11/21 ～ 11/30）	160時間
	7,290時間

3．直接工給与支給総額（10/21 ～ 11/20）

支 払 賃 金	6,120,000円
諸 手 当	420,000円
	6,540,000円

4．間接工給与支給総額（10/21 ～ 11/20）

支 払 賃 金	2,150,000円
諸 手 当	180,000円
	2,330,000円

5．その他

⑴ 直接工の消費賃率は予定消費賃率を使用する。予定消費賃率は@800円/hである。なお、予定消費賃率には、定時間外作業割増賃金は含まれていない。

⑵ 定時間外作業割増賃金は製造間接費として処理する。

⑶ 定時間外作業割増賃金は原価計算上、当該作業時間に賃率の40％を乗じて計算する。

⑷ 直接工の10月末の未払賃金は1,261,200円である。

⑸ 間接工の未払賃金は10月末が230,000円、11月末が265,000円である。

■解答欄

賃	金	（単位：円）
支 払 賃 金 （　　　）	前 月 未 払 賃 金 （　　　）	
当 月 未 払 賃 金 （　　　）	仕 掛 品 （　　　）	
	製 造 間 接 費 （　　　）	
	賃 率 差 異 （　　　）	

解答・解説 定時間外作業割増賃金

賃 金				(単位：円)
支 払 賃 金	8,270,000	前 月 未 払 賃 金	1,491,200	
当 月 未 払 賃 金	1,516,200	仕 掛 品	5,384,000	
		製 造 間 接 費	2,757,800	
		賃 率 差 異	153,200	

◇ 支払賃金：6,120,000円 + 2,150,000円

◇ 当月未払賃金：1,340 h × @800円/ h + 160 h × @800円/ h × 140% + 265,000円

◆ 未払賃金に定時間外作業割増賃金が含まれる場合には、**割増賃金分（支払賃率の40%）を加算**する必要がある。

◇ 前月未払賃金：1,261,200円 + 230,000円

◇ 仕掛品：(4,550 h + 2,180 h) × @800円/ h

◇ 製造間接費：(320 h + 240 h) × @800円/ h + (230 h + 160 h) × @800円/ h × 40%
+ 2,150,000円 + 265,000円 − 230,000円

◇ 賃率差異：貸借差額

第 **4** 章

経費会計

次の〔資料〕に基づいて、当月の各費目別の勘定から他の勘定へ振り替える仕訳を行いなさい。

重要度 B

〔資料〕

1．支払経費	修繕費支払額	360,000円	

（前月未払額　15,000円、当月未払額　16,000円）

	外注加工賃支払額	1,200,000円
	特許権使用料支払額	120,000円（生産量に比例して発生）
2．月割経費	保険料	1,200,000円（年額）
	機械減価償却費	機械取得原価：24,000,000円
		残存価額：ゼロ
		耐用年数：10年
		償却方法：定額法
3．測定経費	電力料	20,000円（うち、基本料金2,000円）
	水道料	13,539円（うち、基本料金1,500円）

以上は当月支払額である。測定経費は、業者の毎月の検針日（20日）における測定値に基づいて支払請求がなされる。なお、従量料金の率は毎月一定である。

	前月20日	前月末	当月20日	当月末
電　力　量	17,200kwh	17,500kwh	17,650kwh	17,960kwh
水　道　量	19,005㎥	20,100㎥	23,018㎥	24,420㎥

4．発生経費	材料棚卸減耗費	当月帳簿棚卸高	380,000円
		当月実地棚卸高	371,900円

5．各経費は原価計算期末にまとめて振替処理をする。

■ 解答欄

1．	（借）	円	（貸）	円
2．	（借）	円	（貸）	円
3．	（借）	円	（貸）	円
4．	（借）	円	（貸）	円

支払経費、月割経費、測定経費、発生経費

1.	(借)	製 造 間 接 費	361,000円	(貸)	修 繕 費	361,000円
		仕 掛 品	1,320,000円		外 注 加 工 賃	1,200,000円
					特 許 権 使 用 料	120,000円
2.	(借)	製 造 間 接 費	300,000円	(貸)	保 険 料	100,000円
					減 価 償 却 費	200,000円
3.	(借)	製 造 間 接 費	34,860円	(貸)	電 力 料	20,400円
					水 道 料	14,460円
4.	(借)	製 造 間 接 費	8,100円	(貸)	棚 卸 減 耗 費	8,100円

(1) 支払経費

修繕費：360,000円（当月支払額）＋16,000円（当月未払）－15,000円（前月未払）

外注加工賃：1,200,000円

特許権使用料：120,000円

(2) 月割経費

保険料：1,200,000円÷12ヶ月

減価償却費：24,000,000円÷10年÷12ヶ月

(3) 測定経費

電力料：2,000円＋@40円/kwh×（17,960kwh－17,500kwh）

※ @40円/kwh＝（20,000円－2,000円）÷（17,650kwh－17,200kwh）

水道料：1,500円＋@3円/㎥×（24,420㎥－20,100㎥）

※ @3円/㎥＝（13,539円－1,500円）÷（23,018㎥－19,005㎥）

(4) 発生経費

棚卸減耗費：380,000円－371,900円

◆ 外注加工賃及び特許権使用料（生産量に比例）は**直接経費**として処理するため、製造間接費に振替えず、仕掛品に直接振替える。

4-2　直接経費

／□　／□　／□

　当社は、製品 a の個別受注生産を行っている。原価計算方法としては個別原価計算を採用しており、原価計算期間は1ヶ月である。よって、下記の〔資料〕に基づき、以下の各問に答えなさい。　重要度 A

〔資料〕

1．当社では、材料X、Yを用いて製品 a の生産を行っている。材料Xは主要材料として使用し、材料Yはそれぞれ外部のA社およびB社に外注のため支給している。

2．当社では、材料の消費価格として予定消費価格を用いている。予定消費価格は、材料Xが@600円/kg、材料Yが@500円/kgである。

3．材料Yは、外注加工のためにA社に無償で交付している。A社からの請求額は200円/kgである。

4．当月において発行されている指図書の材料消費量は下記のとおりである。

	#701	#702
材料X	90kg	50kg
材料Y	30kg	—

問1　#701に集計される①直接材料費の金額、および②直接経費の金額を計算しなさい。なお、解答がない場合には、— を記入することとする（以下同様）。

■解答欄

問1　①　　　　　　　　　円　　②　　　　　　　　　円

直接経費

問1　①　　69,000円　　②　　6,000円

問1

(1)　直接材料費

材料X：90kg×@600円/kg（予定消費価格）＝54,000円

材料Y（A社に対する無償支給）：30kg×@500円/kg（予定消費価格）＝15,000円

合　計：54,000円＋15,000円＝69,000円

(2)　直接経費

外注加工賃：30kg（材料Y消費量）×@200円/kg（A社からの買入額）＝6,000円

◆　無償支給の場合には、直接経費（外注加工賃）が発生する。

無償支給の場合には、直接材料費は通常の消費と同様に、消費量×消費価格（本問の場合には@500円/kgの予定消費価格）で計算する。また、直接経費は、外注先への支払額で計算する。

第 5 章

製造間接費会計

5-1 基準操業度

/ □　/ □　/ □

　当社では現在、次年度以降の基準操業度の算定を行っている。よって、次の〔資料〕に基づき、以下の各問に答えなさい。

重要度 B

〔資料〕

(1)　製品製造のための設備は10台である。

(2)　機械は1台で1日当たり8時間稼動させることができる。但し、1台当たり年間20時間の整備・修繕時間が必要である。

(3)　年間の作業可能日数は休日等を除いて250日である。

(4)　当該機械で生産される製品は1個当たり3時間の加工を必要とする。

(5)　当年度末の製品有高は200個であった。また、次年度以降5年間の販売予定量は30,000個であり、5年後の必要在庫量は300個である。

(6)　次年度の製品販売予定量は5,600個であり、期末必要在庫量は250個である。

(7)　理論上は、365日の稼動を想定している。

問1　基準操業度として、短期予定操業度を用いた場合、基準操業度は何時間になるか計算しなさい。

問2　基準操業度として、①最大操業度、②実現可能操業度、および③正常操業度を用いた場合の基準操業度はそれぞれ何時間になるか計算しなさい。

■解答欄

問1 ［　　　　　　　　　］時間

問2　①［　　　　　　　　］時間　　②［　　　　　　　　］時間　　③［　　　　　　　　］時間

解答・解説 基準操業度

問1	16,950時間

問2	①	29,200時間	②	19,800時間	③	18,060時間

問1

次年度の基準操業度の算定（短期予定操業度）

次年度の販売量：5,600個

次年度の生産量：5,600個＋250個－200個＝5,650個

基準操業度：5,650個× 3 h ＝16,950 h

> ◆　短期予定操業度は、 1 年または 1 会計期間において予期される操業度であり、それは技術的に達成可能な最大操業度ではなく、この期間における**生産ならびに販売事情**を考慮して定めた操業度である。期間が 1 年であること及び**タイトネスが最も低い**ことから、予算と結合しやすいため利益管理に有効である。

問2

① 最大操業度（理論的生産能力）

10台× 8 h ×365日＝29,200時間

② 実現可能操業度（実際的生産能力）

10台× 8 h ×250日－10台×20 h ＝19,800時間

③ 正常操業度（平均操業度）

（30,000個＋300個－200個）÷ 5 年× 3 h ＝18,060時間

次の〔資料〕に基づいて、各問に答えなさい。なお、不利差異の場合には「－」を付すこととする。

〔資料〕
1. 当月の製造間接費予算は11,400,000円であった。
2. 製造間接費は、直接作業時間に基づき製品に予定配賦している。なお、当月の基準操業度は12,000hである。
3. 当月における実際直接作業時間は11,700hである。
4. 当月の製造間接費の実際発生額は11,328,000円である。

問1　固定予算で製造間接費を管理している場合の製造間接費配賦差異を算定し、予算差異と操業度差異に分析しなさい。　重要度 A

問2　公式法変動予算で製造間接費を管理している場合の製造間接費配賦差異を算定し、予算差異と操業度差異に分析しなさい。なお、固定費と変動費率は下記のとおりである。　重要度 A

	固定費	変動費率
合　計	7,800,000円	@300円／h

問3　実査法変動予算で製造間接費を管理している場合の製造間接費配賦差異を算定し、予算差異と操業度差異に分析しなさい。なお、各操業水準における予算は下記のとおりである。　重要度 C

操業度	80%	90%	100%	110%
予算額	10,692,000円	11,040,000円	11,400,000円	11,754,000円

■解答欄
問1

予　算　差　異　（　　　　　　円）
操　業　度　差　異　（　　　　　　円）
製造間接費配賦差異　（　　　　　　円）

問2

予　算　差　異　（　　　　　　円）
操　業　度　差　異　（　　　　　　円）
製造間接費配賦差異　（　　　　　　円）

問3

予　算　差　異　（　　　　　　円）
操　業　度　差　異　（　　　　　　円）
製造間接費配賦差異　（　　　　　　円）

解答・解説 差異分析

問1

予 算 差 異	（	72,000円）
操 業 度 差 異	（	−285,000円）
製造間接費配賦差異	（	−213,000円）

問2

予 算 差 異	（	−18,000円）
操 業 度 差 異	（	−195,000円）
製造間接費配賦差異	（	−213,000円）

問3

予 算 差 異	（	−18,000円）
操 業 度 差 異	（	−195,000円）
製造間接費配賦差異	（	−213,000円）

問1

(1) 製造間接費の予定配賦率（固定予算）

11,400,000円 ÷ 12,000 h ＝ @950円/h

(2) 操業度差異

（11,700 h − 12,000 h）× @950円/h ＝ −285,000円（不利差異）

(3) 予算差異

実際操業度における予算許容額：11,400,000円

11,400,000円 − 11,328,000円 ＝ 72,000円（有利差異）

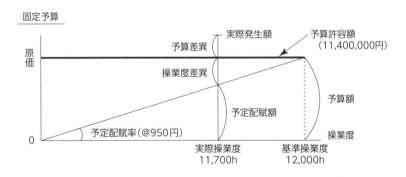

固定予算

第5章｜製造間接費会計

$\boxed{問2}$

(1)　製造間接費の予定配賦率（公式法変動予算）

　　固定費率：7,800,000円÷12,000 h＝＠650円/h

　　変動費率：＠300円/h

(2)　操業度差異

　　（11,700 h －12,000 h ）×＠650円/h ＝－195,000円（不利差異）

(3)　予算差異

　　実際操業度における予算許容額：7,800,000円＋＠300円/h ×11,700 h ＝11,310,000円

　　11,310,000円－11,328,000円＝－18,000円（不利差異）

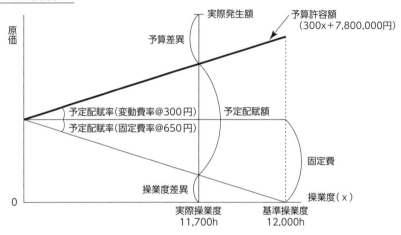

問3

(1) 製造間接費の予定配賦率（実査法変動予算）

11,400,000円 ÷ 12,000 h ＝＠950円／h

(2) 操業度差異

実際操業度における予算許容額：

$$11,040,000\text{ 円} + \frac{11,400,000\text{ 円} - 11,040,000\text{ 円}}{12,000\text{ h} - 12,000\text{ h} \times 90\%} \times (11,700\text{h} - 12,000\text{h} \times 90\%) = 11,310,000\text{ 円}$$

11,700 h ×＠950円／h － 11,310,000円 ＝ － 195,000円（不利差異）

(3) 予算差異

11,310,000円 － 11,328,000円 ＝ － 18,000円（不利差異）

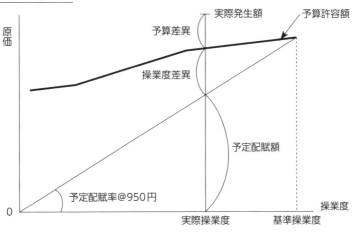

実査法変動予算

第 **6** 章

部門別計算

6-1 第一次集計

当工場には2つの製造部門と2つの補助部門がある。次の〔資料〕に基づき、解答欄の部門費集計表を記入しなさい。

重要度 **A**

〔資料〕

1. 特定の部門で発生したことが直接的・個別的に認識される原価要素に関する資料

	加工部門	組立部門	動力部門	工場管理部門
補助材料費	900,000円	720,000円	240,000円	—
間接労務費	1,080,000円	720,000円	480,000円	300,000円
減価償却費	480,000円	320,000円	240,000円	—
その他経費	320,000円	240,000円	200,000円	180,000円

2. 特定の部門で発生したことが直接的・個別的に認識されていない原価要素に関する資料

工場長給与	600,000円
守　衛　費	420,000円
減価償却費	720,000円
保　険　料	360,000円

※ 上記原価要素を各部門に配賦する場合には、工場長給与・守衛費は従業員数に、減価償却費・保険料は占有面積に基づき配賦することとする。

3. 按分基準

	加工部門	組立部門	動力部門	工場管理部門
従 業 員 数	40人	35人	15人	10人
占 有 面 積	1,000㎡	700㎡	200㎡	100㎡

■ 解答欄

〔部門費集計表〕

(単位：円)	製 造 部 門		補 助 部 門	
	加工部門	組立部門	動力部門	工場管理部門
部門個別費				
部門共通費				
部門費計				

〔部門費集計表〕

(単位：円)	製 造 部 門		補 助 部 門	
	加工部門	組立部門	動力部門	工場管理部門
部門個別費	2,780,000	2,000,000	1,160,000	480,000
部門共通費	948,000	735,000	261,000	156,000
部門費計	3,728,000	2,735,000	1,421,000	636,000

(1) 部門個別費

　加工部門

　　900,000円＋1,080,000円＋480,000円＋320,000円＝2,780,000円

　組立部門

　　720,000円＋720,000円＋320,000円＋240,000円＝2,000,000円

　動力部門

　　240,000円＋480,000円＋240,000円＋200,000円＝1,160,000円

　工場管理部門

　　300,000円＋180,000円＝480,000円

(2) 部門共通費

　加工部門　　　　　　：408,000円＋540,000円＝948,000円

　　工場長給与・守衛費：（600,000円＋420,000円）×40人/100人＝408,000円

　　減価償却費・保険料：（720,000円＋360,000円）×1,000㎡/2,000㎡＝540,000円

　組立部門　　　　　　：357,000円＋378,000円＝735,000円

　　工場長給与・守衛費：（600,000円＋420,000円）×35人/100人＝357,000円

　　減価償却費・保険料：（720,000円＋360,000円）×700㎡/2,000㎡＝378,000円

　動力部門　　　　　　：153,000円＋108,000円＝261,000円

　　工場長給与・守衛費：（600,000円＋420,000円）×15人/100人＝153,000円

　　減価償却費・保険料：（720,000円＋360,000円）×200㎡/2,000㎡＝108,000円

　工場管理部門　　　　：102,000円＋54,000円＝156,000円

　　工場長給与・守衛費：（600,000円＋420,000円）×10人/100人＝102,000円

　　減価償却費・保険料：（720,000円＋360,000円）×100㎡/2,000㎡＝54,000円

第6章

部門別計算

《第1次集計・第2次集計・第3次集計》

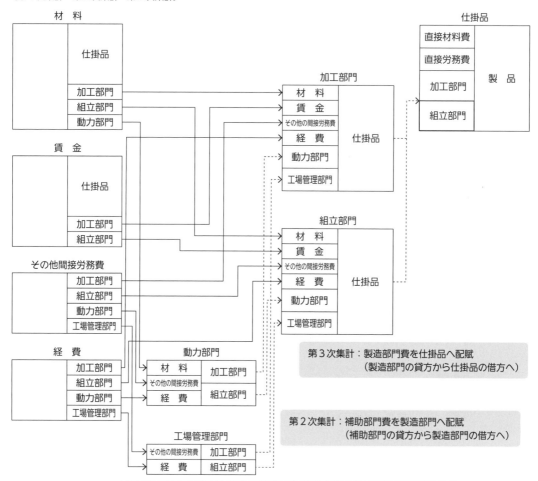

第3次集計：製造部門費を仕掛品へ配賦
　　　　　　（製造部門の貸方から仕掛品の借方へ）

第2次集計：補助部門費を製造部門へ配賦
　　　　　　（補助部門の貸方から製造部門の借方へ）

第1次集計：加工部門・組立部門・動力部門・工場管理部門へ原価要素を集計
　　　　　　（各部門の借方に費目を集計する作業）

補助部門相互間の用役授受　　　　／　□　／　□　／　□

当工場には２つの製造部門と２つの補助部門がある。次の〔資料〕に基づき、以下の各問それぞれのケースにおける、補助部門費配賦表を完成させなさい。

重要度 **A**

〔資料〕

1．各部門の第１次集計額（年間予算）

	加工部門	組立部門	動力部門	修繕部門
部　門　費	9,600,000円	7,200,000円	2,205,000円	1,323,000円

2．補助部門費配賦基準

	加工部門	組立部門	動力部門	修繕部門
動 力 部 門	50%	40%	—	10%
修 繕 部 門	40%	40%	20%	—

3．補助部門費の配賦方法は、単一基準配賦法を用いることとする。

4．計算途中で生じる端数は、円未満を四捨五入することとする。

問1　補助部門相互の用役授受を無視して計算する方法を採用した場合。

問2　補助部門相互の用役授受に関し、ある一方から他方への用役の授受は考慮するが、その反対方向からの用役の授受については無視して計算する方法を採用した場合。

問3　補助部門相互の用役授受を第１段階配賦のみを考慮して計算し、第２段階配賦では無視して（直接配賦法と同様）計算する方法を採用した場合。

問4　補助部門相互の用役授受の流れを最も正確に計算できる方法によった場合。

■解答欄

問1

（単位：円）	製 造 部 門		補 助 部 門	
	加工部門	組立部門	動力部門	修繕部門
部 門 費 計				
動 力 部 門 費				
修 繕 部 門 費				
製 造 部 門 費				

第６章　部門別計算

問 2

(単位：円)	製 造 部 門		補 助 部 門	
	加工部門	組立部門		
部 門 費 計				
製造部門費				

問 3

(単位：円)	製 造 部 門		補 助 部 門	
	加工部門	組立部門	動力部門	修繕部門
部 門 費 計 第 1 次配賦 動力部門費 修繕部門費 第 2 次配賦				
製造部門費				

問 4

(単位：円)	製 造 部 門		補 助 部 門	
	加工部門	組立部門	動力部門	修繕部門
部 門 費 計 動力部門費 修繕部門費				
製造部門費				

問1

（単位：円）	製 造 部 門		補 助 部 門	
	加工部門	組立部門	動力部門	修繕部門
部 門 費 計	9,600,000	7,200,000	2,205,000	1,323,000
動力部門費	1,225,000	980,000		
修繕部門費	661,500	661,500		
製造部門費	11,486,500	8,841,500		

問2

（単位：円）	製 造 部 門		補 助 部 門	
	加工部門	組立部門	修繕部門	動力部門
部 門 費 計	9,600,000	7,200,000	1,323,000	2,205,000
動力部門費	1,102,500	882,000	220,500	
修繕部門費	771,750	771,750		
製造部門費	11,474,250	8,853,750		

問3

（単位：円）	製 造 部 門		補 助 部 門	
	加工部門	組立部門	動力部門	修繕部門
部 門 費 計	9,600,000	7,200,000	2,205,000	1,323,000
第1次配賦				
動力部門費	1,102,500	882,000		220,500
修繕部門費	529,200	529,200	264,600	
第2次配賦			264,600	220,500
動力部門費	147,000	117,600		
修繕部門費	110,250	110,250		
製造部門費	11,488,950	8,839,050		

問4

（単位：円）	製 造 部 門		補 助 部 門	
	加工部門	組立部門	動力部門	修繕部門
部 門 費 計	9,600,000	7,200,000	2,205,000	1,323,000
動力部門費	1,260,000	1,008,000		252,000
修繕部門費	630,000	630,000	315,000	
製造部門費	11,490,000	8,838,000		

問1 問題文から、直接配賦法と判断する。
(1) 動力部門費
　組立部門：2,205,000円×40％/90％＝980,000円
　加工部門：2,205,000円×50％/90％＝1,225,000円
(2) 修繕部門費
　組立部門：1,323,000円×40％/80％＝661,500円
　加工部門：1,323,000円×40％/80％＝661,500円

問2 問題文から、階梯式配賦法と判断する。
(1) 補助部門の順位
　動力部門と修繕部門では、他の補助部門への用役提供数が同数であるため、部門費の多い動力部門を先順位として、補助部門費配賦表において一番右に配列する。
(2) 動力部門費
　修繕部門：2,205,000円×10％＝220,500円
　組立部門：2,205,000円×40％＝882,000円
　加工部門：2,205,000円×50％＝1,102,500円
(3) 修繕部門費
　組立部門：（1,323,000円＋220,500円）×40％/80％＝771,750円
　加工部門：（1,323,000円＋220,500円）×40％/80％＝771,750円

問3 問題文から、相互配賦法（簡便法）と判断する。
(1) 第1次配賦
・動力部門費
　修繕部門：2,205,000円×10％＝220,500円
　組立部門：2,205,000円×40％＝882,000円
　加工部門：2,205,000円×50％＝1,102,500円
・修繕部門費
　動力部門：1,323,000円×20％＝264,600円
　組立部門：1,323,000円×40％＝529,200円
　加工部門：1,323,000円×40％＝529,200円
(2) 第2次配賦
・動力部門費
　組立部門：264,600円×40％/90％＝117,600円
　加工部門：264,600円×50％/90％＝147,000円
・修繕部門費
　組立部門：220,500円×40％/80％＝110,250円
　加工部門：220,500円×40％/80％＝110,250円

問4 問題文から、相互配賦法（連立方程式法）と判断する。

(1) 各補助部門費の算定（動力部門費をX、修繕部門費をYとする。）

$$X \ = \ 2,205,000 \ + \ 0.2\,Y$$

$$Y \ = \ 1,323,000 \ + \ 0.1\,X$$

$$X \ = \ 2,520,000 \quad , \qquad Y \ = \ 1,575,000$$

(2) 動力部門費

加工部門：2,520,000円×40％＝1,008,000円

組立部門：2,520,000円×50％＝1,260,000円

(3) 修繕部門費

組立部門：1,575,000円×40％＝630,000円

加工部門：1,575,000円×40％＝630,000円

単一基準と複数基準　　　／□　／□　／□

当工場には2つの製造部門と1つの補助部門がある。次の〔資料〕に基づき、以下の各問に答えなさい。

重要度 A

〔資料〕

1. 当年度の予算データ

(1) 各部門の部門費の年間予算額（単位：円）

加 工 部 門		組 立 部 門		動 力 部 門	
固定費	変動費	固定費	変動費	固定費	変動費
69,120,000	41,160,000	46,080,000	30,240,000	21,600,000	14,400,000

(2) 補助部門費配賦基準および製造部門の基準操業度

	加工部門	組立部門
動力消費能力	39,600kwh	32,400kwh
動 力 消 費 量	36,000kwh	24,000kwh
直接作業時間	30,000 h	12,000 h

※ 製造間接費は直接作業時間に基づき製品に予定配賦している。

2. 当月の実際データ

(1) 各部門の部門費の実際発生額（単位：円）

加 工 部 門		組 立 部 門		動 力 部 門	
固定費	変動費	固定費	変動費	固定費	変動費
5,694,800	3,330,030	3,818,040	2,500,020	1,824,000	1,177,600

(2) 当月の動力消費量および直接作業時間

	加工部門	組立部門
動 力 消 費 量	3,080kwh	2,040kwh
直接作業時間	2,495 h	989 h

3. 補助部門費の配賦方法として単一基準配賦法を用いる場合には、製造部門において補助部門費はすべて変動費として扱うこととする。

4. 補助部門費の管理を行う場合には、固定予算を用いることとする。

5. 月間予算は、年間予算の12分の1とする。

問1 　補助部門費の配賦を単一基準配賦法（実際配賦）によった場合の、当月の加工部門費および組立部門費の実際発生額を求めなさい。また、この場合の補助部門費配賦差異を計算しなさい。なお、不利差異の場合には「－」を付すこととする（以下同様）。

問2 　補助部門費の配賦を単一基準配賦法によった場合の、補助部門費の予定配賦率を求めなさい。

問3 　補助部門費の配賦を単一基準配賦法（予定配賦）によった場合の、当月の加工部門費および組立部門費の実際発生額を求めなさい。また、この場合の補助部門費配賦差異を計算しなさい。

問4 　補助部門費の配賦を複数基準配賦法（実際配賦）によった場合の、当月の加工部門費および組立部門費の実際発生額を求めなさい。また、この場合の補助部門費配賦差異を計算しなさい。

問5 　補助部門費の配賦を複数基準配賦法によった場合の、補助部門費の予定配賦率を求めなさい。

問6 　補助部門費の配賦を複数基準配賦法（予定配賦）によった場合の、当月の加工部門費および組立部門費の実際発生額を求めなさい。また、この場合の補助部門費配賦差異を計算しなさい。

■ 解答欄

問1

加工部門 [　　　　　　　　] 円　　組立部門 [　　　　　　　　] 円

補助部門費配賦差異 [　　　　　　　　] 円

問2

[　　　　　　　　] 円/kwh

問3

加工部門 [　　　　　　　　] 円　　組立部門 [　　　　　　　　] 円

補助部門費配賦差異 [　　　　　　　　] 円

問4

加工部門 [　　　　　　　　] 円　　組立部門 [　　　　　　　　] 円

補助部門費配賦差異 [　　　　　　　　] 円

問5

固定費率 [　　　　　　　　] 円/kwh　　変動費率 [　　　　　　　　] 円/kwh

問6

加工部門 [　　　　　　　　] 円　　組立部門 [　　　　　　　　] 円

補助部門費配賦差異 [　　　　　　　　] 円

問1

加工部門 　10,830,480円 　　　組立部門 　7,514,010円

補助部門費配賦差異 　0円

問2

600円/kwh

問3

加工部門 　10,872,830円 　　　組立部門 　7,542,060円

補助部門費配賦差異 　70,400円

問4

加工部門 　10,736,430円 　　　組立部門 　7,608,060円

補助部門費配賦差異 　0円

問5

固定費率 　300円/kwh 　　　変動費率 　240円/kwh

問6

加工部門 　10,754,030円 　　　組立部門 　7,617,660円

補助部門費配賦差異 　27,200円

問1

補助部門費配賦表（単一基準、実際配賦）

	加工部門		組立部門		動力部門
	固定費	変動費	固定費	変動費	
部　門　費	5,694,800	3,330,030	3,818,040	2,500,020	3,001,600
動力部門費		1,805,650		1,195,950	
製造部門費	5,694,800	5,135,680	3,818,040	3,695,970	

◇　動力部門費の実際配賦率：3,001,600円（当月実際発生額）÷5,120kwh（実際動力消費量）

= @586.25円/kwh

◇　加工部門への配賦額：@586.25円/kwh×3,080kwh（実際動力消費量）

◇　加工部門の実際発生額：5,694,800円＋5,135,680円＝10,830,480円

◇　組立部門の実際発生額：3,818,040円＋3,695,970円＝7,514,010円

◇　補助部門費を実際配賦しているため配賦差異は生じない。

《単一基準配賦法（実際配賦）》

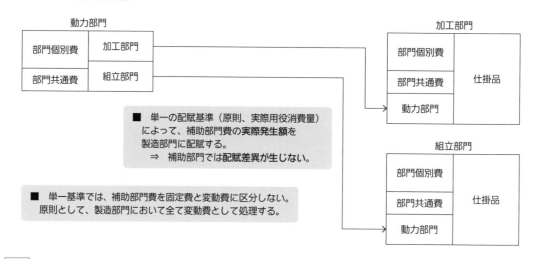

■　単一の配賦基準（原則、実際用役消費量）によって、補助部門費の実際発生額を製造部門に配賦する。
　⇒　補助部門では配賦差異が生じない。

■　単一基準では、補助部門費を固定費と変動費に区分しない。原則として、製造部門において全て変動費として処理する。

問2

補助部門費配賦表（単一基準、年間予算）

	加工部門		組立部門		動力部門
	固定費	変動費	固定費	変動費	
部　門　費	69,120,000	41,160,000	46,080,000	30,240,000	36,000,000
動力部門費		21,600,000		14,400,000	
製造部門費	69,120,000	62,760,000	46,080,000	44,640,000	

◇　動力部門費の予定配賦率：36,000,000円（年間予算額）÷60,000kwh（年間予定動力消費量）

= @600円/kwh

◇　加工部門への配賦額：@600円/kwh×36,000kwh

◆　補助部門費の予定配賦率は、**年間予算**に基づいて算定する。

問3

補助部門費配賦表（単一基準・予定配賦）

	加工部門		組立部門		動力部門
	固定費	変動費	固定費	変動費	
部門費	5,694,800	3,330,030	3,818,040	2,500,020	3,001,600
動力部門費		1,848,000		1,224,000	
製造部門費	5,694,800	5,178,030	3,818,040	3,724,020	

◇ 加工部門への配賦額：@600円/kwh（年間予算に基づく）×3,080kwh（実際動力消費量）

◇ 加工部門の実際発生額：5,694,800円＋5,178,030円＝10,872,830円

◇ 組立部門の実際発生額：3,818,040円＋3,724,020円＝7,542,060円

◇ 補助部門費配賦差異：@600円/kwh×5,120kwh－3,001,600円＝70,400円（有利）

《単一基準配賦法（予定配賦）》

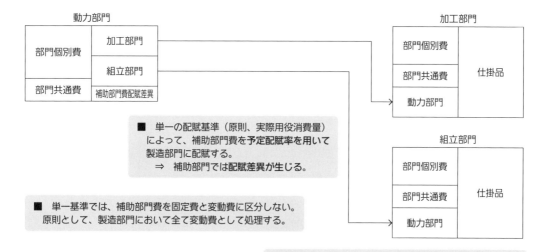

■ 単一の配賦基準（原則、実際用役消費量）によって、補助部門費を予定配賦率を用いて製造部門に配賦する。
⇒ 補助部門では配賦差異が生じる。

■ 単一基準では、補助部門費を固定費と変動費に区分しない。原則として、製造部門において全て変動費として処理する。

■ 製造部門の借方は、補助部門費が予定配賦されていても製造部門にとっては、実際発生額である。

問4

補助部門費配賦表（複数基準・実際配賦）

	加工部門		組立部門		動力部門	
	固定費	変動費	固定費	変動費	固定費	変動費
部門費	5,694,800	3,330,030	3,818,040	2,500,020	1,824,000	1,177,600
動力部門費	1,003,200	708,400	820,800	469,200		
製造部門費	6,698,000	4,038,430	4,638,840	2,969,220		

◇ 補助部門費（固定費）の実際配賦率：1,824,000円（実際発生額）
÷6,000kwh（月間動力消費能力）＝@304円/kwh

◇ 補助部門費（変動費）の実際配賦率：1,177,600円（実際発生額）
÷5,120kwh（実際動力消費量）＝@230円/kwh

◇ 加工部門への配賦額（固定費）：@304円/kwh×3,300kwh

◇ 加工部門への配賦額（変動費）：@230円/kwh×3,080kwh

◇ 加工部門の実際発生額：6,698,000円＋4,038,430円＝10,736,430円

◇ 組立部門の実際発生額：4,638,840円＋2,969,220円＝7,608,060円

《複数基準配賦法（実際配賦）》

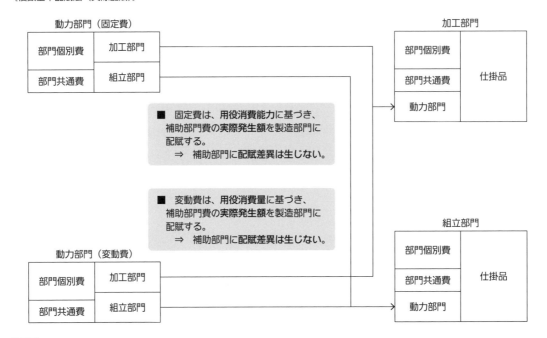

動力部門（固定費）

| 部門個別費 | 加工部門 |
| 部門共通費 | 組立部門 |

加工部門

部門個別費	
部門共通費	仕掛品
動力部門	

■ 固定費は、用役消費能力に基づき、補助部門費の実際発生額を製造部門に配賦する。
　⇒　補助部門に配賦差異は生じない。

■ 変動費は、用役消費量に基づき、補助部門費の実際発生額を製造部門に配賦する。
　⇒　補助部門に配賦差異は生じない。

動力部門（変動費）

| 部門個別費 | 加工部門 |
| 部門共通費 | 組立部門 |

組立部門

部門個別費	
部門共通費	仕掛品
動力部門	

問5

(1) 補助部門費配賦表（複数基準・年間予算）

	加工部門		組立部門		動力部門	
	固定費	変動費	固定費	変動費	固定費	変動費
部　門　費	69,120,000	41,160,000	46,080,000	30,240,000	21,600,000	14,400,000
動力部門費	11,880,000	8,640,000	9,720,000	5,760,000		
製造部門費	81,000,000	49,800,000	55,800,000	36,000,000		

◇　補助部門費（固定費）の予定配賦率：21,600,000円÷72,000kwh＝@300円/kwh

◇　補助部門費（変動費）の予定配賦率：14,400,000円÷60,000kwh＝@240円/kwh

◇　加工部門への配賦額（固定費）：@300円/kwh×39,600kwh

◇　加工部門への配賦額（変動費）：@240円/kwh×36,000kwh

問6

(1) 補助部門費配賦表（複数基準・予定配賦）

	加工部門		組立部門		動力部門	
	固定費	変動費	固定費	変動費	固定費	変動費
部　門　費	5,694,800	3,330,030	3,818,040	2,500,020	1,824,000	1,177,600
動力部門費	990,000	739,200	810,000	489,600		
製造部門費	6,684,800	4,069,230	4,628,040	2,989,620		

◇　加工部門への配賦額（固定費）：11,880,000円÷12　（@300円/kwh×3,300kwh）

◇　加工部門への配賦額（変動費）：@240円/kwh×3,080kwh

◇　加工部門の実際発生額：6,684,800円＋4,069,230円＝10,754,030円

◇　組立部門の実際発生額：4,628,040円＋2,989,620円＝7,617,660円

《複数基準配賦法（予定配賦）》

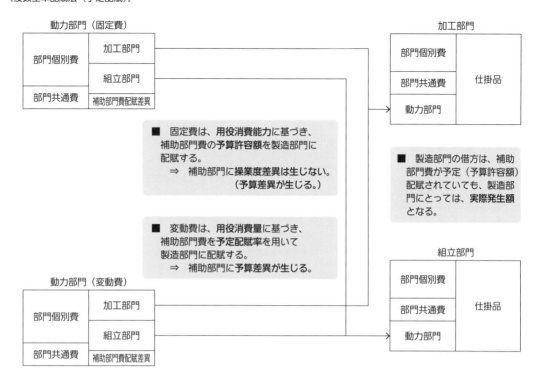

(2) 補助部門費配賦差異

3,028,800円（予定配賦総額）－3,001,600円（実際発生額）＝27,200円（有利）

／□　／□　／□

当工場には2つの製造部門と2つの補助部門がある。次の〔資料〕に基づき、以下の各問に答えなさい。

〔資料〕

1．当年度の予算データ

(1) 各部門の部門費の年間予算額（単位：円）

	加工部門	組立部門	動力部門	工場管理部門
固　定　費	27,816,000	24,624,000	11,520,000	7,200,000
変　動　費	19,968,000	18,432,000	7,200,000	―

(2) 補助部門費配賦基準および製造部門の基準操業度

	加工部門	組立部門	動力部門	工場管理部門
従　業　員	150人	120人	30人	10人
動力消費能力	86,400kwh	57,600kwh	―	―
動力消費量	67,200kwh	52,800kwh	―	―
直接作業時間	48,000 h	36,000 h	―	―

※　製造間接費は直接作業時間に基づき製品に配賦している。

2．当月の実際データ

(1) 各部門の部門費の実際発生額（単位：円）

	加工部門	組立部門	動力部門	工場管理部門
固　定　費	2,314,800	2,064,000	1,224,000	624,000
変　動　費	1,641,800	1,519,200	622,200	―

(2) 当月の動力消費量および直接作業時間

	加工部門	組立部門
動力消費量	5,610kwh	4,590kwh
直接作業時間	3,640 h	2,800 h

3．補助部門費の配賦方法は複数基準配賦法による階梯式配賦法を用いることとする。

4．月間予算は、年間予算の12分の1とする。

5．補助部門費および製造間接費を管理する場合には、公式法変動予算によって管理することとする。

問1　製造部門（製造間接費）の予定配賦率を求めなさい。　重要度 A

問2　下記のそれぞれの場合における、動力部門勘定および工場管理部門勘定の勘定記入を行いなさい。また、製造間接費の実際発生額を計算しなさい。　重要度 B
　① 補助部門費の配賦方法として複数基準配賦法（実際配賦）を用いた場合。
　② 補助部門費の配賦方法として複数基準配賦法（予定配賦）を用いた場合。

問3　下記のそれぞれの場合における、加工部門勘定の勘定記入を行いなさい。なお、補助部門費の配賦方法としては複数基準配賦法（予定配賦）を用いることとする。
　① 製造間接費を直接作業時間に基づき、製品に予定配賦する場合。
　② 製造間接費を直接作業時間に基づき、製品に実際配賦する場合。

■解答欄

問1

加工部門 [　　　　　　　　] 円/h　　　組立部門 [　　　　　　　　] 円/h

問2

①

<table>
<tr><td colspan="2" align="center">動　力　部　門</td><td align="right">（単位：円）</td></tr>
<tr><td>諸　　　　　　　口</td><td>加　工　部　門</td><td></td></tr>
<tr><td>工　場　管　理　部　門</td><td>組　立　部　門</td><td></td></tr>
<tr><td></td><td>操　業　度　差　異</td><td></td></tr>
<tr><td></td><td>予　算　差　異</td><td></td></tr>
</table>

<table>
<tr><td colspan="2" align="center">工場管理部門</td><td align="right">（単位：円）</td></tr>
<tr><td>諸　　　　　　　口</td><td>加　工　部　門</td><td></td></tr>
<tr><td></td><td>組　立　部　門</td><td></td></tr>
<tr><td></td><td>動　力　部　門</td><td></td></tr>
<tr><td></td><td>操　業　度　差　異</td><td></td></tr>
<tr><td></td><td>予　算　差　異</td><td></td></tr>
</table>

加工部門 [　　　　　　　　] 円　　　組立部門 [　　　　　　　　] 円

②

<table>
<tr><td colspan="2" align="center">動　力　部　門</td><td align="right">（単位：円）</td></tr>
<tr><td>諸　　　　　　　口</td><td>加　工　部　門</td><td></td></tr>
<tr><td>工　場　管　理　部　門</td><td>組　立　部　門</td><td></td></tr>
<tr><td></td><td>操　業　度　差　異</td><td></td></tr>
<tr><td></td><td>予　算　差　異</td><td></td></tr>
</table>

<table>
<tr><td colspan="2" align="center">工場管理部門</td><td align="right">（単位：円）</td></tr>
<tr><td>諸　　　　　　　口</td><td>加　工　部　門</td><td></td></tr>
<tr><td></td><td>組　立　部　門</td><td></td></tr>
<tr><td></td><td>動　力　部　門</td><td></td></tr>
<tr><td></td><td>操　業　度　差　異</td><td></td></tr>
<tr><td></td><td>予　算　差　異</td><td></td></tr>
</table>

加工部門 [　　　　　　　　] 円　　　組立部門 [　　　　　　　　] 円

問3

①

	加　工　部　門		（単位：円）
諸　　　　　　　口		仕　　掛　　品	
動　力　部　門		予　算　差　異	
工　場　管　理　部　門		操　業　度　差　異	

②

	加　工　部　門		（単位：円）
諸　　　　　　　口		仕　　掛　　品	
動　力　部　門		予　算　差　異	
工　場　管　理　部　門		操　業　度　差　異	

問1

| 加工部門 | 1,307.5円／h | 組立部門 | 1,500円／h |

問2

①

動　力　部　門			（単位：円）
諸　　　　　口	1,846,200	加　工　部　門	1,114,050
工 場 管 理 部 門	62,400	組　立　部　門	794,550
		操　業　度　差　異	0
		予　算　差　異	0

工場管理部門			（単位：円）
諸　　　　　口	624,000	加　工　部　門	312,000
		組　立　部　門	249,600
		動　力　部　門	62,400
		操　業　度　差　異	0
		予　算　差　異	0

| 加工部門 | 5,382,650円 | 組立部門 | 4,627,350円 |

②

動　力　部　門			（単位：円）
諸　　　　　口	1,846,200	加　工　部　門	948,600
工 場 管 理 部 門	60,000	組　立　部　門	683,400
		操　業　度　差　異	0
		予　算　差　異	274,200

工場管理部門			（単位：円）
諸　　　　　口	624,000	加　工　部　門	300,000
		組　立　部　門	240,000
		動　力　部　門	60,000
		操　業　度　差　異	0
		予　算　差　異	24,000

| 加工部門 | 5,205,200円 | 組立部門 | 4,506,600円 |

問3 ①

加 工 部 門				（単位：円）
諸 口	3,956,600	仕 掛 品	4,759,300	
動 力 部 門	948,600	予 算 差 異	155,200	
工 場 管 理 部 門	300,000	操 業 度 差 異	290,700	

②

加 工 部 門				（単位：円）
諸 口	3,956,600	仕 掛 品	5,205,200	
動 力 部 門	948,600	予 算 差 異	0	
工 場 管 理 部 門	300,000	操 業 度 差 異	0	

問1

(1) 補助部門費配賦表（年間予算）

	加工部門		組立部門		動力部門		工場管理部門
	固定費	変動費	固定費	変動費	固定費	変動費	固定費
部 門 費	27,816,000	19,968,000	24,624,000	18,432,000	11,520,000	7,200,000	7,200,000
工場管理部門費	3,600,000	—	2,880,000	—	720,000	—	
動力部門費	7,344,000	4,032,000	4,896,000	3,168,000			
製造部門費	38,760,000	24,000,000	32,400,000	21,600,000			

◇　工場管理部門費（固定費）の予定配賦率：7,200,000円÷300人＝@24,000円／人

◇　動力部門費（固定費）の予定配賦率：12,240,000円÷144,000kwh＝@85円／kwh

◇　動力部門費（変動費）の予定配賦率：7,200,000円÷120,000kwh＝@60円／kwh

◇　固定費

　　　加工部門への配賦額（工場管理部門）：@24,000円／人×150人

　　　　　　　　　　　　　　（動力部門）：@85円／kwh×86,400kwh

◇　変動費

　　　加工部門への配賦額（動力部門）：@60円／kwh×67,200kwh

(2) 製造部門の予定配賦率

　　加工部門：（38,760,000円＋24,000,000円）÷48,000 h ＝@1,307.5円／h

　　組立部門：（32,400,000円＋21,600,000円）÷36,000 h ＝@1,500円／h

◆　製造部門の予定配賦率は、**年間予算**に基づいて算定する。

問2

① 複数基準配賦法（実際配賦）

(1) 補助部門費配賦表（複数基準・実際配賦）

	加工部門		組立部門		動力部門		工場管理部門
	固定費	変動費	固定費	変動費	固定費	変動費	固定費
部　門　費	2,314,800	1,641,800	2,064,000	1,519,200	1,224,000	622,200	624,000
工場管理部門費	312,000	—	249,600	—	62,400	—	
動力部門費	771,840	342,210	514,560	279,990			
製造部門費	3,398,640	1,984,010	2,828,160	1,799,190			
	5,382,650		4,627,350				

◇　工場管理部門費（固定費）の実際配賦率：624,000円÷300人＝@2,080円／人

◇　動力部門費（固定費）の実際配賦率：1,286,400円÷12,000kwh＝@107.2円／kwh

◇　動力部門費（変動費）の実際配賦率：622,200円÷10,200kwh＝@61円／kwh

◇　固定費

　　加工部門への配賦額（管理部門）：@2,080円／人×150人

　　加工部門への配賦額（動力部門）：@107.2円／kwh×86,400kwh÷12

◇　変動費

　　加工部門への配賦額（動力部門）：@61円／kwh×5,610kwh

(2) 補助部門費配賦差異

◆　補助部門費を実際配賦しているので、補助部門費配賦差異は生じない。

動力部門

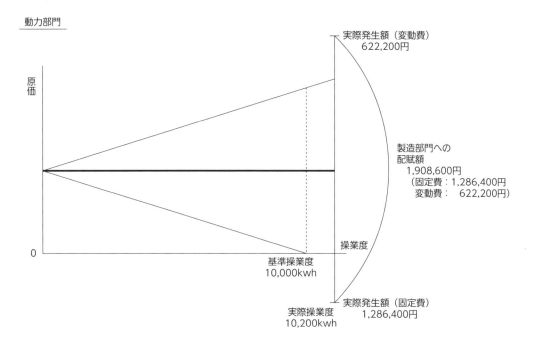

② 複数基準配賦法（予定配賦）

	加工部門		組立部門		動力部門		工場管理部門
	固定費	変動費	固定費	変動費	固定費	変動費	固定費
部　門　費	2,314,800	1,641,800	2,064,000	1,519,200	1,224,000	622,200	624,000
工場管理部門費	300,000	—	240,000	—	60,000	—	
動力部門費	612,000	336,600	408,000	275,400			
製造部門費	3,226,800	1,978,400	2,712,000	1,794,600			
	5,205,200		4,506,600				

◇　固定費

加工部門への配賦額（工場管理部門）：3,600,000円÷12（@24,000円/人×150人÷12）

加工部門への配賦額（動力部門）：7,344,000円÷12（@85円/kwh×86,400kwh÷12）

◇　変動費

加工部門への配賦額（動力部門）：@60円/kwh×5,610kwh

(2)　補助部門費配賦差異

・工場管理部門

予算差異：7,200,000円÷12－624,000円＝－24,000円（不利）

・動力部門

予算差異：12,240,000円÷12＋@60円/kwh×10,200kwh－（1,284,000円＋622,200円）

＝－274,200円（不利）

（固定費）12,240,000円÷12－（1,224,000円＋60,000円）＝－264,000円（不利）

（変動費）@60円/kwh×（5,610kwh＋4,590kwh）－622,200円＝－10,200円（不利）

◆　予算許容額を配賦しているため、操業度差異は生じない。

動力部門

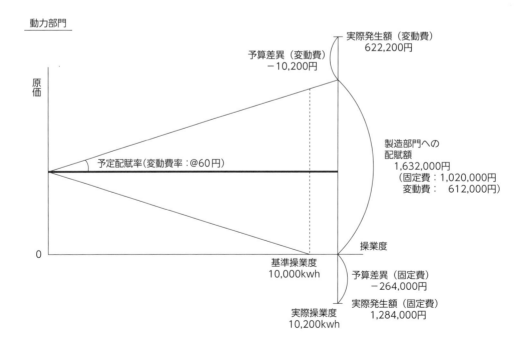

問3

◆　製造間接費の製品への配賦（**第3次集計**）を予定配賦にするか、実際配賦にするかに関わらず、補助部門費の製造部門への配賦（**第2次集計**）は複数基準予定配賦法を用いているため、製造部門勘定の借方（製造部門費の実際発生額）は同じになる。

加工部門勘定の借方（借方合計：5,205,200円）

諸　　　　　口：2,314,800円＋1,641,800円＝3,956,600円（部門個別費＋部門共通費）

工場管理部門費：300,000円

動力部門費：612,000円＋336,600円＝948,600円

①　製造間接費を製品に予定配賦する場合の加工部門勘定の貸方

仕　掛　品：@1,307.5円/h×3,640h＝4,759,300円

操業度差異：@807.5円/h×（3,640h−4,000h）＝−290,700円（不利）

予算差異：38,760,000円÷12＋@500円/h×3,640h−5,205,200円＝−155,200円（不利）

《第2次集計から第3次集計（予定配賦）》

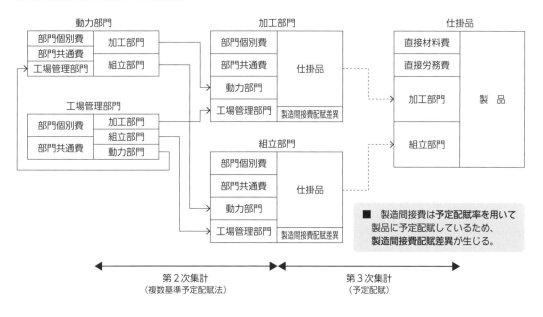

② 製造間接費を製品に実際配賦する場合の加工部門勘定の貸方

　　　仕　掛　品：5,205,200円

　　　操業度差異：実際配賦なので、製造間接費配賦差異は生じない。

　　　予算差異：実際配賦なので、製造間接費配賦差異は生じない。

《第2次集計から第3次集計（実際配賦）》

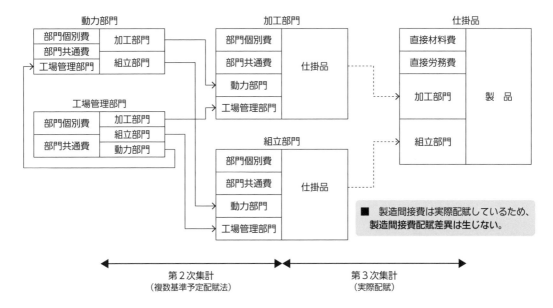

次の〔資料〕に基づき、①から③に入る用語および金額を答えなさい。　重要度 Ⓑ

〔資料〕

1．製造部門の動力消費量及び操業度データ

	第1製造部門	第2製造部門	合　計
基準操業度	50,000hr	32,000hr	
当月実際操業度	4,020hr	2,500hr	
年間消費能力	1,400,000kw	1,000,000kw	2,400,000kw
年間見積消費量	1,000,000kw	800,000kw	1,800,000kw
当月の実際消費量	85,200kw	63,800kw	149,000kw

2．動力部門費の月間予算額および当月実績

	月間予算額	当月実績
動力供給量	150,000kw	149,000kw
動力部門費		
変動費	4,500,000円	4,790,000円
固定費	6,750,000円	7,130,000円

第1製造部長：当社では、従来から動力部門の実際発生額を配賦してきたが、当該金額には補助部門における原価管理活動の良否の影響を示す（　①　）が混入し、適切な業績評価が行えず不当である。

経理部長：であるなら、予定配賦を行うのはどうでしょうか。これなら、補助部門における（　①　）を製造部門に振り替えることはありません。

動力部門長：その方法では、（　②　）が補助部門に残る結果となる。（　②　）は製造部門の責任であり、補助部門に責任はないと考える。

第2製造部長：それなら、（　①　）の金額のみを補助部門に残し、固定費は用役消費能力で配賦する複数基準配賦法が良いと思われる。この方法で動力部門費を配賦すると、第2製造部には（　③　）円配賦される計算になる。

■解答欄

①　□□□□□□□　　②　□□□□□□□　　③　□□□□□□□

第二次集計方法の判断

| ① | 予算差異 | ② | 操業度差異 | ③ | 4,726,500 |

1．動力部門費の変動費予定配賦率

　　$4,500,000円 \div 150,000kw = 30円/kw$

2．動力部門費の配賦額

　　第2製造部門への配賦額

　　　$30円/kw \times 63,800kw + 6,750,000円 \div 2,400,000kw \times 1,000,000kw = 4,726,500円$

第 **7** 章

個別原価計算

7-1 個別原価計算表（仕損費の直接経費処理）   ／ □   ／ □   ／ □

次の〔資料〕に基づいて、個別原価計算表および仕掛品勘定を作成しなさい。　　　重要度 A

〔資料〕

1．当月指図書別資料

	＃10	＃20	＃30	＃10-1	＃20-1
直接材料消費量（kg）	30	40	40	8	15
直接作業時間（h）	20	28	24	4	5
機械稼働時間（h）	30	40	30	5	8

2．各費目の予定価格及び予定配賦率等の資料

予定材料消費価格　　　　　＠　900円/kg

予定消費賃率　　　　　　　＠　800円/ h

製造間接費の予定配賦率　　＠1,800円/ h （機械稼働時間で予定配賦する。）

3．その他

⑴　指図書＃10は前月に発行、生産を開始しており、月初仕掛品原価は20,000円である。当月中に補修可能な仕損が一部に生じたため、補修指図書＃10-1を発行し、補修を行った。当月中にすべてが完成したが、受注先には発送していない。

⑵　指図書＃20は当月に発行、生産を開始している。当月中に補修不能な仕損が一部に生じたため、製造指図書＃20-1を発行し、代品製作を行った。当月末現在、一部が未完成である。なお、仕損品の評価額は6,000円である。

⑶　仕損費は直接経費処理によることとする。

⑷　指図書＃30は当月に発行、生産を開始している。当月中にすべて完成し納品されている。

■解答欄

個別原価計算表　　　　　　　　（単位：円）

	＃10	＃20	＃30	＃10-1	＃20-1	合計
月初仕掛品原価						
当月製造費用						
直接材料費						
直接労務費						
製造間接費						
計						
仕損品評価額						
仕　損　費						
合　計						
備　考						

仕　掛　品　　　　　　　　　（単位：円）

（　　　　　　　　）	（　　　　）	製　　　　　　品	（　　　　）		
直　接　材　料　費	（　　　　）	（　　　　　　　　）	（　　　　）		
直　接　労　務　費	（　　　　）	（　　　　　　　　）	（　　　　）		
製　造　間　接　費	（　　　　）	（　　　　　　　　）	（　　　　）		
（　　　　　　　　）	（　　　　）				

個別原価計算表　　　　　　　　（単位：円）

	＃10	＃20	＃30	＃10-1	＃20-1	合計
月初仕掛品原価	20,000					20,000
当月製造費用						
直接材料費	27,000	36,000	36,000	7,200	13,500	119,700
直接労務費	16,000	22,400	19,200	3,200	4,000	64,800
製造間接費	54,000	72,000	54,000	9,000	14,400	203,400
計	117,000	130,400	109,200	19,400	31,900	407,900
仕損品評価額					△6,000	△6,000
仕　損　費	19,400	25,900		△19,400	△25,900	0
合　計	136,400	156,300	109,200	0	0	401,900
備　考	完成	月末仕掛中	完成引渡済	＃10へ	＃20へ	

仕　掛　品　　　　　　　　　　（単位：円）

（前　月　繰　越）	（ 20,000）	製　　　　　品	（ 245,600）
直　接　材　料　費	（119,700）	（仕　　損　　品）	（ 6,000）
直　接　労　務　費	（ 64,800）	（仕　　掛　　品）	（ 45,300）
製　造　間　接　費	（203,400）	（次　月　繰　越）	（156,300）
（仕　　掛　　品）	（ 45,300）		

(1)　個別原価計算表の数値

〔参考：＃10〕

　　月初仕掛品原価：20,000円（本問では、問題文で与えられている。）

　　直接材料費：@900円/kg（予定消費価格）×30kg（材料消費量）

　　直接労務費：@800円/h（予定消費賃率）×20h（直接作業時間）

　　製造間接費：@1,800円/h（予定配賦率）×30h（機械稼動時間）

　　仕　損　費：19,400円（＃10-1から・直接経費処理）

◆　直接経費処理の仕訳（＃10、＃20）

（借）仕　掛　品　　　19,400円　　　（貸）仕　掛　品　　　19,400円
（＃10）　　　　　　　　　　　　　　（＃10-1）

（借）仕　損　品　　　　6,000円　　　（貸）仕　掛　品　　　31,900円
（〃）仕　掛　品　　　25,900円　　　（＃20-1）
（＃20）

(2)　仕掛品勘定の数値

　（借方）

　　　前月繰越：20,000円（本問では、＃10のみ前月に生産を開始している。）

　　　直接材料費：@900円/kg×133kg（個別原価計算表の合計）

　　　直接労務費：@800円/h×81h（個別原価計算表の合計）

　　　製造間接費：@1,800円/h×113h（個別原価計算表の合計）

　　　仕　掛　品：19,400円＋25,900円＝45,300円

　（貸方）

　　　製品（完成、完成引渡済）：136,400円（＃10）＋109,200円（＃30）

　　　仕　損　品：6,000円

　　　仕　掛　品：45,300円

　　　次月繰越（すべて未完成、一部未完成）：156,300円（＃20）

◆　個別原価計算では、指図書の生産命令数量が**すべて完成**するまで製造原価はすべて仕掛品原価となる。

　　⇒　一部でも完成していない場合は、当該指図書のすべてを**月末仕掛品**とする。

7-2 仕損費の処理 (間接経費処理)

次の〔資料〕に基づいて、各問に答えなさい。

重要度 B

〔資料〕

1．当月指図書別資料

	＃90	＃91	＃92	＃90-1
生　産　量（個）	80	60	100	40
直接材料消費量（kg）	60	55	95	25
直接作業時間（h）	35	28	45	15

　※　上記指図書は、すべて当月中に生産を開始し、完成している。

2．各費目に関する資料

　⑴　材料の予定消費価格は@900円/kgである。

　⑵　直接工の予定消費賃率は@800円/hである。

　⑶　当月の製造間接費予算は300,000円（仕損費予算60,000円を含む）であり、月間基準操業度は150 h（直接作業時間）である。

3．指図書＃90では、製造部門での加工中に一部仕損が発生したため、新たに製造指図書＃90-1を発行し、代品製作を行っている。仕損費は合理的に処理すること。なお、仕損品に評価額はないものとする。

問1　当月の仕掛品勘定および個別原価計算表を作成しなさい。

問2　仕損費予算差異を算定しなさい。なお、カッコ内には有利・不利を記入すること。

問1

仕　掛　品　　　　　　　　　（単位：円）

直　接　材　料　費	（　　　　）	製　　　　　　　　　品	（　　　　）
直　接　労　務　費	（　　　　）	（　　　　　　　　　　）	（　　　　）
製　造　間　接　費	（　　　　）		

個別原価計算表　　　　　　　　（単位：円）

	＃90	＃91	＃92	＃90-1	合計
直　接　材　料　費					
直　接　労　務　費					
製　造　間　接　費					
計					
仕　損　費					
合　計					
備　考					

問2

| | 円 | （　　　　） |

第7章　個別原価計算

問1

仕 掛 品　　　　　　　　（単位：円）

直 接 材 料 費	（　211,500）	製　　　　　品	（　491,400）
直 接 労 務 費	（　 98,400）	（ 製 造 間 接 費 ）	（　 64,500）
製 造 間 接 費	（　246,000）		

個別原価計算表　　　　　　　（単位：円）

	＃90	＃91	＃92	＃90-1	合 計
直 接 材 料 費	54,000	49,500	85,500	22,500	211,500
直 接 労 務 費	28,000	22,400	36,000	12,000	98,400
製 造 間 接 費	70,000	56,000	90,000	30,000	246,000
計	152,000	127,900	211,500	64,500	555,900
仕 損 費				△64,500	△64,500
合 計	152,000	127,900	211,500	0	491,400
備 考	完成	完成	完成	製造間接費	

問2

15,300円	（ 不 利 ）

問1

(1)　個別原価計算表の数値

〔参考：＃90〕

　　直接材料費：@900円/kg（予定消費価格）×60kg（＃90材料消費量）

　　直接労務費：@800円/h（予定消費賃率）×35h（＃90直接作業時間）

　　製造間接費：@2,000円/h（予定配賦率）×35h（＃90直接作業時間）

※　@2,000円/h＝300,000円÷150h（基準操業度）

　　仕損費配賦率：@400円/h＝60,000円÷150h（基準操業度）

　　仕　損　費：（間接経費処理：＃90-1に集計される製造原価）

問2

  (1)　仕損費予定配賦額

    @400円/h（予定配賦率）×123 h（実際直接作業時間合計）＝49,200円

  (2)　仕損費予算差異

    49,200円－64,500円（＃90-1）＝－15,300円（不利）

◆　間接経費処理を行う場合には、あらかじめ予定配賦率の算定の基礎となる**製造間接費予算に仕損費予算を含めておく必要がある。**

◆　間接経費処理の仕訳（例：90-1）

（借）　製造間接費　　　64,500円　　　　（貸）　仕　掛　品　　　64,500円

                                      （＃90-1）

次の〔資料〕に基づいて、以下の各問に答えなさい。

重要度 A

〔資料〕

1．指図書別の材料消費量および直接作業時間

	#50	#51	#52	#53	#51-1	#53-1
直接材料消費量（kg）	250	200	240	160	60	180
直接作業時間（h）	120	110	100	90	25	95

2．各費目に関するデータ

(1) 材料の予定消費価格は@800円/kgである。

(2) 直接工の予定消費賃率は@900円/hである。

(3) 製造間接費の予定配賦率は@2,000円/hであり、直接作業時間に基づき製品に予定配賦している。

3．仕損に関するデータ

(1) 指図書#50では、加工中に仕損が発生している。当該仕損は軽微なため新たに指図書を発行せず、評価額（7,000円）を製造原価から控除することとする。

(2) 指図書#51では、加工中に補修不能な一部仕損が発生している。なお、仕損品評価額は32,000円である。

(3) 指図書#53では、加工中に補修不能な全部仕損が発生している。仕損品評価額は99,000円である。当該仕損は異常な原因によるものである。

4．上記指図書は、すべて当月に発行されたものである。指図書#50、#51、#53については当月中に完成しているが、#52は月末仕掛中である。なお、指図書#50および#51は取引先に引渡済であるが、#53は引渡を行っていない。

問1　当月の①個別原価計算表、および②仕掛品勘定を完成させなさい。解答に用いる勘定科目は〔仕損品・仕掛品・非原価項目・次月繰越〕とする。

問2　当月の損益計算書を完成させなさい。なお、当月の売上高は1,450,000円である。

■解答欄

問1

① 個別原価計算表　　　　　　　　　　　（単位：円）

	＃50	＃51	＃52	＃53	＃51-1	＃53-1
直 接 材 料 費						
直 接 労 務 費						
製 造 間 接 費						
計						
仕 損 品 評 価 額						
仕 損 費						
合 計						
備 考						

②　　　　　　　　　　　　　　仕 掛 品　　　　　　（単位：円）

直 接 材 料 費	（　　　）	製　　　　品	（　　　）
直 接 労 務 費	（　　　）	（　　　　）	（　　　）
製 造 間 接 費	（　　　）	（　　　　）	（　　　）
（　　　　　）	（　　　）	（　　　　）	（　　　）
		（　　　　）	（　　　）

問2

損益計算書　　　　　　（単位：円）

Ⅰ　売　　　　　上　　　　　高

Ⅱ　売　　　上　　　原　　　価　　　　＿＿＿＿＿＿＿＿

　　売　　上　　総　　利　　益　　　　＿＿＿＿＿＿＿＿

Ⅲ　営　　業　　外　　費　　用　　　　＿＿＿＿＿＿＿＿

　　当　　期　　純　　利　　益　　　　＿＿＿＿＿＿＿＿

問1

① 個別原価計算表 (単位：円)

	＃50	＃51	＃52	＃53	＃51-1	＃53-1
直 接 材 料 費	200,000	160,000	192,000	128,000	48,000	144,000
直 接 労 務 費	108,000	99,000	90,000	81,000	22,500	85,500
製 造 間 接 費	240,000	220,000	200,000	180,000	50,000	190,000
計	548,000	479,000	482,000	389,000	120,500	419,500
仕損品評価額	△7,000			△99,000	△32,000	
仕 損 費		88,500		△290,000	△88,500	
合 計	541,000	567,500	482,000	0	0	419,500
備 考	完成引渡済	完成引渡済	月末仕掛中	非原価項目	＃51へ	完成

② 仕 掛 品 (単位：円)

直 接 材 料 費	(872,000)	製 品	(1,528,000)
直 接 労 務 費	(486,000)	(仕 損 品)	(138,000)
製 造 間 接 費	(1,080,000)	(非 原 価 項 目)	(290,000)
(仕 掛 品)	(88,500)	(仕 掛 品)	(88,500)
		(次 月 繰 越)	(482,000)

問2

損益計算書 (単位：円)

Ⅰ	売 上 高	1,450,000
Ⅱ	売 上 原 価	1,108,500
	売 上 総 利 益	341,500
Ⅲ	営 業 外 費 用	290,000
	当 期 純 利 益	51,500

問1

(1) 個別原価計算表の数値

［参考：＃50］

直接材料費：@800円/kg（予定消費価格）×250kg（＃50直接材料消費量）

直接労務費：@900円/h（予定消費賃率）×120h（＃50直接作業時間）

製造間接費：@2,000円/h（予定配賦率）×120h（＃50直接作業時間）

仕損品評価額：7,000円

(2) 仕掛品勘定の数値

直接材料費：@800円/kg×1,090kg (個別原価計算表の合計)

直接労務費：@900円/h×540h（個別原価計算表の合計）

製造間接費：@2,000円/h×540h（個別原価計算表の合計）

仕　　掛　　品：88,500円（直接経費処理：＃51-1）

仕　　損　　品：138,000円（個別原価計算表の合計）

問2

(1) 売上原価・月末製品・月末仕掛品

売上原価：541,000円＋567,500円＝1,108,500円（完成して、引渡済を計上）

月末製品：419,500円（完成して、引渡を行っていないものを計上）

月末仕掛品：482,000円（完成していないものを計上）

(2) 営業外損益

営業外費用：290,000円（非原価項目）

7-4　作業屑の処理

/ □　/ □　/ □

次の〔資料〕に基づいて、以下の各問に答えなさい。　　　　　　　重要度 A

〔資料〕

1．当月指図書別資料

	＃11	＃12
直接材料消費量（kg）	150	120
加 工 時 間（h）	80	60

　※　上記指図書は、すべて当月に発行されたものであり、当月中に完成引渡済である。

2．各費目に関する資料

⑴　材料の予定消費価格は@600円/kgである。

⑵　加工費の予定配賦率は@1,500円/hである。（加工時間に基づき予定配賦している。）

3．当月において、製造部門での作業中に作業屑5kgが発生している。

4．指図書＃11で作業屑が10kg発生しており、材料の価値に依存するため、作業屑の評価額を当該指図書の直接材料費から控除する。

5．＃12で作業屑が7kg発生しており、作業屑の評価額を発生指図書の製造原価から控除する。
　なお、いずれの場合も作業屑の評価額は@50円/kgである。

問1　作業屑の評価額を発生部門（加工部門）の部門費から控除する場合の仕訳を記入しなさい。

問2　個別原価計算表および仕掛品勘定を完成させなさい。

■解答欄

問1

(借)		円	(貸)		円

問2

個別原価計算表　　　　　（単位：円）

	＃11	＃12	合　計
直 接 材 料 費			
加 　工 　費			
計			
作 業 屑 評 価 額			
合　計			
備　考			

仕 掛 品　　　　　（単位：円）

直 接 材 料 費	（　　　）	製　　　　品	（　　　）
加 　工 　費	（　　　）	（　　　　　　）	（　　　）

問1

(借)	作 業 屑	250円	(貸)	加 工 部 門	250円

問2

個別原価計算表　　　　　（単位：円）

	＃11	＃12	合　計
直 接 材 料 費	89,500	72,000	161,500
加　工　費	120,000	90,000	210,000
計	209,500	162,000	371,500
作 業 屑 評 価 額	—	△350	△350
合　計	209,500	161,650	371,150
備　考	完成引渡済	完成引渡済	

仕　掛　品　　　　　　（単位：円）

直 接 材 料 費	（　162,000）	製　　　　品	（　371,150）
加　工　費	（　210,000）	（作　業　屑）	（　　850）

◆　作業屑は、原則として発生部門の**部門費**から控除する。ただし、必要ある場合には、当該製造
　指図書の**直接材料費又は製造原価**から控除することができる。

[問1]

作業屑評価額

@50円/kg × 5 kg＝250円

《作業屑の処理（部門費から控除）》

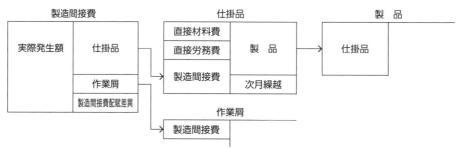

■ 作業屑を部門費から控除する場合、仕掛品勘定および個別原価計算表には影響を与えない。
製造部門（製造間接費）勘定の貸方に作業屑が記入される。　⇒　予算差異に影響を与える。

[問2]

(1)　個別原価計算表の数値

〔参考：＃11〕

直接材料費：@600円/kg（予定消費価格）×150kg（＃11材料消費量）－@50円/kg×10kg

加　工　費：@1,500円/h（予定消費賃率）×80h（＃11直接作業時間）

(2)　仕掛品勘定の数値

直接材料費：@600円/kg×270kg（個別原価計算表の合計＋＃11作業屑評価額）

加　工　費：@1,500円/h×140h（個別原価計算表の合計）

製　　　品：209,500円＋161,650円

作　業　屑：@50円/kg×17kg

◆　作業屑を直接材料費から控除する場合の仕訳

（借）作　業　屑　　　500円　　　　　（貸）仕　掛　品　　　500円

◆　作業屑を製造原価から控除する場合の仕訳

（借）作　業　屑　　　350円　　　　　（貸）仕　掛　品　　　350円

ロット別個別原価計算　　　／ □　／ □　／ □

　当工場では、個別受注生産により製品を製造しており、ロット別個別原価計算を採用している。下記の〔資料〕に基づき、各問に答えなさい。　　　　　　　　　　　　　　　　　　　重要度 A

〔資料〕
1．当月の指図書別生産データ

製造指図書No.	受注量	完成量	直接材料消費量	直接作業時間
No.11	200個	100個	120kg	50h
No.12	200個	200個	140kg	65h
No.13	150個	100個	110kg	40h
No.14	100個	100個	70kg	30h

2．原価データ
　⑴　材料予定消費価格は@500円/kgである。
　⑵　直接工の予定消費賃率は@800円/hである。
　⑶　製造間接費は直接労務費の200％を予定配賦している。

3．その他
　⑴　材料はすべて作業の開始時点で投入される。
　⑵　上記指図書はすべて当月に加工を開始している。月末においてNo.11の未完成分100個の仕上がり程度が50％と見積られる。

問1　当月の①月末仕掛品原価、②当月完成品原価を算定しなさい。

問2　仮に、得意先の要望により分割納入制を採用している場合の、当月の①月末仕掛品原価、②当月完成品原価を算定しなさい。

■解答欄
問1
　①［　　　　　　　　　］円　　②［　　　　　　　　　　　］円

問2
　①［　　　　　　　　　］円　　②［　　　　　　　　　　　］円

第7章　個別原価計算

ロット別個別原価計算

問1
① | 331,000円 ② | 333,000円

問2
① | 70,000円 ② | 594,000円

問1

(1) 個別原価計算表（単位：円）

	No.11	No.12	No.13	No.14
直 接 材 料 費	60,000	70,000	55,000	35,000
直 接 労 務 費	40,000	52,000	32,000	24,000
製 造 間 接 費	80,000	104,000	64,000	48,000
計	180,000	226,000	151,000	107,000
備 考	月末仕掛中	完成	月末仕掛中	完成

(2) 解答の金額
① 月末仕掛品原価：180,000円 + 151,000円 = 331,000円
② 完成品原価：226,000円 + 107,000円 = 333,000円

◆ 生産命令数量の一部でも完成していない場合には、その指図書に集計された製造原価を仕掛品原価とすることに留意する。

問2

(1) 個別原価計算表（単位：円）

	No.11	No.12	No.13	No.14
直 接 材 料 費	60,000	70,000	55,000	35,000
直 接 労 務 費	40,000	52,000	32,000	24,000
製 造 間 接 費	80,000	104,000	64,000	48,000
計	180,000	226,000	151,000	107,000
月末仕掛品原価	70,000	—	—	—
完 成 品 原 価	110,000	226,000	151,000	107,000

(2) ボックス図

No.11

当月投入	200 (150)	完成品	100
		月末	100(50)

(3) No.11の原価配分

① 月末仕掛品原価

直接材料費：60,000円÷200個×100個＝30,000円

加　工　費：120,000円÷150個×50個＝40,000円　　∴ 合計：70,000円

② 完成品原価

180,000円－70,000円＝110,000円

(4) No.13

完成品原価：151,000円

(5) 解答の金額

① 月末仕掛品原価：70,000円

② 完成品原価：110,000円＋226,000円＋151,000円＋107,000円＝594,000円

◆　生産命令数量の全部が完成していなくても、完成した分を直ちに引渡す分割納入制が採用されている場合には、当該製造指図書に集計されている製造原価を完成品原価（納入分）と仕掛品原価（未納入分）とに分割する。

第 8 章

単純総合原価計算

次の〔資料〕に基づいて、以下の各問に答えなさい。 重要度 Ⓐ

〔資料〕

1．当月の生産データ（単位：個）

月初仕掛品	3,200	（40%）
当月投入	38,400	
計	41,600	
月末仕掛品	2,400	（80%）
正常仕損	1,600	（60%）
完成品	37,600	

※ （ ）内は加工進捗度を示している。

2．当月の原価データ

月初仕掛品原価		当月製造費用	
直接材料費：	721,280円	直接材料費：	8,478,720円
加工費：	176,416円	加工費：	5,506,560円
合計：	897,696円	合計：	13,985,280円

3．その他の条件

(1) 材料はすべて始点で投入されている。

(2) 仕損等の処理は、加工進捗度を加味した度外視法を採用している。なお、仕損品に評価額はないものとする。

(3) 計算上端数が生じる場合には、解答に際し円未満を四捨五入する。

問1 月末仕掛品の評価を先入先出法によって行う場合の①月末仕掛品原価、および②完成品総合原価を計算しなさい。

問2 月末仕掛品の評価を平均法によって行う場合の①月末仕掛品原価、および②完成品総合原価を計算しなさい。

■解答欄

問1 ① ［   ］円 ② ［   ］円

問2 ① ［   ］円 ② ［   ］円

解答・解説　先入先出法・平均法

問1　①　829,440円　②　14,053,536円

問2　①　828,096円　②　14,054,880円

問1　先入先出法

(1)　ボックス図

月初仕掛品	3,200 (1,280)	完成品	37,600
当月投入	38,400 (39,200)	正常仕損	1,600(960)
		月末仕掛品	2,400 (1,920)

◇　当月投入の加工換算量（差額）：

39,200 = 37,600（完成品）＋960（仕損）＋1,920（月末仕掛品）

－1,280（月初仕掛品）

(2)　月末仕掛品原価

直接材料費

$$8,478,720円 \times \frac{2,400}{38,400 - 1,600} = 552,960円$$

※　（投入ベース）38,400 － 1,600 ＝（産出ベース）37,600 － 3,200 ＋ 2,400

◆　投入・産出どちらからでも計算できるようにしておくこと!!

◆　先入先出法では、月初仕掛品原価はすべて完成品の原価に算入し、当月製造費用を、完成品数量から月初数量を差し引いた数量（37,600 － 3,200 ＝ 34,400）と月末仕掛品（2,400）に按分して、完成品総合原価と月末仕掛品原価を計算する。（← 算出ベース）

仕損があり、仕損費を両者負担する場合には、仕損の数量は無視して計算して、完成品のみが負担する場合には、完成品数量に加えて（34,400 ＋ 1,600 ＝ 36,000）計算する。

⇒　投入ベースで考える場合で、仕損費を両者負担する場合には、当月投入から仕損品数量を差し引いて（38,400 － 1,600 ＝ 36,800）、これに基づき完成品数量（34,400）と月末仕掛品数量（2,400）に按分する。

加工費

$$5,506,560円 \times \frac{1,920}{39,200 - 960} = 276,480円$$

※　39,200 － 960（投入ベース）＝ 37,600 － 1,280 ＋ 1,920（産出ベース）

月末仕掛品原価：552,960円 ＋ 276,480円 ＝ 829,440円

(3)　完成品原価

897,696円 ＋ 13,985,280円 － 829,440円 ＝ 14,053,536円

問2 平均法

(1) 月末仕掛品原価

直接材料費

$$(721,280円 + 8,478,720円) \times \frac{2,400}{38,400 + 3,200 - 1,600} = 552,000円$$

※ (投入ベース) 38,400 + 3,200 − 1,600 = (産出ベース) 37,600 + 2,400

加工費

$$(176,416円 + 5,506,560円) \times \frac{1,920}{39,200 + 1,280 - 960} = 276,096円$$

※ (投入ベース)39,200+1,280-960=(産出ベース)37,600+1,920を追加

月末仕掛品原価：552,000円 + 276,096円 = 828,096円

(2) 完成品原価

897,696円 + 13,985,280円 − 828,096円 = 14,054,880円

8-2　度外視法と非度外視法①

／□　／□　／□

次の〔資料〕に基づいて、以下の各問に答えなさい。

重要度　A

〔資料〕

1．当月の生産データ（単位：個）

月初仕掛品	160	（40%）
当 月 投 入	1,080	
計	1,240	
月末仕掛品	120	（60%）
正 常 仕 損	40	（？%）
完 成 品	1,080	

※　（　）内は加工進捗度又は仕損の発生地点を示している。

2．当月の原価データ

月初仕掛品原価		当月製造費用	
直接材料費：	176,000円	直接材料費：	1,312,000円
加 工 費：	70,144円	加 工 費：	1,280,000円
合 計：	246,144円	合 計：	2,592,000円

3．その他の条件

⑴　材料はすべて始点で投入されている。

⑵　月末仕掛品の評価は平均法を用いる。

⑶　仕損費は加工進捗度に基づき良品に負担させることとする。なお、仕損品に評価額はないものとする。

⑷　計算上端数が生じる場合には、解答に際し円未満を四捨五入する。

問1　仮に、仕損の発生地点が加工進捗度50%であった場合の①月末仕掛品原価、および②完成品総合原価を計算しなさい。なお解答は、仕損等の処理を（ア）度外視法、（イ）非度外視法のそれぞれの方法を用いた場合で答える。

問2　仮に、仕損が工程を通じて平均的に発生する場合の①月末仕掛品原価、および②完成品総合原価を計算しなさい。なお、解答は、仕損等の処理を（ア）度外視法、（イ）非度外視法のそれぞれの方法を用いた場合で答える。

■解答欄

問1

（ア）度外視法

① ［　　　　　　　円］　　②［　　　　　　　　円］

（イ）非度外視法

① ［　　　　　　　円］　　②［　　　　　　　　円］

問2

（ア）度外視法

① ［　　　　　　　円］　　②［　　　　　　　　円］

（イ）非度外視法

① ［　　　　　　　円］　　②［　　　　　　　　円］

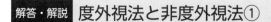

解答・解説 度外視法と非度外視法①

問1

（ア）度外視法

① | 233,184円

② | 2,604,960円

（イ）非度外視法

① | 234,048円

② | 2,604,096円

問2

（ア）度外視法

① | 233,184円

② | 2,604,960円

（イ）非度外視法

① | 231,384円

② | 2,606,760円

問1

(1) ボックス図（仕損の発生地点50%）

月初仕掛品	160(64)	完成品	1,080
当月投入	1,080 (1,108)		
		正常仕損	40(20)
		月末仕掛品	120(72)

(2) 月末仕掛品原価（度外視法）

直接材料費

$$(176,000円 + 1,312,000円) \times \frac{120}{160 + 1,080 - 40} = 148,800円$$

加工費

$$(70,144円 + 1,280,000円) \times \frac{72}{64 + 1,108 - 20} = 84,384円$$

月末仕掛品原価：148,800円 + 84,384円 = 233,184円

(3) 完成品総合原価（度外視法）

246,144円 + 2,592,000円 − 233,184円 = 2,604,960円

(4) 正常仕損費（非度外視法）

　　直接材料費

$$(176{,}000円 + 1{,}312{,}000円) \times \frac{40}{160 + 1{,}080} = 48{,}000円$$

　　加工費

$$(70{,}144円 + 1{,}280{,}000円) \times \frac{20}{64 + 1{,}108} = 23{,}040円$$

　　正常仕損費：48,000円 + 23,040円 = 71,040円

(5) 月末仕掛品原価（非度外視法）

　　直接材料費

$$(176{,}000円 + 1{,}312{,}000円) \times \frac{120}{160 + 1{,}080} = 144{,}000円$$

　　加工費

$$(70{,}144円 + 1{,}280{,}000円) \times \frac{72}{64 + 1{,}108} = 82{,}944円$$

　　正常仕損費

$$71{,}040円 \times \frac{120}{160 + 1{,}080 - 40} = 7{,}104円$$

　　月末仕掛品原価：144,000円 + 82,944円 + 7,104円 = 234,048円

(6) 完成品総合原価（非度外視法）

　　246,144円 + 2,592,000円 − 234,048円 = 2,604,096円

[問2]

(1)　ボックス図（仕損が工程を通じて平均的に発生）

月初仕掛品　160(64)	完成品　　　　1,080
当月投入　　1,080 (1,108)	
	正常仕損　　40(20)
	月末仕掛品　120(72)

◆　仕損が工程を通じて平均的に発生している場合には、加工換算量は**加工進捗度50％で算定**し、仕損費は月末仕掛品の加工進捗度に関わらず、完成品と月末仕掛品の**両者負担**で計算する。

(2)　月末仕掛品原価（度外視法）

直接材料費

$$(176,000円 + 1,312,000円) \times \frac{120}{160 + 1,080 - 40} = 148,800円$$

加工費

$$(70,144円 + 1,280,000円) \times \frac{72}{64 + 1,108 - 20} = 84,384円$$

月末仕掛品原価：148,800円 + 84,384円 = 233,184円

(3)　完成品総合原価（度外視法）

246,144円 + 2,592,000円 − 233,184円 = 2,604,960円

(4)　正常仕損費（非度外視法）

直接材料費

$$(176,000円 + 1,312,000円) \times \frac{40}{160 + 1,080} = 48,000円$$

加工費

$$(70,144円 + 1,280,000円) \times \frac{20}{64 + 1,108} = 23,040円$$

正常仕損費：48,000円 + 23,040円 = 71,040円

(5)　月末仕掛品原価（非度外視法）

直接材料費

$$(176,000円 + 1,312,000円) \times \frac{120}{160 + 1,080} = 144,000円$$

加工費

$$(70,144円 + 1,280,000円) \times \frac{72}{64 + 1,108} = 82,944円$$

正常仕損費

$$71,040円 \times \frac{72}{64 + 1,108 - 20} = 4,440円$$

月末仕掛品原価：144,000円 + 82,944円 + 4,440円 = 231,384円

(6) 完成品総合原価（非度外視法）

246,144円 + 2,592,000円 − 231,384円 = 2,606,760円

8-3 度外視法と非度外視法②

／□ ／□ ／□

次の〔資料〕に基づいて、以下の各ケースにおける①月末仕掛品原価、および②完成品総合原価を計算しなさい。解答は、仕損等の処理を進捗度加味度外視法、および非度外視法のそれぞれの方法を用いた場合で答えることとする。なお、月末仕掛品の評価は先入先出法を用いることとし、計算上端数が生じる場合には、計算結果を円位未満四捨五入するものとする。

重要度 B

〔資料〕

1. 当月の生産データ（単位：個）

月初仕掛品	240	（50%）
当月投入	1,680	
計	1,920	
月末仕掛品	200	（50%）
正常仕損	80	（？%）
完成品	1,640	

※（ ）内は加工進捗度又は仕損の発生地点を示している。

2. 当月の原価データ

月初仕掛品原価		当月製造費用	
原料費：	2,276,800円	原料費：	15,059,520円
加工費：	1,376,800円	加工費：	11,294,640円
合計：	3,653,600円	合計：	26,354,160円

〔ケース1〕 材料はすべて工程の始点で投入し、仕損が工程の始点で発生する場合。なお、仕損品は@1,288円/個で売却可能であるものとする。

〔ケース2〕 材料はすべて工程の始点で投入し、仕損が工程を通じて平均的に発生する場合。なお、仕損品は@1,944円/個で売却可能であり、このうち@1,296円/個は原料費に依存しているものとする。

〔ケース3〕 材料はすべて工程の始点で投入し、仕損が工程の75%地点で発生する場合。なお、仕損品は@2,264円/個で売却可能であり、このうち@1,292円/個は原料費に依存しているものとする。

■解答欄

〔ケース1〕 度外視法： ① ［　　　　　］円 ② ［　　　　　］円
　　　　　　非度外視法： ① ［　　　　　］円 ② ［　　　　　］円

〔ケース2〕 度外視法： ① ［　　　　　］円 ② ［　　　　　］円
　　　　　　非度外視法： ① ［　　　　　］円 ② ［　　　　　］円

〔ケース3〕 度外視法： ① ［　　　　　］円 ② ［　　　　　］円
　　　　　　非度外視法： ① ［　　　　　］円 ② ［　　　　　］円

〔ケース１〕 度外視法： ① ｜ 2,566,760円 ② ｜ 27,337,960円

〔ケース１〕 非度外視法： ① ｜ 2,566,760円 ② ｜ 27,337,960円

〔ケース２〕 度外視法： ① ｜ 2,563,480円 ② ｜ 27,288,760円

〔ケース２〕 非度外視法： ① ｜ 2,524,667円 ② ｜ 27,327,573円

〔ケース３〕 度外視法： ① ｜ 2,465,100円 ② ｜ 27,361,540円

〔ケース３〕 非度外視法： ① ｜ 2,465,100円 ② ｜ 27,361,540円

〔ケース１〕

ボックス図（仕損が始点発生） （単位：個）

月初仕掛品	240 (120)	完成品	1,640
当月投入	1,680 (1,620)		
		正常仕損	80(0)
		月末仕掛品	200 (100)

１．度外視法

（1）月末仕掛品原価

原料費

$$\{15,059,520円 - 103,040円（= 1,288 \times 80）\} \times \frac{200}{1,680 - 80} = 1,869,560円$$

加工費

$$11,294,640円 \times \frac{100}{1,620 - 0} = 697,200円$$

月末仕掛品原価：1,869,560円 + 697,200円 = 2,566,760円

（2）完成品総合原価

3,653,600円 + 26,354,160円 - 2,566,760円 - 103,040円 = 27,337,960円

◆ 度外視法で両者負担のケースでは、当月投入原価から仕損品評価額を控除する。また、完成品総合原価を算定する際に、もう一度仕損品評価額を控除する。

2．非度外視法

(1) 正常仕損費

原料費

$$15{,}059{,}520円 \times \frac{80}{1{,}680} = 717{,}120円$$

正常仕損費：717,120円 − 103,040円 = 614,080円

(2) 月末仕掛品原価

原料費

$$15{,}059{,}520円 \times \frac{200}{1{,}680} = 1{,}792{,}800円$$

加工費

$$11{,}294{,}640円 \times \frac{100}{1{,}620} = 697{,}200円$$

正常仕損費

$$614{,}080円 \times \frac{200}{1{,}680 - 80} = 76{,}760円$$

月末仕掛品原価：1,792,800円 + 697,200円 + 76,760円 = 2,566,760円

(3) 完成品総合原価

3,653,600円 + 26,354,160円 − 2,566,760円 − 103,040円 = 27,337,960円

◆ 非度外視法では、正常仕損費を算定する際に仕損品評価額を控除する。また、完成品総合原価を算定する際に、もう一度仕損品評価額を控除する。

〔ケース２〕

ボックス図（仕損が平均的に発生・材料を始点投入）（単位：個）

月初仕掛品	240 (120)	完成品	1,640
当月投入	1,680 (1,660)	正常仕損	80(40)
		月末仕掛品	200 (100)

１．度外視法

(1) 月末仕掛品原価

原料費

$$\{15,059,520円 - 103,680円\ (= 1,296 \times 80)\} \times \frac{200}{1,680 - 80} = 1,869,480円$$

加工費

$$\{11,294,640円 - 51,840円\ (= 648 \times 80)\} \times \frac{100}{1,660 - 40} = 694,000円$$

月末仕掛品原価：1,869,480円 + 694,000円 = 2,563,480円

(2) 完成品総合原価

3,653,600円 + 26,354,160円 - 2,563,480円 - 155,520円（= 1,944 × 80）= 27,288,760円

２．非度外視法

(1) 正常仕損費

原料費

$$15,059,520円 \times \frac{80}{1,680} = 717,120円$$

加工費

$$11,294,640円 \times \frac{40}{1,660} = 272,160円$$

正常仕損費：717,120円 + 272,160円 - 155,520円 = 833,760円

(2) 月末仕掛品原価

原料費

$$15,059,520円 \times \frac{200}{1,680} = 1,792,800円$$

加工費

$$11,294,640円 \times \frac{100}{1,660} = 680,400円$$

正常仕損費

$$833,760円 \times \frac{100}{1,660-40} \doteqdot 51,467円$$

月末仕掛品原価：1,792,800円 ＋ 680,400円 ＋ 51,467円 ＝ 2,524,667円

(3) 完成品総合原価

3,653,600円 ＋ 26,354,160円 － 2,524,667円 － 155,520円 ＝ 27,327,573円

◆　仕損品評価額が、仕損品の数量当たりで与えられている場合は、単位当たり仕損品評価額に仕損品数量を乗じて仕損品評価額を計算する。加工換算量を乗じないことに注意する。

〔ケース3〕

ボックス図（仕損が75％発生）　　　　　　（単位：個）

月初仕掛品	240 (120)	完成品	1,640
当月投入	1,680 (1,680)	正常仕損	80(60)
		月末仕掛品	200 (100)

1．度外視法

(1) 月末仕掛品原価

原料費

$$15,059,520円 \times \frac{200}{1,680} = 1,792,800円$$

加工費

$$11,294,640円 \times \frac{100}{1,680} = 672,300円$$

合計：1,792,800円 ＋ 672,300円 ＝ 2,465,100円

(2) 完成品総合原価

3,653,600円 ＋ 26,354,160円 － 2,465,100円 － 181,120円（2,264×80）＝ 27,361,540円

2．非度外視法

(1)　正常仕損費

原料費

$$15,059,520円 \times \frac{80}{1,680} = 717,120円$$

加工費

$$11,294,640円 \times \frac{60}{1,680} = 403,380円$$

正常仕損費：717,120円 ＋ 403,380円 － 181,120円 ＝ 939,380円

(2)　月末仕掛品原価

原料費

$$15,059,520円 \times \frac{200}{1,680} = 1,792,800円$$

加工費

$$11,294,640円 \times \frac{100}{1,680} = 672,300円$$

月末仕掛品原価：1,792,800円 ＋ 672,300円 ＝ 2,465,100円

(3)　完成品総合原価

3,653,600円 ＋ 26,354,160円 － 2,465,100円 － 181,120円 ＝ 27,361,540円

8-4　度外視法と非度外視法③

／□　／□　／□

次の〔資料〕に基づいて、以下の各問に答えなさい。

〔資料〕

1．当月の生産データ（単位：kg）

月初仕掛品	300	（80%）
当月投入	1,050	
計	1,350	
月末仕掛品	200	（70%）
正常仕損	50	（40%）
完成品	1,100	

※ （　）内は加工進捗度又は仕損の発生地点を示している。

2．当月の原価データ

月初仕掛品原価		当月製造費用	
直接材料費：	1,620,000円	直接材料費：	5,400,000円
加工費：	772,000円	加工費：	3,915,200円
合計：	2,392,000円	合計：	9,315,200円

3．その他の条件

⑴ 材料はすべて始点で投入されている。

⑵ 月末仕掛品の評価は平均法を用いる。

⑶ 仕損費等は加工進捗度に基づき良品に負担させること。なお、仕損品の評価額は、直接材料費依存分@650円/kg、加工費依存分@248円/kgである。

⑷ 計算上端数が生じる場合には、解答に際し円未満を四捨五入する。

問1　仕損を度外視法で処理した場合の①月末仕掛品原価、および②完成品総合原価を計算しなさい。

重要度 B

問2　仕損を非度外視法で処理した場合の①月末仕掛品原価、および②完成品総合原価を計算しなさい。

重要度 A

■解答欄

問1　①　　　　　　　　　円　　②　　　　　　　　　円

問2　①　　　　　　　　　円　　②　　　　　　　　　円

問1 ① ┃ 1,602,800円 ┃ ② ┃ 10,059,500円 ┃

問2 ① ┃ 1,605,338円 ┃ ② ┃ 10,056,962円 ┃

問1

(1) ボックス図

月初仕掛品	300(240)	完成品	1,100
当月投入	1,050 (1,020)	正常仕損	50(20)
		月末仕掛品	200(140)

(2) 月末仕掛品原価

直接材料費

$$(1{,}620{,}000円 + 5{,}400{,}000円 - @650円/kg \times 50kg) \times \frac{200}{300 + 1{,}050 - 50} = 1{,}075{,}000円$$

加工費

$$(772{,}000円 + 3{,}915{,}200円 - @248円/kg \times 50kg) \times \frac{140}{240 + 1{,}020 - 20} = 527{,}800円$$

月末仕掛品原価：1,075,000円 + 527,800円 = 1,602,800円

(3) 完成品総合原価

2,392,000円 + 9,315,200円 - 1,602,800円 - @898円/kg × 50kg = 10,059,500円

※　@898円/kg = @650円/kg + @248円/kg

問2

(1)　正常仕損費

直接材料費

$$(1{,}620{,}000円 + 5{,}400{,}000円) \times \frac{50}{300 + 1{,}050} = 260{,}000円$$

加工費

$$(772{,}000円 + 3{,}915{,}200円) \times \frac{20}{240 + 1{,}020} = 74{,}400円$$

正常仕損費：260,000円 + 74,400円 − @898円/kg × 50kg = 289,500円

(2)　月末仕掛品原価

直接材料費

$$(1{,}620{,}000円 + 5{,}400{,}000円) \times \frac{200}{300 + 1{,}050} = 1{,}040{,}000円$$

加工費

$$(772{,}000円 + 3{,}915{,}200円) \times \frac{140}{240 + 1{,}020} = 520{,}800円$$

正常仕損費

$$289{,}500円 \times \frac{200}{1{,}100 + 200} \fallingdotseq 44{,}538円$$

月末仕掛品原価：1,040,000円 + 520,800円 + 44,538円 = 1,605,338円

(3)　完成品総合原価

2,392,000円 + 9,315,200円 − 1,605,338円 − @898円/kg × 50kg = 10,056,962円

　／□　／□　／□

次の〔資料〕に基づいて、以下の各問に答えなさい。　　　　　　　　　　　　　　重要度 C

〔資料〕

1. 当月の生産データ（単位：kg）

月初仕掛品	1,600	（80%）
当月投入	10,400	
計	12,000	
月末仕掛品	1,200	（60%）
正常仕損	200	（40%）
異常仕損	400	（30%）
正常減損	200	（20%）
完成品	10,000	

※　（　）内は加工進捗度又は仕損等の発生地点を示している。

2. 当月の原価データ

月初仕掛品原価		当月製造費用	
直接材料費：	6,000,000円	直接材料費：	39,780,000円
加 工 費：	3,600,000円	加 工 費：	27,527,984円
合 計：	9,600,000円	合 計：	67,307,984円

3. その他の条件

(1) 材料はすべて始点で投入されている。

(2) 月末仕掛品の評価は先入先出法を用いる。

(3) 仕損等の処理は、加工進捗度を加味した度外視法による。

(4) 仕損品に評価額はない。

(5) 計算上端数が生じる場合には、解答に際し円未満を四捨五入する。

問1　異常仕損費を、正常性概念を重視して算定する場合における、①異常仕損費および②完成品総合原価を計算しなさい。

問2　異常仕損費を、原価発生原因主義を重視して算定する場合における、①異常仕損費および②完成品総合原価を計算しなさい。

問3　仮に月末仕掛品の加工進捗度が10%であった場合で、異常仕損費を、原価発生原因主義を重視して算定する場合における、①異常仕損費および②完成品総合原価を計算しなさい。

■解答欄

問1　①　　　　　　　　　　　円　　　②　　　　　　　　　　　円

問2　①　　　　　　　　　　　円　　　②　　　　　　　　　　　円

問3　①　　　　　　　　　　　円　　　②　　　　　　　　　　　円

解答・解説 異常仕損費の処理①

問1　①　　1,871,256円　　　②　　68,181,914円

問2　①　　1,902,672円　　　②　　68,154,356円

問3　①　　1,929,437円　　　②　　70,024,741円

問1

(1) ボックス図

月初仕掛品	1,600 (1,280)	完成品	10,000
当月投入	10,400 (9,680)		
		正常仕損	200(80)
		異常仕損	400(120)
		正常減損	200(40)
		月末仕掛品	1,200 (720)

(2) 異常仕損費

直接材料費

$$39{,}780{,}000円 \times \frac{400}{10{,}400} = 1{,}530{,}000円$$

加工費

$$27{,}527{,}984円 \times \frac{120}{9{,}680} = 341{,}256円$$

異常仕損費：1,530,000円 + 341,256円 = 1,871,256円

(3) 月末仕掛品原価

直接材料費

$$(39{,}780{,}000円 - 1{,}530{,}000円) \times \frac{1{,}200}{10{,}400 - 200 - 400 - 200} = 4{,}781{,}250円$$

加工費

$$(27,527,984円 - 341,256円) \times \frac{720}{9,680 - 80 - 120 - 40} = 2,073,564円$$

月末仕掛品原価：$4,781,250円 + 2,073,564円 = 6,854,814円$

(4) 完成品総合原価

$9,600,000円 + 67,307,984円 - 1,871,256円 - 6,854,814円 = 68,181,914円$

◆　正常性概念を重視して異常仕損費を算定する場合には、進捗度に関係なく正常仕損費を負担させずに異常仕損費を算定して、これを抜き取った後のデータで、月末仕掛品原価を算定する。

問2

(1) 異常仕損費

直接材料費

$$39,780,000円 \times \frac{400}{10,400 - 200} = 1,560,000円$$

加工費

$$27,527,984円 \times \frac{120}{9,680 - 40} = 342,672円$$

異常仕損費：$1,560,000円 + 342,672円 = 1,902,672円$

(2) 月末仕掛品原価

直接材料費

$$(39,780,000円 - 1,560,000円) \times \frac{1,200}{10,400 - 200 - 400 - 200} = 4,777,500円$$

加工費

$$(27,527,984円 - 342,672円) \times \frac{720}{9,680 - 80 - 120 - 40} = 2,073,456円$$

月末仕掛品原価：$4,777,500円 + 2,073,456円 = 6,850,956円$

(3) 完成品総合原価

$9,600,000円 + 67,307,984円 - 1,902,672円 - 6,850,956円 = 68,154,356円$

◆　原価発生原因主義を重視して異常仕損費を算定する場合には、進捗度比較次第で、正常仕損費を異常仕損に負担させることがある。

問3

(1)　ボックス図

月初仕掛品	1,600 (1,280)	完成品	10,000
当月投入	10,400 (9,080)	正常仕損	200(80)
		異常仕損	400(120)
		正常減損	200(40)
		月末仕掛品	1,200 (120)

(2)　月末仕掛品原価

直接材料費

$$39,780,000円 \times \frac{1,200}{10,400} = 4,590,000円$$

加工費

$$27,527,984円 \times \frac{120}{9,080} \fallingdotseq 363,806円$$

月末仕掛品原価：4,590,000円 + 363,806円 = 4,953,806円

(3)　異常仕損費

直接材料費

$$(39,780,000円 - 4,590,000円) \times \frac{400}{10,400 - 1,200 - 200} = 1,564,000円$$

加工費

$$(27,527,984円 - 363,806円) \times \frac{120}{9,080 - 120 - 40} \fallingdotseq 365,437円$$

異常仕損費：1,564,000円 + 365,437円 = 1,929,437円

(4)　完成品総合原価

9,600,000円 + 67,307,984円 - 1,929,437円 - 4,953,806円 = 70,024,741円

| / □ / □ / □ |

当工場では製品Xを製造し、単純総合原価計算を採用している。以下の〔**資料**〕に基づいて、各問に答えなさい。

重要度 C

〔資料〕

1. 当月の生産データ（単位：個）

月初仕掛品	1,000	（40％）
当月投入	11,000	
計	12,000	
正常仕損	1,000	（40％）
異常仕損	400	（50％）
月末仕掛品	1,600	（75％）
完成品	9,000	

※ （ ）内は加工進捗度を示している。

2. 当月の原価データ

月初仕掛品原価		当月製造費用	
原料費：	916,500円	原料費：	9,900,000円
加工費：	450,000円	加工費：	11,466,000円

3. その他

(1) 仕損品評価額は以下のとおりである。なお、すべて原料の価値に依存している。

	正常仕損品	異常仕損品
評価額	198,000円	75,000円

(2) 原価配分法は先入先出法を採用している。

(3) 計算上生じた端数は四捨五入すること。

問1 正常仕損費の処理方法として非度外視法を採用し、かつ異常仕損は正常性概念を重視して処理する場合の、①異常仕損費、および②完成品総合原価を求めなさい。

問2 正常仕損費の処理方法として非度外視法を採用し、かつ異常仕損は原価発生原因主義を重視して処理する場合の、①異常仕損費、および②完成品総合原価を求めなさい。

■解答欄

問1	①	円	②	円

| 問2 | ① | 円 | ② | 円 |

解答・解説　異常仕損費の処理②

問1　①　505,500円　　②　19,000,500円

問2　①　551,220円　　②　18,962,400円

ボックス図（単位：個）

月初仕掛品	1,000 (400)	完成品	9,000
当月投入	11,000 (10,400)		
		正常仕損	1,000 (400)
		異常仕損	400 (200)
		月末仕掛品	1,600 (1,200)

問1

(1)　異常仕損費

原料費

$$9,900,000円 \times \frac{400}{11,000} = 360,000円$$

加工費

$$11,466,000円 \times \frac{200}{10,400} = 220,500円$$

異常仕損費：360,000円 + 220,500円 − 75,000円 = 505,500円

(2)　正常仕損費

原料費

$$9,900,000円 \times \frac{1,000}{11,000} = 900,000円$$

加工費

$$11,466,000円 \times \frac{400}{10,400} = 441,000円$$

正常仕損費：900,000円 + 441,000円 − 198,000円 = 1,143,000円

(3)　月末仕掛品原価

原料費

$$9,900,000円 \times \frac{1,600}{11,000} = 1,440,000円$$

加工費

$$11,466,000円 \times \frac{1,200}{10,400} = 1,323,000円$$

正常仕損費

$$1,143,000円 \times \frac{1,600}{11,000 - 1,000 - 400} = 190,500円$$

月末仕掛品原価：$1,440,000円 + 1,323,000円 + 190,500円 = 2,953,500円$

(4) 完成品総合原価

$916,500円 + 450,000円 + 9,900,000円 + 11,466,000円$

$$- 2,953,500円 - 505,500円 - 198,000円 - 75,000円 = 19,000,500円$$

問2

(1) 正常仕損費

原料費

$$9,900,000円 \times \frac{1,000}{11,000} = 900,000円$$

加工費

$$11,466,000円 \times \frac{400}{10,400} = 441,000円$$

正常仕損費：$900,000円 + 441,000円 - 198,000円 = 1,143,000円$

(2) 異常仕損費

原料費

$$9,900,000円 \times \frac{400}{11,000} = 360,000円$$

加工費

$$11,466,000円 \times \frac{200}{10,400} = 220,500円$$

正常仕損費

$$1,143,000円 \times \frac{400}{11,000 - 1,000} = 45,720円$$

異常仕損費：$360,000円 + 220,500円 + 45,720円 - 75,000円 = 551,220円$

(3) 月末仕掛品原価

原料費

$$9,900,000円 \times \frac{1,600}{11,000} = 1,440,000円$$

加工費

$$11,466,000円 \times \frac{1,200}{10,400} = 1,323,000円$$

正常仕損費

$$1{,}143{,}000円 \times \frac{1{,}600}{11{,}000 - 1{,}000} = 182{,}880円$$

月末仕掛品原価：1,440,000円 + 1,323,000円 + 182,880円 = 2,945,880円

(4) 完成品総合原価

916,500円 + 450,000円 + 9,900,000円 + 11,466,000円

$$- 2{,}945{,}880円 - 551{,}220円 - 198{,}000円 - 75{,}000円 = 18{,}962{,}400円$$

8-7 副産物

当工場では1種類の製品を製造し、実際単純総合原価計算を採用している。以下の〔資料〕に基づいて、①月末仕掛品原価、および②完成品総合原価を求めなさい。 重要度 A

〔資料〕

1. 当月の生産データ（単位：個）

   月初仕掛品　　　　560（1/2）

   当月投入　　18,520

   　　計　　　19,080

   副産物　　　　360（1）

   月末仕掛品　　　720（2/3）

   完成品　　18,000

   ※ （ ）内は加工進捗度を示している。

2. 当月の原価データ

   月初仕掛品原価　　　　　　　　当月製造費用

   原料費：　　644,220円　　　　原料費：　22,251,780円

   加工費：　　415,920円　　　　加工費：　25,696,320円

3. その他

   (1) 原料は工程の始点で投入される。

   (2) 副産物の見積売却価額は@1,659円/個、見積販売費及び一般管理費は@195円/個、見積追加加工費は@123円/個、通常の利益の見積額は@300円/個である。

   (3) 計算上生じる端数は小数点以下を四捨五入すること。

   (4) 月末仕掛品の評価方法は平均法を用いること。

■解答欄

① ［　　　　　　　　　　］円　　② ［　　　　　　　　　　］円

解答・解説 副産物

① ☐ 1,529,280円   ② ☐ 47,104,200円

(1) ボックス図（単位：個）

月初仕掛品	560 (280)	完成品	18,000
当月投入	18,520 (18,560)		
		副産物	360 (360)
		月末仕掛品	720 (480)

(2) 月末仕掛品原価

原料費

$$(644,220円 + 22,251,780円) \times \frac{720}{560 + 18,520} = 864,000円$$

加工費

$$(415,920円 + 25,696,320円) \times \frac{480}{280 + 18,560} = 665,280円$$

月末仕掛品原価：864,000円 + 665,280円 = 1,529,280円

(3) 完成品総合原価

644,220円 + 415,920円 + 22,251,780円 + 25,696,320円 − 1,529,280円 − 374,760円 = 47,104,200円

※ 副産物評価額：(1,659 − 195 − 123 − 300) 円/個 × 360個 = 374,760円

8-8 減損の安定的発生

次の〔資料〕に基づき、①月末仕掛品原価、および②完成品総合原価を計算しなさい。 　重要度 B

〔資料〕

1．当月の生産データ（単位：kg）

当 月 投 入	7,000	
当 月 完 成	5,940	
月末仕掛品	368	（加工進捗度80％）
正 常 減 損	692	

2．当月の原価データ

当月製造費用

原料費：	10,920,000円
加工費：	13,812,120円

3．その他

(1) 減損の発生状況は毎月同じであり、原料投入の時点から加工完了時点に至るまでの工程全体にわたり、常時安定して平均的に発生する。

(2) 原料の投入時点から加工完了時点に至るまでの減損発生量は始点投入量に対して10％である。

(3) 減損費の処理は、まず減損費を算定し、次いで当月において減損を発生させたと判断される完成品、月末仕掛品、仕損品の原価に算入する方法（非度外視法）による。

(4) 計算上端数が生じる場合には、円未満を四捨五入することとする。

■解答欄

①	円	②	円

解答・解説 減損の安定的発生

① ☐ 1,269,120円　② ☐ 23,463,000円

完成品生産データ

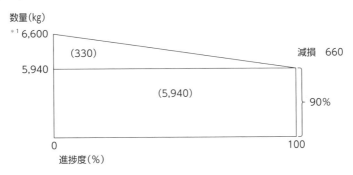

月末仕掛品生産データ

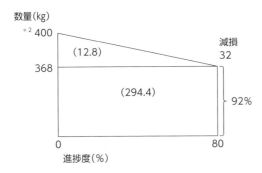

◇　始点換算量（投入ベースの数量）の計算

　※1　完成品：6,600＝5,940÷90％
　※2　月末仕掛品：400＝368÷92％（80％地点の歩留率）

◇　加工換算量の計算

　完成品：5,940×100％＋660×100％×0.5＝6,270
　月末仕掛品：368×80％＋32×80％×0.5＝307.2
　計：6,577.2

(1) 月末仕掛品原価

原料費

$$10{,}920{,}000円 \times \frac{400}{7{,}000} = 624{,}000円$$

加工費

$$13{,}812{,}120円 \times \frac{307.2}{6577.2} = 645{,}120円$$

月末仕掛品原価：624,000円 + 645,120円 = 1,269,120円

(2) 完成品総合原価

10,920,000円 + 13,812,120円 − 1,269,120円 = 23,463,000円

◆ 減損の安定的発生では、各良品がどれだけの減損を発生させたのかが明確である。そのため、それぞれが発生させた減損費を算定し、それをそのまま各良品の原価に算入する。

8-9　純粋先入先出法

/ □　/ □　/ □

次の〔資料〕に基づいて、純粋先入先出法によって月初仕掛品からの完成品および当月着手からの完成品についての総合原価および単位原価を、また、月末仕掛品原価を計算しなさい。　重要度 B

〔資料〕
1．当月の生産データ（単位：kg）

月初仕掛品　　1,200　（60%）
当月投入　　　8,000
　　計　　　　9,200
月末仕掛品　　1,000　（80%）
正常仕損　　　　200　（40%）
完成品　　　　8,000

※　（　）内は加工進捗度又は仕損等の発生地点を示している。

2．当月の原価データ

月初仕掛品原価　　　　　　　　　当月製造費用
直接材料費：　　1,009,200円　　　　直接材料費：　　6,739,200円
加工費：　　　　420,000円　　　　加工費：　　　4,773,600円
合計：　　　　1,429,200円　　　　合計：　　　11,512,800円

3．その他
(1)　仕損費の処理は非度外視法を用いる。なお、仕損品はすべて当月着手分からのみ発生し、評価額はないものとする。
(2)　計算上端数が生じる場合には円未満を切り捨てる。

■解答欄

（単位：円）	直接材料費	加工費	正常仕損費	合　計
月初仕掛品からの完成品				
当月着手からの完成品				
月末仕掛品				

完成品単位原価　月初分 ［　　　　　　］ 円/kg　　当月分 ［　　　　　　］ 円/kg

(単位：円)	直接材料費	加工費	正常仕損費	合　計
月初仕掛品からの完成品	1,009,200	700,800	—	1,710,000
当月着手からの完成品	5,728,320	3,978,000	187,680	9,894,000
月末仕掛品	842,400	468,000	27,600	1,338,000

完成品単位原価　月初分　| 1,425円/kg |　　当月分　| 1,455円/kg |

(1) ボックス図

月初仕掛品	1,200 (720)	完成品	8,000
当月投入	8,000 (8,160)	正常仕損	200(80)
		月末仕掛品	1,000 (800)

(2) 正常仕損費

直接材料費

$$6,739,200円 \times \frac{200}{8,000} = 168,480円$$

加工費

$$4,773,600円 \times \frac{80}{8,160} = 46,800円$$

正常仕損費：168,480円 + 46,800円 = 215,280円

(3) 月末仕掛品原価

直接材料費

$$6,739,200円 \times \frac{1,000}{8,000} = 842,400円$$

加工費

$$4,773,600円 \times \frac{800}{8,160} = 468,000円$$

正常仕損費

$$215,280円 \times \frac{1,000}{8,000 - 200} = 27,600円$$

月末仕掛品原価

842,400円 + 468,000円 + 27,600円 = 1,338,000円

⑷　完成品総合原価（当月着手分）

直接材料費

$$6,739,200円 \times \frac{8,000 - 1,200}{8,000} = 5,728,320円$$

加工費

$$4,773,600円 \times \frac{8,000 - 1,200}{8,160} = 3,978,000円$$

正常仕損費

$$215,280円 \times \frac{8,000 - 200 - 1,000}{8,000 - 200} = 187,680円$$

当月着手分の完成品総合原価

5,728,320円 + 3,978,000円 + 187,680円 = 9,894,000円

⑸　完成品総合原価（月初仕掛品分）

直接材料費1,009,200円

加工費

$$4,773,600円 \times \frac{1,200 - 720}{8,160} = 280,800円$$

420,000円 + 280,800円 = 700,800円

月初仕掛品分の完成品原価

1,009,200円 + 700,800円 = 1,710,000円

⑹　完成品単位原価

当月着手分：9,894,000円 ÷ 6,800kg = @1,455円/kg

月初仕掛品分：1,710,000円 ÷ 1,200kg = @1,425円/kg

◆　純粋先入先出法では、完成品原価を月初分と当月着手分とに区別して計算する。純粋先入先出法が採用される理由は、月初分と当月着手分の完成品単位原価を比較することによって、①純粋に先入先出法の考え方を反映させる、②前月と当月の原価能率を確認できる、ということである。
　　純粋先入先出法の完成品総合原価・月末仕掛品原価の金額は原則として**修正先入先出法で算定**した場合と一致する。

第 9 章

工程別総合原価計算

9-1 累加法

/ □ / □ / □

当工場では連続する2つの工程を用いて単一製品を大量生産しており、原価計算方法として工程別総合原価計算（累加法）を採用している。よって、下記の〔資料〕に基づいて、当月の①第1工程月末仕掛品原価、②第2工程月末仕掛品原価、および③完成品総合原価を求めなさい。 重要度 A

〔資料〕

1．当月の生産データ（単位：個）

	第1工程	第2工程
月初仕掛品	1,600（80%）	1,200（80%）
当月投入	14,400	12,800
計	16,000	14,000
正常仕損	800（20%）	—
正常減損	—	400（？%）
月末仕掛品	2,400（40%）	1,600（50%）
完成品	12,800	12,000

※ （ ）内は加工進捗度又は仕損等の発生点を示している。

2．当月の原価データ

月初仕掛品原価		当月製造費用	
第1工程：	1,821,120円	直接材料費：	12,648,000円
第2工程：	1,839,150円	第1工程加工費：	5,990,400円
		第2工程加工費：	5,683,200円

3．その他

(1) 材料は、すべて第1工程の始点で投入している。

(2) 月末仕掛品の評価方法は、各自推定することとする。

(3) 第2工程の正常減損は、工程を通じて平均的に発生している。

(4) 仕損等の処理は加工進捗度を加味した度外視法による。なお、仕損品に評価額はない。

(5) 計算上端数が生じる場合には、円未満を四捨五入する。

■解答欄

① [円] ② [円] ③ [円]

解答・解説 累加法

① ⬚ 2,692,800円 ② ⬚ 2,676,480円 ③ ⬚ 22,612,590円

(1) ボックス図（単位：個）

第1工程

月初仕掛品	1,600 (1,280)	第1工程完了品	12,800
当月投入	14,400 (12,640)	正常仕損	800 (160)
		月末仕掛品	2,400 (960)

第2工程

月初仕掛品	1,200 (960)	完成品	12,000
当月投入	12,800 (12,040)	正常減損	400 (200)
		月末仕掛品	1,600 (800)

(2) 第1工程月末仕掛品原価

◆ 月初仕掛品原価の内訳が示されていないので、月末仕掛品の評価方法としては、**先入先出法**しか用いることができない。なお、月初仕掛品の加工進捗度が示されていない場合には、**平均法**しか用いることができない。

直接材料費

$$12,648,000円 \times \frac{2,400}{14,400 - 800} = 2,232,000円$$

加工費（第1工程）

$$5,990,400円 \times \frac{960}{12,640 - 160} = 460,800円$$

第1工程月末仕掛品原価：2,232,000円 + 460,800円 = 2,692,800円

(3) 第1工程完了品原価

1,821,120円 + 12,648,000円 + 5,990,400円 − 2,692,800円 = 17,766,720円

(4) 第2工程月末仕掛品原価

前工程費

$$17,766,720円 \times \frac{1,600}{12,800 - 400} = 2,292,480円$$

加工費（第2工程）

$$5,683,200円 \times \frac{800}{12,040 - 200} = 384,000円$$

第2工程月末仕掛品原価：2,292,480円 + 384,000円 = 2,676,480円

(5) 完成品原価

1,839,150円 + 17,766,720円 + 5,683,200円 − 2,676,480円 = 22,612,590円

9-2 予定振替価格

当工場では、工程別総合原価計算を採用している。よって、下記の〔資料〕に基づき、当月の①第1工程月末仕掛品原価、②振替差異、および③完成品総合原価を求めなさい。なお、不利差異の場合には「-」を付すこととする。

重要度 A

〔資料〕

1．当月の生産データ（単位：個）

	第1工程	第2工程
月初仕掛品	120（60%）	60（40%）
当月投入	1,800	1,660
計	1,920	1,720
正常仕損	60（80%）	—
異常仕損	—	40（0%）
月末仕掛品	200（40%）	80（80%）
完成品	1,660	1,600

※ （ ）内は加工進捗度又は仕損等の発生点を示している。

2．当月の原価データ

第1工程月初仕掛品

直接材料費： 1,446,000円

加工費： 444,000円

第2工程月初仕掛品

前工程費： 1,143,000円

加工費： 150,000円

当月製造費用

直接材料費： 21,600,000円

第1工程加工費： 10,296,000円

第2工程加工費： 9,840,000円

3．その他

(1) 材料は、すべて第1工程の始点で投入する。

(2) 月末仕掛品の評価方法は、先入先出法による。

(3) 仕損等の処理は加工進捗度を加味した度外視法による。なお、仕損品に評価額はない。

(4) 第1工程完了品はそのすべてを、予定価格（@18,600円/個）を用いて第2工程に振替える。

(5) 計算上端数が生じる場合には、円未満を四捨五入する。

■解答欄

① ［　　　　　　　円］ ② ［　　　　　　　円］ ③ ［　　　　　　　円］

解答・解説 予定振替価格

①   2,880,000円   ②   −30,000円   ③   39,393,000円

(1)　ボックス図（単位：個）

第1工程

月初仕掛品	120 (72)	第1工程完了品	1,660
当月投入	1,800 (1,716)	正常仕損	60 (48)
		月末仕掛品	200 (80)

第2工程

月初仕掛品	60 (24)	完成品	1,600
当月投入	1,660 (1,640)	異常仕損	40 (0)
		月末仕掛品	80 (64)

(2)　第1工程月末仕掛品原価

直接材料費

$$21,600,000円 \times \frac{200}{1,800} = 2,400,000円$$

加工費（第1工程）

$$10,296,000円 \times \frac{80}{1,716} = 480,000円$$

第1工程月末仕掛品原価：2,400,000円 + 480,000円 = 2,880,000円

(3)　第1工程完了品原価

1,890,000円 + 21,600,000円 + 10,296,000円 − 2,880,000円 = 30,906,000円

(4)　振替差異

@18,600円/個 × 1,660個 − 30,906,000円 = −30,000円（不利）

(5)　異常仕損費：744,000円

前工程費

$$@18,600円/個 \times 1,660個 \times \frac{40}{1,660} = 744,000円$$

(6)　第2工程月末仕掛品原価

前工程費

$$@18,600円/個 \times 1,660個 \times \frac{80}{1,660} = 1,488,000円$$

加工費（第2工程）

$$9,840,000円 \times \frac{64}{1,640} = 384,000円$$

第2工程月末仕掛品原価：1,488,000円 + 384,000円 = 1,872,000円

⑺　完成品総合原価

1,293,000円＋@18,600円／個×1,660個＋9,840,000円－744,000円－1,872,000円

＝39,393,000円

9-3 非累加法（通常の非累加法）

／ □ ／ □ ／ □

　当工場では、連続する2つの工程を用いて単一製品の大量生産を行っている。原価計算方法としては工程別総合原価計算（非累加法）を採用している。よって、次の〔資料〕に基づいて、以下の各問に答えなさい。

重要度 **C**

〔資料〕

1．当月の生産データ（単位：個）

	第1工程	第2工程
月初仕掛品	120 （80%）	200 （60%）
当 月 投 入	1,080	1,000
計	1,200	1,200
月末仕掛品	200 （40%）	240 （80%）
完 成 品	1,000	960

※ （　）内は加工進捗度を示している。

2．当月の原価データ

第1工程月初仕掛品		当月製造費用	
直 接 材 料 費：	720,000円	直 接 材 料 費：	6,480,000円
第1工程加工費：	480,000円	第1工程加工費：	4,979,040円
第2工程月初仕掛品		第2工程加工費：	5,160,000円
直 接 材 料 費：	1,228,000円		
第1工程加工費：	940,960円		
第2工程加工費：	600,000円		

3．その他

⑴　材料は、すべて第1工程の始点で投入する。

⑵　計算上端数が生じる場合には、円未満を四捨五入する。

問1　月末仕掛品の評価を先入先出法によった場合の完成品総合原価を原価要素別に答えなさい。

問2　月末仕掛品の評価を平均法によった場合の完成品総合原価を原価要素別に答えなさい。

■解答欄

問1

直 接 材 料 費	円
第 1 工程加工費	円
第 2 工程加工費	円
完成品総合原価	円

問2

直 接 材 料 費	円
第 1 工程加工費	円
第 2 工程加工費	円
完成品総合原価	円

解答・解説 **非累加法（通常の非累加法）**

問1

直 接 材 料 費	5,788,000円
第 1 工程加工費	4,780,800円
第 2 工程加工費	4,800,000円
完成品総合原価	15,368,800円

問2

直 接 材 料 費	5,779,200円
第 1 工程加工費	4,800,000円
第 2 工程加工費	4,800,000円
完成品総合原価	15,379,200円

(1) ボックス図（直接材料費・第1工程加工費、単位：個）

第1工程月初仕掛品	120 (96)	完成品	960
第2工程月初仕掛品	200		
当月投入	1,080 (984)		
		第1工程月末仕掛品	200 (80)
		第2工程月末仕掛品	240

(2) ボックス図（第2工程加工費、単位：個）

第2工程月初仕掛品	(120)	完成品	(960)
当月投入	(1,032)		
		第2工程月末仕掛品	(192)

問1　先入先出法

(1) 月末仕掛品原価

直接材料費

$$6,480,000円 \times \frac{200 + 240}{1,080} = 2,640,000円$$

加工費（第1工程）

$$4,979,040円 \times \frac{80 + 240}{984} = 1,619,200円$$

加工費（第2工程）

$$5,160,000円 \times \frac{192}{1,032} = 960,000円$$

月末仕掛品原価：2,640,000円 + 1,619,200円 + 960,000円 = 5,219,200円

(2) 完成品総合原価

直接材料費：720,000円 + 1,228,000円 + 6,480,000円 − 2,640,000円 = 5,788,000円

第1工程加工費：480,000円 + 940,960円 + 4,979,040円 − 1,619,200円 = 4,780,800円

第2工程加工費：600,000円 + 5,160,000円 − 960,000円 = 4,800,000円

完成品総合原価：5,788,000円 + 4,780,800円 + 4,800,000円 = 15,368,800円

問2　平均法

(1)　月末仕掛品原価

直接材料費

$$(720,000円 + 1,228,000円 + 6,480,000円) \times \frac{200 + 240}{1,080 + 120 + 200} = 2,648,800円$$

加工費（第1工程）

$$(480,000円 + 940,960円 + 4,979,040円) \times \frac{80 + 240}{984 + 96 + 200} = 1,600,000円$$

加工費（第2工程）

$$(600,000円 + 5,160,000円) \times \frac{192}{1,032 + 120} = 960,000円$$

月末仕掛品原価：2,648,800円 + 1,600,000円 + 960,000円 = 5,208,800円

(2)　完成品総合原価

直接材料費：720,000円 + 1,228,000円 + 6,480,000円 − 2,648,800円 = 5,779,200円

第1工程加工費：480,000円 + 940,960円 + 4,979,040円 − 1,600,000円 = 4,800,000円

第2工程加工費：600,000円 + 5,160,000円 − 960,000円 = 4,800,000円

完成品総合原価：5,779,200円 + 4,800,000円 + 4,800,000円 = 15,379,200円

9-4　非累加法（改正計算方式）

　当工場では、連続する２つの工程を用いて単一製品の大量生産を行っている。原価計算方法としては工程別総合原価計算（非累加法）を採用している。よって、次の〔資料〕に基づいて、以下の各問に答えなさい。

重要度 Ⓒ

〔資料〕

１．当月の生産データ（単位：個）

	第１工程	第２工程
月初仕掛品	240（80％）	400（60％）
当月投入	2,160	2,000
計	2,400	2,400
正常仕損	120（60％）	200（60％）
月末仕掛品	280（40％）	280（80％）
完成品	2,000	1,920

※（　）内は加工進捗度または仕損の発生点を示している。

２．当月の原価データ

第１工程月初仕掛品		当月製造費用	
直接材料費：	1,879,200円	直接材料費：	17,496,000円
第１工程加工費：	777,600円	第１工程加工費：	8,067,600円
第２工程月初仕掛品		第２工程加工費：	5,740,560円
直接材料費：	3,411,240円		
第１工程加工費：	1,363,200円		
第２工程加工費：	691,440円		

３．その他

(1) 材料は、すべて第１工程の始点で投入する。

(2) 非累加法の計算は、改正計算方式（累加法と計算結果が一致する方法）を用いる。

(3) 仕損等の処理は、加工進捗度を加味した度外視法による。

(4) 仕損品に評価額はない。

(5) 計算上端数が生じる場合には、円未満を四捨五入する。

問1　月末仕掛品の評価を先入先出法によった場合の完成品総合原価を原価要素別に答えなさい。

問2　月末仕掛品の評価を平均法によった場合の完成品総合原価を原価要素別に答えなさい。

■解答欄

問1

直 接 材 料 費	円
第1工程加工費	円
第2工程加工費	円
完成品総合原価	円

問2

直 接 材 料 費	円
第1工程加工費	円
第2工程加工費	円
完成品総合原価	円

解答・解説 非累加法（改正計算方式）

問1

直 接 材 料 費	17,857,320円
第1工程加工費	8,449,440円
第2工程加工費	5,756,640円
完成品総合原価	32,063,400円

問2

直 接 材 料 費	17,913,600円
第1工程加工費	8,513,280円
第2工程加工費	5,760,000円
完成品総合原価	32,186,880円

ボックス図（単位：個）

第1工程

月初仕掛品	240 (192)	第1工程完了品	2,000
当月投入	2,160 (1,992)		
		正常仕損	120 (72)
		月末仕掛品	280 (112)

第2工程

月初仕掛品	400 (240)	完成品	1,920
当月投入	2,000 (2,024)		
		正常仕損	200 (120)
		月末仕掛品	280 (224)

問1

(1) 第1工程月末仕掛品原価

直接材料費

$$17,496,000円 \times \frac{280}{2,160} = 2,268,000円$$

加工費（第1工程）

$$8,067,600円 \times \frac{112}{1,992} = 453,600円$$

(2) 第1工程完了品原価

直接材料費：$1,879,200円 + 17,496,000円 - 2,268,000円 = 17,107,200円$

加工費（第1工程）：$777,600円 + 8,067,600円 - 453,600円 = 8,391,600円$

(3) 第2工程月末仕掛品原価

直接材料費

$$17,107,200円 \times \frac{280}{2,000 - 200} = 2,661,120円$$

加工費（第1工程）

$$8,391,600円 \times \frac{280}{2,000 - 200} = 1,305,360円$$

加工費（第2工程）

$$5,740,560円 \times \frac{224}{2,024 - 120} = 675,360円$$

(4) 完成品総合原価

直接材料費：$3,411,240円 + 17,107,200円 - 2,661,120円 = 17,857,320円$

第1工程加工費：$1,363,200円 + 8,391,600円 - 1,305,360円 = 8,449,440円$

第2工程加工費：$691,440円 + 5,740,560円 - 675,360円 = 5,756,640円$

完成品総合原価：$17,857,320円 + 8,449,440円 + 5,756,640円 = 32,063,400円$

問2

(1) 第1工程月末仕掛品原価

直接材料費

$$(1,879,200円 + 17,496,000円) \times \frac{280}{2,160 + 240} = 2,260,440円$$

加工費（第1工程）

$$(777,600円 + 8,067,600円) \times \frac{112}{1,992 + 192} = 453,600円$$

(2) 第1工程完了品原価

直接材料費：$1,879,200円 + 17,496,000円 - 2,260,440円 = 17,114,760円$

加工費（第1工程）：$777,600円 + 8,067,600円 - 453,600円 = 8,391,600円$

(3) 第2工程月末仕掛品原価

直接材料費

$$(3,411,240円 + 17,114,760円) \times \frac{280}{2,000 + 400 - 200} = 2,612,400円$$

加工費（第1工程）

$$(1,363,200円 + 8,391,600円) \times \frac{280}{2,000 + 400 - 200} = 1,241,520円$$

加工費（第2工程）

$$(691,440円 + 5,740,560円) \times \frac{224}{2,024 + 240 - 120} = 672,000円$$

(4) 完成品総合原価

直接材料費：$3,411,240円 + 17,114,760円 - 2,612,400円 = 17,913,600円$

第1工程加工費：$1,363,200円 + 8,391,600円 - 1,241,520円 = 8,513,280円$

第2工程加工費：$691,440円 + 5,740,560円 - 672,000円 = 5,760,000円$

完成品総合原価：$17,913,600円 + 8,513,280円 + 5,760,000円 = 32,186,880円$

9-5 加工費工程別総合原価計算

当工場では、連続する2つの工程を用いて単一製品の大量生産を行っている。原価計算方法としては加工費工程別総合原価計算（累加法）を採用している。よって、次の〔資料〕に基づいて、①月末仕掛品原価、および②完成品総合原価を求めなさい。

重要度 Ｂ

〔資料〕

１．当月の生産データ（単位：個）

	第1工程	第2工程
月初仕掛品	2,400 （40％）	4,000 （60％）
当 月 投 入	28,800	28,000
計	31,200	32,000
正 常 仕 損	1,200 （60％）	1,600 （？％）
月末仕掛品	2,000 （80％）	3,200 （40％）
完 成 品	28,000	27,200

※ （　）内は加工進捗度または仕損等の発生点を示している。
※ 第2工程の仕損は、工程を通じて平均的に発生している。

２．当月の原価データ

第1工程月初仕掛品		当月製造費用	
直 接 材 料 費：	3,869,400円	直 接 材 料 費：	48,438,000円
第1工程加工費：	849,600円	第1工程加工費：	25,776,000円
第2工程月初仕掛品		第2工程加工費：	32,860,800円
直 接 材 料 費：	6,597,060円		
第1工程加工費：	3,540,240円		
第2工程加工費：	2,961,000円		

３．その他
　⑴　材料は、すべて第1工程の始点で投入する。
　⑵　月末仕掛品の評価方法は先入先出法によることとする。
　⑶　直接材料費の計算は、簡便法による。すなわち、「原価計算基準」が暗黙のうちに想定している通常の方法による。
　⑷　仕損費等の処理
　　①　仕損品に評価額はない。
　　②　直接材料費の計算は、度外視法により最終完成品と月末仕掛品の両者に負担させる。
　　③　加工費の計算は、進捗度を加味した度外視法によるものとする。

■解答欄

①	円	②	円

①	15,793,200円	②	109,098,900円

(1) ボックス図（直接材料費）

第1工程月初仕掛品	2,400	完成品	27,200
第2工程月初仕掛品	4,000		
当月投入	28,800		
		第1工程正常仕損	1,200
		第2工程正常仕損	1,600
		第1工程月末仕掛品	2,000
		第2工程月末仕掛品	3,200

(2) 直接材料費

月末仕掛品

$$48,438,000円 \times \frac{2,000 + 3,200}{28,800 - 1,200 - 1,600} = 9,687,600円$$

完成品

$$3,869,400円 + 6,597,060円 + 48,438,000円 - 9,687,600円 = 49,216,860円$$

(3) ボックス図（加工費）

第1工程

月初仕掛品	2,400 (960)	第1工程完了品	28,000
当月投入	28,800 (29,360)		
		正常仕損	1,200 (720)
		月末仕掛品	2,000 (1,600)

第2工程

月初仕掛品	4,000 (2,400)	完成品	27,200
当月投入	28,000 (26,880)		
		正常仕損	1,600 (800)
		月末仕掛品	3,200 (1,280)

(4) 第1工程月末仕掛品（加工費）

加工費（第1工程）

$$25,776,000円 \times \frac{1,600}{29,360 - 720} = 1,440,000円$$

(5) 第2工程月末仕掛品（加工費）

加工費（前工程費）

$$(25,776,000円 - 1,440,000円 + 849,600円) \times \frac{3,200}{28,000 - 1,600} = 3,052,800円$$

加工費（第 2 工程）

$$32,860,800円 \times \frac{1,280}{26,880 - 800} = 1,612,800円$$

(5) 完成品（加工費）

加工費（第 1 工程）：849,600円 + 3,540,240円 + 25,776,000円 − 1,440,000円 − 3,052,800円 = 25,673,040円

加工費（第 2 工程）：2,961,000円 + 32,860,800円 − 1,612,800円 = 34,209,000円

(6) 月末仕掛品原価および完成品総合原価

月末仕掛品原価

9,687,600円 + 1,440,000円 + 3,052,800円 + 1,612,800円 = 15,793,200円

完成品総合原価

49,216,860円 + 25,673,040円 + 34,209,000円 = 109,098,900円

◆ 「原価計算基準」が暗黙のうちに想定している通常の方法とは、直接材料費の計算において、仕損や減損、月末仕掛品のそれぞれについて、工程ごとに区別をしないで一括して計算する方法である。

当工場では、製品 a を連続生産し、総合原価計算を採用している。製品 a の製造過程は、工程の始点で原料Ｘが投入され加工が行われ、さらに、原料Ｙを追加投入（増量しない）する。よって、次の〔資料〕に基づいて、以下の各問に答えなさい。

重要度 Ⓑ

〔資料〕

1．当月の生産データ（単位：個）

月初仕掛品	800	（40％）
当月投入	4,000	
計	4,800	
正常仕損	400	（20％）
月末仕掛品	1,200	（80％）
完成品	3,200	

※ （ ）内は加工進捗度、又は仕損の発生点を示している。

2．当月の原価データ

月初仕掛品原価

直接材料費：	7,200,000円
加 工 費：	3,456,000円
合　　計：	10,656,000円

当月製造費用

直接材料費	原料Ｘ：	32,400,000円
	原料Ｙ：	11,880,000円
加 工 費：		39,690,000円
合　　計：		83,970,000円

3．その他

(1) 月末仕掛品の評価方法は先入先出法による。

(2) 仕損費は、非度外視法により関係品にのみ合理的に負担させること。

(3) 仕損品に評価額はない。

(4) 計算上端数が生じる場合には、円未満を四捨五入することとする。

問1 原料Ｙを工程の始点で投入した場合の①月末仕掛品原価、および②完成品総合原価を求めなさい。

問2 原料Ｙを工程の60％地点で投入した場合の①月末仕掛品原価、および②完成品総合原価を求めなさい。

問3 原料Ｙを工程の終点で投入した場合の①月末仕掛品原価、および②完成品総合原価を求めなさい。

■解答欄

問1
① _____円　② _____円

問2
① _____円　② _____円

問3
① _____円　② _____円

| 解答・解説 | 追加材料（増量しない場合） |

問1

① 24,750,000円 ② 69,876,000円

問2

① 24,030,000円 ② 70,596,000円

問3

① 20,790,000円 ② 73,836,000円

ボックス図

月初仕掛品	800 (320)	完成品	3,200
当月投入	4,000 (3,920)	正常仕損	400(80)
		月末仕掛品	1,200 (960)

問1

（1） 正常仕損費

原料Xおよび原料Y

$$(32{,}400{,}000円 + 11{,}880{,}000円) \times \frac{400}{4{,}000} = 4{,}428{,}000円$$

加工費

$$39{,}690{,}000円 \times \frac{80}{3{,}920} = 810{,}000円$$

∴ 合計：5,238,000円

（2） 月末仕掛品原価

原料Xおよび原料Y

$$(32{,}400{,}000円 + 11{,}880{,}000円) \times \frac{1{,}200}{4{,}000} = 13{,}284{,}000円$$

加工費

$$39{,}690{,}000円 \times \frac{960}{3{,}920} = 9{,}720{,}000円$$

正常仕損費

$$5{,}238{,}000円 \times \frac{1{,}200}{4{,}000 - 400} = 1{,}746{,}000円$$

∴ 月末仕掛品原価：24,750,000円

(3) 完成品総合原価

10,656,000円 + 83,970,000円 − 24,750,000円 = 69,876,000円

◆ 追加材料（原料Y）が始点投入の場合は、原料Xと同じように計算する。

問2
(1) 正常仕損費

原料X

$$32,400,000円 \times \frac{400}{4,000} = 3,240,000円$$

加工費

$$39,690,000円 \times \frac{80}{3,920} = 810,000円$$

∴ 合計：4,050,000円

(2) 月末仕掛品原価

原料X

$$32,400,000円 \times \frac{1,200}{4,000} = 9,720,000円$$

原料Y

$$11,880,000円 \times \frac{1,200}{3,200 + 1,200} = 3,240,000円$$

加工費

$$39,690,000円 \times \frac{960}{3,920} = 9,720,000円$$

正常仕損費

$$4,050,000円 \times \frac{1,200}{4,000 - 400} = 1,350,000円$$

∴ 月末仕掛品原価：24,030,000円

(3) 完成品総合原価

10,656,000円 + 83,970,000円 − 24,030,000円 = 70,596,000円

◆ 追加材料（原料Y）の投入時点の数量で按分する。

問3

(1) 正常仕損費

原料X

$$32,400,000円 \times \frac{400}{4,000} = 3,240,000円$$

加工費

$$39,690,000円 \times \frac{80}{3,920} = 810,000円$$

∴ 合計：4,050,000円

(2) 月末仕掛品原価

原料X

$$32,400,000円 \times \frac{1,200}{4,000} = 9,720,000円$$

加工費

$$39,690,000円 \times \frac{960}{3,920} = 9,720,000円$$

正常仕損費

$$4,050,000円 \times \frac{1,200}{4,000 - 400} = 1,350,000円$$

∴ 月末仕掛品原価：20,790,000円

(3) 完成品総合原価

$$10,656,000円 + 83,970,000円 - 20,790,000円 = 73,836,000円$$

追加材料（増量する場合・始点投入）

　当工場では、2つの工程を用いて製品βを製造している。第1工程完了品は第2工程に振り替えられ、さらに第2工程の始点では原料Qを投入している。なお、原料Qの投入によって、原料Q投入時点の数量の20％が増量する。よって、下記の〔資料〕に基づき、①第2工程月末仕掛品原価、および②完成品総合原価を求めなさい。

重要度 Ⓑ

〔資料〕

1．当月の第2工程の生産データ（単位：kg）

月初仕掛品	1,440	（40％）
当月投入	21,600	
計	23,040	
正常仕損	960	（50％）
月末仕掛品	1,920	（80％）
完成品	20,160	

　　※　（　）内は加工進捗度、又は仕損の発生点を示している。

2．当月の原価データ

月初仕掛品原価		当月製造費用	
前 工 程 費：	2,727,300円	前 工 程 費：	41,796,000円
原 料 Q：	382,800円	原 料 Q：	5,934,000円
第2工程加工費：	442,200円	第2工程加工費：	17,820,000円
合 計：	3,552,300円	合 計：	65,550,000円

3．その他

(1)　月末仕掛品の評価方法は先入先出法による。

(2)　仕損等の処理は、加工進捗度を加味した度外視法による。

(3)　仕損品に評価額はない。

(4)　計算上端数が生じる場合には、円未満を四捨五入することとする。

■解答欄

①	円	②	円

解答・解説 追加材料 (増量する場合・始点投入)

① ☐ 5,736,000円 　　② ☐ 63,366,300円

(1) ボックス図 (単位:kg)

第2工程(追加材料を除く)

月初仕掛品	1,200 (480)	完成品	16,800
当月投入	18,000 (18,000)		
		正常仕損	800 (400)
		月末仕掛品	1,600 (1,280)

原料Q

月初仕掛品	240	完成品	3,360
当月投入	3,600		
		正常仕損	160
		月末仕掛品	320

(2) 月末仕掛品原価

前工程費

$$41,796,000円 \times \frac{1,600}{18,000 - 800} = 3,888,000円$$

加工費 (第2工程)

$$17,820,000円 \times \frac{1,280}{18,000 - 400} = 1,296,000円$$

原料Q

$$5,934,000円 \times \frac{320}{3,600 - 160} = 552,000円$$

月末仕掛品原価:3,888,000円 + 1,296,000円 + 552,000円 = 5,736,000円

(3) 完成品総合原価

3,552,300円 + 65,550,000円 − 5,736,000円 = 63,366,300円

◆ 　追加材料の問題を解く際には、**追加材料分には加工費がかからない**という前提をおいて計算する。よって、追加材料分は別のボックス図を作って計算する。

　ただし、追加材料が始点投入の場合には割合が変わらないので、同じボックス図で計算しても解答は変わらない。

9-8 追加材料（増量する場合・途中点投入）

　当工場では、2つの工程を用いて製品βを製造している。第1工程完了品は第2工程に振り替えられ、さらに第2工程の60％では原料Qを投入している。なお、原料Qの投入によって、原料Q投入時点の数量の20％が増量する。よって、下記の〔資料〕に基づき、①第2工程月末仕掛品原価、および②完成品総合原価を求めなさい。

重要度 B

〔資料〕

1．当月の第2工程の生産データ（単位：kg）

　　月初仕掛品　　　1,200　（40％）
　　当 月 投 入　　21,680
　　　　計　　　　　22,880
　　正 常 仕 損　　　 800　（50％）
　　月末仕掛品　　　1,920　（80％）
　　完 成 品　　　20,160

　※　（　）内は加工進捗度、又は仕損の発生点を示している。

2．当月の原価データ

月初仕掛品原価		当月製造費用	
前 工 程 費：	2,978,400円	前 工 程 費：	41,796,000円
第2工程加工費：	555,000円	原 料 Q：	5,934,000円
合 計：	3,533,400円	第2工程加工費：	17,415,000円
		合 計：	65,145,000円

3．その他

(1)　月末仕掛品の評価方法は先入先出法による。
(2)　仕損等の処理は、非度外視法による。
(3)　仕損品に評価額はない。
(4)　計算上端数が生じる場合には、円未満を四捨五入することとする。

■解答欄

①　[　　　　　　　]　円　　　②　[　　　　　　　]　円

解答・解説 追加材料（増量する場合・途中点投入）

① 　5,678,400円　　　② 　63,000,000円

（1）ボックス図（単位：kg）

第2工程（追加材料を除く）

月初仕掛品	1,200 (480)	完成品	16,800
当月投入	18,000 (18,000)		
		正常仕損	800 (400)
		月末仕掛品	1,600 (1,280)

原料Q（追加材料）

当月投入	3,680	完成品	3,360
		正常仕損	—
		月末仕掛品	320

◆　追加材料（増量する場合）の問題では、上図のように従来のボックス図と追加材料のボックス図に分離することが重要となる。合算されているデータを分離する場合には、**当月投入以外のデー**タで、追加材料が投入されているものを、増量割合で割り戻して算定する。

◇　従来の数量と追加材料の分離

月末仕掛品：1,920÷1.2＝1,600・・・（従来の数量：1,600、追加材料：320）

完　成　品：20,160÷1.2＝16,800・・・（従来の数量：16,800、追加材料：3,360）

※　月初仕掛品・正常仕損は60％を通過していないので、追加材料は含まれていない。

（2）正常仕損費

前工程費

$41,796,000円 \times \dfrac{800}{18,000} = 1,857,600円$

加工費（第2工程）

$17,415,000円 \times \dfrac{400}{18,000} = 387,000円$

∴　正常仕損費：2,244,600円

⑶　月末仕掛品原価

前工程費

$$41,796,000円 \times \frac{1,600}{18,000} = 3,715,200円$$

加工費（第2工程）

$$17,415,000円 \times \frac{1,280}{18,000} = 1,238,400円$$

原料Q

$$5,934,000円 \times \frac{320}{3,680} = 516,000円$$

正常仕損費

$$2,244,600円 \times \frac{1,600}{18,000 - 800} = 208,800円$$

∴　月末仕掛品原価：5,678,400円

⑷　完成品総合原価

3,533,400円 + 65,145,000円 - 5,678,400円 = 63,000,000円

9-9 追加材料（増量する場合・平均的投入） ／ □ ／ □ ／ □

当工場では製品Aを連続生産しており、総合原価計算を採用している。以下の〔資料〕に基づき①異常仕損費、②月末仕掛品原価、③完成品総合原価、および④完成品単位原価を求めなさい。　重要度 B

〔資料〕

1．生産データ（単位：ℓ）

月初仕掛品	1,344	（60％）
当 月 投 入	14,400	
計	15,744	
異 常 仕 損	416	（20％）
月末仕掛品	928	（80％）
完 成 品	14,400	

※ （ ）内は加工進捗度、又は仕損の発生点を示している。

2．当月の原価データ

月初仕掛品原価		当月製造費用	
原　料　X：	2,138,600円	原　料　X：	22,680,000円
原　料　Y：	239,600円	原　料　Y：	3,840,000円
加　工　費：	975,800円	加　工　費：	14,400,000円
合　　計：	3,354,000円	合　　計：	40,920,000円

3．その他

(1) 原料Xは工程の始点で投入され、原料Yは工程を通じて平均的に投入される。なお、原料Yは工程の終点に達するまでに投入量（増量前の数量）の20％分が追加投入される。

(2) 異常仕損品に処分価額はない。

(3) 計算上端数が生じる場合には、円未満を四捨五入することとする。

(4) 原価配分法は先入先出法によること。

■解答欄

① 　　　　　　　　　円　　② 　　　　　　　　　円

③ 　　　　　　　　　円　　④ 　　　　　　　　円／ℓ

解答・解説 追加材料（増量する場合・平均的投入）

①	877,600円	②	2,484,800円
③	40,911,600円	④	2,841円／ℓ

（1）　ボックス図（単位：ℓ）

原料X

月初仕掛品	1,200 (720)	完成品	12,000
当月投入	12,000 (12,000)		
		異常仕損	400 (80)
		月末仕掛品	800 (640)

原料Y

月初仕掛品	144	完成品	2,400
当月投入	2,400		
		異常仕損	16
		月末仕掛品	128

　　※　追加原料（原料Y）の算定

　　　144（月初仕掛品）＝12,000×12%　（20%×0.6）

　　　　　　　　　　　　　※　(1,344 (原料X+原料Y)÷112%=1,200(原料X)

　　　2,400（完成品）＝12,000×20%

　　　　　　　　　　　　　※　14,400÷120%=1,200

◆　平均的に投入しているため、加工進捗度に応じて原料Yは増加する。

（2）　異常仕損

　　原料X

$$22,680,000円 \times \frac{400}{12,000} = 756,000円$$

　　原料Y

$$3,840,000円 \times \frac{16}{2,400} = 25,600円$$

　　加工費

$$14,400,000円 \times \frac{80}{12,000} = 96,000円$$

　　異常仕損費：756,000円＋25,600円＋96,000円＝877,600円

(3) 月末仕掛品原価

原料X

$$22,680,000円 \times \frac{800}{12,000} = 1,512,000円$$

原料Y

$$3,840,000円 \times \frac{128}{2,400} = 204,800円$$

加工費

$$14,400,000円 \times \frac{640}{12,000} = 768,000円$$

月末仕掛品原価：1,512,000円 + 204,800円 + 768,000円 = 2,484,800円

(4) 完成品総合原価

3,354,000円 + 40,920,000円 − 877,600円 − 2,484,800円
= 40,911,600円

(5) 完成品単位原価

40,911,600円 ÷ 14,400 ℓ ≒ 2,841円／ℓ

◆ 追加材料によって増量する場合の完成品単位原価の計算では、追加材料を含めた完成品数量で除して、完成品単位原価を算定する。

第9章 工程別総合原価計算

第 **10** 章

組別総合原価計算

当社では、2種類の製品を製造し、単一工程組別総合原価計算を採用している。以下の〔資料〕に基づいて各問に答えなさい。なお、計算上生じる端数は円未満を四捨五入する。　　　　重要度 A

〔資料〕

1．当月の生産データ（単位：個）

	製品A	製品B
月 初 仕 掛 品	1,000　(1/4)	600　(2/3)
当 月 投 入	10,600	8,200
投入量計	11,600	8,800
完 成 品	10,000	8,000
月 末 仕 掛 品	1,200　(5/6)	500　(1/5)
正 常 仕 損	400　(1/2)	300　(2/3)
産出量計	11,600	8,800
実際直接作業時間	6,570 h	4,740 h

※　（　）内は加工進捗度または仕損の発生点を示している。

2．当月の原価データ（単位：円）

	製品A	製品B
月初仕掛品原価		
直接材料費	670,000	491,400
直接労務費	58,200	85,600
製造間接費	116,800	186,400
合 計	845,000	763,400
当月製造費用		
直接材料費	7,208,000	6,724,000
直接労務費	2,628,000	1,738,000
製造間接費	？	？

※　製造間接費は直接作業時間を基準に予定配賦される。
　　製造間接費予算（公式法変動予算）
　　変動費率：@300円／h　年間固定費予算：69,000,000円　年間基準操業度：138,000 h
　　なお、当月の製造間接費実際発生額は9,060,000円であった。

3．その他の条件

(1)　直接材料は工程の始点ですべて投入される。

(2)　月末仕掛品の評価方法は各製品とも先入先出法による。

(3)　仕損品には処分価値があり、製品Aの仕損品は@996円／個（うち直接材料費分は@765円／個）、製品Bの仕損品は@1,134円／個（うち直接材料費分は@894円／個）である。なお、正常仕損費は加工進捗度を加味した度外視法により関係品に負担させる。

問1 勘定記入を行いなさい。

問2 製造間接費の配賦差異を分析しなさい。なお、差異は借方・貸方で答えることとする。

■解答欄

問1

```
                        仕  掛  品 ― A              （単位：円）
(              ) (          ) | 製  品 ― A  (          )
  直 接 材 料 費  (          ) | (            ) (          )
  直 接 労 務 費  (          ) | (            ) (          )
  製 造 間 接 費  (          ) |
```

```
                        仕  掛  品 ― B              （単位：円）
(              ) (          ) | 製  品 ― B  (          )
  直 接 材 料 費  (          ) | (            ) (          )
  直 接 労 務 費  (          ) | (            ) (          )
  製 造 間 接 費  (          ) |
```

問2

製造間接費配賦差異		
予 算 差 異	円	( )
操 業 度 差 異	円	( )
合　　計	円	( )

問1

仕 掛 品 ― A （単位：円）

（前 月 繰 越）	（ 845,000)	製 品 ― A	（ 14,001,800)
直 接 材 料 費	（ 7,208,000)	（仕 損 品）	（ 398,400)
直 接 労 務 費	（ 2,628,000)	（次 月 繰 越）	（ 1,536,800)
製 造 間 接 費	（ 5,256,000)		

仕 掛 品 ― B （単位：円）

（前 月 繰 越）	（ 763,400)	製 品 ― B	（ 12,197,200)
直 接 材 料 費	（ 6,724,000)	（仕 損 品）	（ 340,200)
直 接 労 務 費	（ 1,738,000)	（次 月 繰 越）	（ 480,000)
製 造 間 接 費	（ 3,792,000)		

問2

製造間接費配賦差異		
予 算 差 異	83,000円	（ 貸 方 ）
操 業 度 差 異	95,000円	（ 借 方 ）
合 計	12,000円	（ 借 方 ）

(1) 製造間接費の配賦

配賦率：@300円／h（変動費率）＋69,000,000円÷138,000 h＝@800円／h

配賦額　A：@800円／h×6,570 h＝5,256,000円

　　　　B：@800円／h×4,740 h＝3,792,000円

◆　製造間接費は直接作業時間に基づき製品に**予定配賦**しているので、総合原価計算で計算する場合の製造間接費（加工費の一部）は実際発生額（9,060,000円）ではなく、予定配賦された金額（予定配賦率×**実際直接作業時間**）を用いる。

(2) ボックス図（単位：個）

製品A

月初仕掛品	1,000 (250)	完成品	10,000
当月投入	10,600 (10,950)		
		正常仕損	400 (200)
		月末仕掛品	1,200 (1,000)

製品B

月初仕掛品	600 (400)	完成品	8,000
当月投入	8,200 (7,900)		
		正常仕損	300 (200)
		月末仕掛品	500 (100)

(3) 製品A

月末仕掛品原価：812,000円 + 724,800円 = 1,536,800円

直接材料費

$$(7,208,000円 - @765円/個 \times 400個) \times \frac{1,200}{10,600 - 400} = 812,000円$$

加工費

$$(2,628,000円 + 5,256,000円 - @231円/個※ \times 400個) \times \frac{1,000}{10,950 - 200} = 724,800円$$

※　@996円/個（仕損品評価額）－@765円/個（直接材料費分評価額）

完成品総合原価

845,000円（月初）＋15,092,000円（当月）－1,536,800円（月末）－398,400円（仕損品）

$$= 14,001,800円$$

(4) 製品B

月末仕掛品原価：410,000円 + 70,000円 = 480,000円

直接材料費

$$6,724,000円 \times \frac{500}{8,200} = 410,000円$$

加工費

$$(1,738,000円 + 3,792,000円) \times \frac{100}{7,900} = 70,000円$$

完成品総合原価

763,400円（月初）＋12,254,000円（当月）－480,000円（月末）－340,200円（仕損品）

$$= 12,197,200円$$

(5) 製造間接費配賦差異

操業度差異：〔(6,570 h + 4,740 h) － 138,000 h ÷ 12〕× @500円/h = －95,000円（不利→借方）

予算差異：9,143,000円 － 9,060,000円 = 83,000円（有利→貸方）

※　予算許容額：69,000,000円 ÷ 12 + @300円/h × 11,310 h

等級別総合原価計算

11-1　完成品原価按分法

当工場では同種の製品を製造し、等級別総合原価計算を採用している。以下の〔資料〕に基づいて各等級製品の①完成品総合原価、および②完成品単位原価を求めなさい。

重要度 A

〔資料〕

1．当月の生産データ（単位：個）

月初仕掛品　　　160（50%）
当月投入　　　1,000
　　計　　　　1,160
月末仕掛品　　　120（50%）
正常仕損　　　　40（25%）
完成品　　　1,000　　〔内訳　製品A：600個・製品B：400個〕

※（　）内は加工進捗度または仕損の発生点を示している。

2．当月の原価データ（単位：円）

月初仕掛品原価　　　　　　　　　当月製造費用
原料費：　377,000　　　　原料費：　1,840,600
加工費：　　48,900　　　　加工費：　　650,700

3．その他

(1) 完成品の等価係数

製品A	製品B
1	： 0.7

(2) 原料は工程の始点で投入される。

(3) 月末仕掛品の評価方法は平均法による。

(4) 仕損等の処理は度外視法によることとし、その負担関係は進捗度比較によって行うこと。

(5) 計算上生じる端数は円位未満を四捨五入し、単位原価は四捨五入して小数点以下第2位まで求めることとする。

■解答欄

	等級製品A	等級製品B
① 完成品総合原価	円	円
② 完成品単位原価	円/個	円/個

完成品原価按分法

	等級製品 A	等級製品 B
① 完成品総合原価	1,800,000円	840,000円
② 完成品単位原価	3,000円/個	2,100円/個

(1) ボックス図（単位：個）

月初仕掛品	160 (80)	完成品	1,000
当月投入	1,000 (990)	正常仕損	40 (10)
		月末仕掛品	120 (60)

(2) 月末仕掛品原価

原料費

$$(377,000円 + 1,840,600円) \times \frac{120}{160 + 1,000 - 40} = 237,600円$$

加工費

$$(48,900円 + 650,700円) \times \frac{60}{80 + 990 - 10} = 39,600円$$

月末仕掛品原価：237,600円 + 39,600円 = 277,200円

(3) 完成品総合原価

377,000円 + 48,900円 + 1,840,600円 + 650,700円 − 277,200円 = 2,640,000円

(4) 各等級製品への按分

等級製品 A：2,640,000円 × 600個／（600個 + 400個 × 0.7）= 1,800,000円

完成品単位原価：1,800,000円 ÷ 600個 = @3,000円/個

等級製品 B：2,640,000円 × 400個 × 0.7／（600個 + 400個 × 0.7）= 840,000円

完成品単位原価：840,000円 ÷ 400個 = @2,100円/個

◆ 簡便法の場合には、月末仕掛品は等級製品ごとに把握しない。すなわち、月末仕掛品には等価係数を適用せずに、**完成品のみに等価係数を適用**する。

11-2 プール計算法①

当工場では同種の製品を製造し、等級別総合原価計算を採用している。以下の〔資料〕に基づいて各等級製品の①月末仕掛品原価、②完成品総合原価、および③完成品単位原価を求めなさい。　重要度 B

〔資料〕

1．当月の生産データ（単位：個）

	製品A	製品B
月初仕掛品	200（60%）	300（40%）
当月投入	1,400	2,100
計	1,600	2,400
月末仕掛品	160（40%）	240（80%）
完成品	1,440	2,160

※（　）内は加工進捗度を示している。

2．当月の原価データ（単位：円）

	製品A	製品B
月初仕掛品原価		
原料費：	1,800,000	2,120,400
加工費：	1,034,000	607,600
当月製造費用		
原料費：	27,442,800	
加工費：	23,283,360	

3．その他

(1)　等価係数

	製品A		製品B
原料費	1	：	0.8
加工費	1	：	0.6

(2)　原料は工程の始点で投入される。

(3)　月末仕掛品の評価方法は先入先出法による。また、等級別計算は、等級別の製品をあたかも1つの製品を製造しているようにみなして総合原価計算を行う方法による。

(4)　計算上生じる端数は円位未満を四捨五入し、単位原価は四捨五入して小数点以下第2位まで求めることとする。

■解答欄

		等級製品A	等級製品B
①	月末仕掛品原価	円	円
②	完成品総合原価	円	円
③	完成品単位原価	円/個	円/個

解答・解説 プール計算法①

		等級製品A	等級製品B
①	月末仕掛品原価	1,972,800円	2,695,680円
②	完成品総合原価	25,142,400円	26,477,280円
③	完成品単位原価	17,460円/個	12,258円/個

(1) ボックス図（単位：個）

等級製品A

月初仕掛品 200(120)	完成品 1,440
当月投入 1,400 (1,384)	月末仕掛品 160(64)

等級製品B（換算前）

月初仕掛品 300(120)	完成品 2,160
当月投入 2,100 (2,232)	月末仕掛品 240(192)

等級製品B（換算後）

月初仕掛品 240(72)	完成品 1,728 (1,296)
当月投入 1,680 (1,339.2)	月末仕掛品 192(115.2)

合算したボックス図（単位：個）

月初仕掛品 440 (192)	A：200（120） B：240（72）	完成品 3,168 (2,736)	A：1,440（1,440） B：1,728（1,296）
当月投入 3,080 (2,723.2)	A：1,400（1,384） B：1,680（1,339.2）	月末仕掛品 352 (179.2)	A：160（64） B：192（115.2）

第11章　等級別総合原価計算

(2)　月末仕掛品原価

　等級製品A

　　原料費

$$27,442,800円 \times \frac{160}{3,080} = 1,425,600円$$

　　加工費

$$23,283,360円 \times \frac{64}{2,723.2} = 547,200円$$

　月末仕掛品原価：1,972,800円

　等級製品B

　　原料費

$$27,442,800円 \times \frac{192}{3,080} = 1,710,720円$$

　　加工費

$$23,283,360円 \times \frac{115.2}{2,723.2} = 984,960円$$

　月末仕掛品原価：2,695,680円

(3)　完成品総合原価

　原料費：1,800,000円 + 2,120,400円 + 27,442,800円 − 1,425,600円 − 1,710,720円 = 28,226,880円

　加工費：1,034,000円 + 607,600円 + 23,283,360円 − 547,200円 − 984,960円 = 23,392,800円

　等級製品A　原料費：28,226,880円 × 1,440個/3,168個 = 12,830,400円

　　　　　　　加工費：23,392,800円 × 1,440個/2,736個 = 12,312,000円

　　　　　　　完成品総合原価：25,142,400円

　　　　　　　完成品単位原価：25,142,400円 ÷ 1,440個 = @17,460円/個

　等級製品B　原料費：28,226,880円 × 1,728個/3,168個 = 15,396,480円

　　　　　　　加工費：23,392,800円 × 1,296個/2,736個 = 11,080,800円

　　　　　　　完成品総合原価：26,477,280円

　　　　　　　完成品単位原価：26,477,280円 ÷ 2,160個 = @12,258円/個

◆　プール計算法（単純総合原価計算に近い方法）の場合には、**月末仕掛品と完成品の両方に等価係数を適用する。**

当工場は同種の製品を製造し、等級別総合原価計算を採用している。よって、以下の〔資料〕に基づき、下記の問に答えなさい。なお、計算上端数が生じる場合には小数点以下を四捨五入する。　　重要度 B

〔資料〕

1．当月の生産データ（単位：個）

	製品A	製品B
月初仕掛品	1,000（30％）	1,000（30％）
当月投入	9,400	6,000
計	10,400	7,000
正常仕損	400（50％）	250（40％）
月末仕掛品	800（75％）	750（80％）
完成品	9,200	6,000

※　（　）内は加工進捗度または仕損の発生点を示している。

2．当月の原価データ（単位：円）

	製品A	製品B
月初仕掛品原価		
原料費：	2,640,000	2,140,000
加工費：	1,443,040	865,840
当月製造費用		
原料費：	36,800,000	
加工費：	62,800,000	

3．その他

(1)　等価係数

	製品A		製品B
原料費	1	:	0.8
加工費	1	:	0.6

(2)　原料は工程の始点で投入される。

(3)　月末仕掛品の評価方法は平均法による。なお、仕損品の評価額はない。

(4)　等級別計算は、単純総合原価計算に近い方法により行う。

問1　仕損の処理方法として、進捗度加味度外視法を採用して、各製品ごとの仕損を区別しないで、一括して負担させる場合の、各製品の完成品総合原価を算定しなさい。

問2　仕損の処理方法として、非度外視法を採用して、各製品ごとの仕損を区別して、厳密に負担させる場合の、各製品の完成品総合原価を算定しなさい。

■解答欄

問1

	等級製品A	等級製品B
完成品総合原価	円	円

問2

	等級製品A	等級製品B
完成品総合原価	円	円

解答・解説 プール計算法②

問1

	等級製品A	等級製品B
完成品総合原価	68,372,100円	29,994,300円

問2

	等級製品A	等級製品B
完成品総合原価	68,444,136円	29,902,080円

問1

(1) ボックス図（単位：個）

等級製品A

月初仕掛品 1,000(300)	完成品 9,200
当月投入 9,400 (9,700)	正常仕損 400(200)
	月末仕掛品 800(600)

等級製品B（換算前）

月初仕掛品 1,000(300)	完成品 6,000
当月投入 6,000 (6,400)	正常仕損 250(100)
	月末仕掛品 750(600)

等級製品B（換算後）

月初仕掛品 800(180)	完成品 4,800 (3,600)
当月投入 4,800 (3,840)	正常仕損 200(60)
	月末仕掛品 600(360)

合算したボックス図（単位：個）

合算したボックス図（単位：個）

月初仕掛品 1,800 (480)	A：1,000 (300) B：800 (180)	完成品 14,000 (12,800)	A：9,200 (9,200) B：4,800 (3,600)
当月投入 14,200 (13,540)	A：9,400 (9,700) B：4,800 (3,840)	正常仕損 600 (260)	A：400 (200) B：200 (60)
		月末仕掛品 1,400 (960)	A：800 (600) B：600 (360)

(2) 月末仕掛品原価

① 製品A、B合算

原料費

$$41,580,000円 \times \frac{1,400}{1,800 + 14,200 - 600} = 3,780,000円$$

加工費

$$65,108,880円 \times \frac{960}{480 + 13,540 - 260} = 4,542,480円$$

② 製品A

原料費

$$3,780,000円 \times \frac{800}{1,400} = 2,160,000円$$

加工費

$$4,542,480円 \times \frac{600}{960} = 2,839,050円$$

③ 製品B

原料費

$$3,780,000円 \times \frac{600}{1,400} = 1,620,000円$$

加工費

$$4,542,480円 \times \frac{360}{960} = 1,703,430円$$

(3) 完成品総合原価

① 製品A、B合算

原料費

$$41,580,000円 - 3,780,000円 = 37,800,000円$$

加工費

$$65,108,880円 - 4,542,480円 = 60,566,400円$$

② 製品A

原料費

$$37,800,000円 \times \frac{9,200}{14,000} = 24,840,000円$$

加工費

$$60,566,400円 \times \frac{9,200}{12,800} = 43,532,100円$$

製品A完成品総合原価：$24,840,000円 + 43,532,100円 = 68,372,100円$

③ 製品B

原料費

$$37,800,000円 \times \frac{4,800}{14,000} = 12,960,000円$$

加工費

$$60,566,400円 \times \frac{3,600}{12,800} = 17,034,300円$$

製品B完成品総合原価：12,960,000円 + 17,034,300円 = 29,994,300円

◆ プール計算法（単純総合原価計算に近い方法）は、月末仕掛品原価と完成品総合原価を算定（プール計算）して、これを等価係数に基づいて各製品に按分する方法である。

問2

(1) 正常仕損費

① 製品A

原料費

$$41,580,000円 \times \frac{400}{1,800 + 14,200} = 1,039,500円$$

加工費

$$65,108,880円 \times \frac{200}{480 + 13,540} = 928,800円$$

製品A正常仕損費：1,039,500円 + 928,800円 = 1,968,300円

② 製品B

原料費

$$41,580,000円 \times \frac{200}{1,800 + 14,200} = 519,750円$$

加工費

$$65,108,880円 \times \frac{60}{480 + 13,540} = 278,640円$$

製品B正常仕損費：519,750円 + 278,640円 = 798,390円

(2) 完成品総合原価

① 製品A

原料費

$$41,580,000円 \times \frac{9,200}{1,800 + 14,200} = 23,908,500円$$

加工費

$$65,108,880円 \times \frac{9,200}{480 + 13,540} = 42,724,800円$$

正常仕損費

$$1,968,300円 \times \frac{9,200}{9,200 + 800} = 1,810,836円$$

製品A完成品総合原価：23,908,500円 + 42,724,800円 + 1,810,836円 = 68,444,136円

② 製品B

原料費

$$41,580,000円 \times \frac{4,800}{1,800 + 14,200} = 12,474,000円$$

加工費

$$65,108,880円 \times \frac{3,600}{480 + 13,540} = 16,718,400円$$

正常仕損費

$$798,390円 \times \frac{6,000}{6,000 + 750} = 709,680円$$

製品B完成品総合原価：12,474,000円 + 16,718,400円 + 709,680円 = 29,902,080円

◆　プール計算法（単純総合原価計算に近い方法）において、非度外視法を採用する場合には、製品別に正常仕損費を算定し、それぞれを発生させることとなった加工品に負担させる。

原価要素別の単価が、完成品の原価要素別の単価と異なるため、度外視法と非度外視法で計算結果は一致しない。

11-4　当月製造費用按分法

当工場では同種の製品を製造し、等級別総合原価計算を採用している。以下の〔資料〕に基づいて各等級製品の①月末仕掛品原価、②完成品総合原価、および③完成品単位原価を求めなさい。　重要度 A

〔資料〕

1．当月の生産データ（単位：個）

	製品A	製品B
月初仕掛品	200（60%）	300（40%）
当月投入	1,400	2,100
計	1,600	2,400
月末仕掛品	160（40%）	240（80%）
完成品	1,440	2,160

※（　）内は加工進捗度を示している。

2．当月の原価データ（単位：円）

	製品A	製品B
月初仕掛品原価		
原料費：	1,800,000	2,120,400
加工費：	1,034,000	607,600
当月製造費用		
原料費：	27,442,800	
加工費：	23,283,360	

3．その他

（1）等価係数

	製品A		製品B
原料費	1	：	0.8
加工費	1	：	0.6

（2）原料は工程の始点で投入される。

（3）月末仕掛品の評価方法は先入先出法による。また、等級別計算は、当月製造費用を各等級製品に按分して、各等級製品ごとに総合原価計算を行う方法による。

（4）計算上生じる端数は円位未満を四捨五入し、単位原価は四捨五入して小数点以下第2位まで求めることとする。

■解答欄

	等級製品 A	等級製品 B
① 月末仕掛品原価	円	円
② 完成品総合原価	円	円
③ 完成品単位原価	円/個	円/個

解答・解説 当月製造費用按分法

	等級製品 A	等級製品 B
① 月末仕掛品原価	1,972,800円	2,695,680円
② 完成品総合原価	25,168,400円	26,451,280円
③ 完成品単位原価	17,478.06円/個	12,245.96円/個

（1） ボックス図（単位：個）

等級製品 A

月初仕掛品 200(120)	完成品 1,440
当月投入 1,400 (1,384)	月末仕掛品 160(64)

等級製品 B（換算前）

月初仕掛品 300(120)	完成品 2,160
当月投入 2,100 (2,232)	月末仕掛品 240(192)

等級製品 B（換算後）

月初仕掛品 240(72)	完成品 1,728 (1,296)
当月投入 1,680 (1,339.2)	月末仕掛品 192(115.2)

（2） 当月製造費用の按分

等級製品 A

原料費：27,442,800円×1,400個／（1,400個＋1,680個）＝12,474,000円

加工費：23,283,360円×1,384個／（1,384個＋1,339.2個）＝11,833,200円

等級製品 B

原料費：27,442,800円×1,680個／（1,400個＋1,680個）＝14,968,800円

加工費：23,283,360円×1,339.2個／（1,384個＋1,339.2個）＝11,450,160円

（3） 等級製品 A

月末仕掛品原価：1,425,600円＋547,200円＝1,972,800円

原料費

$$12,474,000円 \times \frac{160}{1,400} = 1,425,600円$$

加工費

$$11,833,200円 \times \frac{64}{1,384} = 547,200円$$

完成品総合原価

$1,800,000円 + 1,034,000円 + 12,474,000円 + 11,833,200円 - 1,972,800円 = 25,168,400円$

完成品単位原価：$25,168,400円 ÷ 1,440個 ≒ @17,478.06円/個$

⑷　等級製品B

月末仕掛品原価：$1,710,720円 + 984,960円 = 2,695,680円$

原料費

$$14,968,800円 \times \frac{240}{2,100} = 1,710,720円$$

加工費

$$11,450,160円 \times \frac{192}{2,232} = 984,960円$$

完成品総合原価

$2,120,400円 + 607,600円 + 14,968,800円 + 11,450,160円 - 2,695,680円 = 26,451,280円$

完成品単位原価：$26,451,280円 ÷ 2,160個 ≒ @12,245.96円/個$

第 **12** 章

連産品

下記の〔資料〕に基づき、各問に答えなさい。 重要度 A

〔資料〕

1．第1工程

(1) 当月の生産データ（単位：kg）

月初仕掛品	1,200	（40％）
当月投入	32,400	
計	33,600	
月末仕掛品	1,600	（60％）
工程完了品	32,000	

※ （ ）内は加工進捗度を示している。

工程完了品の内訳

連産品A	4,000kg
連産品B	12,000kg
連産品C	16,000kg

(2) 当月の原価データ（単位：円）

	月初仕掛品原価	当月製造費用
原料費：	182,200	5,524,200
加工費：	58,352	3,731,952
計	240,552	9,256,152

2．その他

(1) 原料は第1工程の始点ですべて投入される。また、原価の配分方法は先入先出法による。

(2) 連産品Aはそのまま外部へ販売されるが、連産品BおよびCは分離後加工が行われ、外部へ販売される。

	連産品A	連産品B	連産品C
見積販売単価	400円/kg	720円/kg	800円/kg
見積追加加工費		80円/kg	100円/kg
実際追加加工費		80.4円/kg	101円/kg

(3) 計算上生じる端数は小数点以下を四捨五入する。

問1 第1工程の①月末仕掛品原価、および②工程完了品原価（連結原価）を求めなさい。

問2 第1工程完了品原価（連結原価）を正常市価を基準に各連産品に按分し、各連産品の完成品原価を求めなさい。

■ 解答欄

問1

① ［　　　　　　　　］円　　② ［　　　　　　　　　　］円

問2

連産品A　　　　　　　連産品B　　　　　　　連産品C

［　　　　　　　］円　［　　　　　　　　］円　［　　　　　　　］円

解答・解説　分離点推定市価基準（正常市価基準）①

問1

① ［　　383,104円　　］　　② ［　　9,113,600円　　］

問2

連産品A　　　　　　　連産品B　　　　　　　連産品C

［　712,000円　］　［　4,382,400円　］　［　6,600,000円　］

問1

（1）ボックス図（単位：kg）

月初仕掛品	1,200 (480)	工程完了品	32,000
当月投入	32,400 (32,480)		
		月末仕掛品	1,600 (960)

（2）月末仕掛品原価

原料費

$$5,524,200円 \times \frac{1,600}{32,400} = 272,800円$$

加工費

$$3,731,952円 \times \frac{960}{32,480} = 110,304円$$

月末仕掛品原価：272,800円 + 110,304円 = 383,104円

（3）連結原価

240,552円 + 9,256,152円 − 383,104円 = 9,113,600円

問2

(1) 各連産品の正常市価

連産品A：@400円/kg×4,000kg＝1,600,000円

連産品B：（@720円/kg－@80円/kg）×12,000kg＝7,680,000円

連産品C：（@800円/kg－@100円/kg）×16,000kg＝11,200,000円

合　　　計：1,600,000円＋7,680,000円＋11,200,000円＝20,480,000円

(2) 連結原価の按分および完成品原価の算定

連産品A：9,113,600円×1,600,000円/20,480,000円＝712,000円

連産品B：9,113,600円×7,680,000円/20,480,000円＋@80.4円/kg×12,000kg

＝4,382,400円

連産品C：9,113,600円×11,200,000円/20,480,000円＋@101円/kg×16,000kg

＝6,600,000円

12-2 分離点推定市価基準（正常市価基準）②　　/ □　/ □　/ □

　当工場の第1工程の終点では、連産品A、BおよびCが分離される。この各連産品はそれぞれ別の追加工程に振り替えられ加工のうえ各製品として販売される。次の〔資料〕に基づき、各問に答えなさい。

重要度 Ｃ

〔資料〕

1．連産品の分離点（第1工程終点）での数量・連結原価

　　380ℓ〔A：80ℓ　　B：120ℓ　　C：180ℓ〕　連結原価：18,645千円

2．その他のデータ

	見積正常売価	見積販売費・一般管理費	見積追加加工費
A	100千円/ℓ	4千円/ℓ	5千円/ℓ
B	80千円/ℓ	3千円/ℓ	7千円/ℓ
C	60千円/ℓ	6千円/ℓ	3千円/ℓ

　※　各工程において仕掛品はないものとする。

　※　連結原価は、分離点における各製品の市価を推定し、その積数の比により按分すること。

　※　分離点における各製品の市価の推定の際には、販売費及び一般管理費も考慮すること。

問1　各追加工程で減損や原料の追加等がないとして、連結原価を各連産品に按分しなさい。

問2　各追加工程で次のような減損や原料の追加があったとして、連結原価を各連産品に按分しなさい。

　連産品Aの追加工程　・・　工程の終点で投入量の10％が減損する。

　連産品Bの追加工程　・・　工程の始点で投入量の10％が減損する。また、工程の終点で歩留量の5％分の着色料（見積総額1,535.3千円）が投入され、その結果製品数量は増加する。

　連産品Cの追加工程　・・　工程を通じて減損が平均的に発生する（減損率は投入量の10％）。

■解答欄

問1

連産品A	連産品B	連産品C
千円	千円	千円

問2

連産品A	連産品B	連産品C
千円	千円	千円

問1

連産品A	連産品B	連産品C
5,460千円	6,300千円	6,885千円

問2

連産品A	連産品B	連産品C
5,730.56千円	5,667.64千円	7,246.8千円

問1

(1) 各連産品の正常市価

連産品A：（@100千円/ℓ－@4千円/ℓ－@5千円/ℓ）×80ℓ＝7,280千円

連産品B：（@80千円/ℓ－@3千円/ℓ－@7千円/ℓ）×120ℓ＝8,400千円

連産品C：（@60千円/ℓ－@6千円/ℓ－@3千円/ℓ）×180ℓ＝9,180千円

合　　計：7,280千円＋8,400千円＋9,180千円＝24,860千円

(2) 連結原価の按分

連産品A：18,645千円×7,280千円/24,860千円＝5,460千円

連産品B：18,645千円×8,400千円/24,860千円＝6,300千円

連産品C：18,645千円×9,180千円/24,860千円＝6,885千円

問2

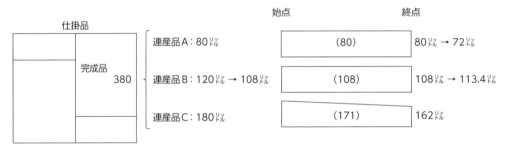

(1) 各連産品の正常市価

連産品A：（@100千円/ℓ－@4千円/ℓ）×80ℓ×90％－@5千円/ℓ×80ℓ＝6,512千円

連産品B：（@80千円/ℓ－@3千円/ℓ）×120ℓ×90％×105％－@7千円/ℓ×120ℓ×90％
$$－1,535.3千円＝6,440.5千円$$

連産品C：（@60千円/ℓ－@6千円/ℓ）×180ℓ×90％－@3千円/ℓ×171ℓ＝8,235千円

※　連産品Cは工程を通じて平均的に減損が発生するため、加工換算量に基づいて追加加工費を算定する。

合　　計：6,512千円＋6,440.5千円＋8,235千円＝21,187.5千円

(2) 連結原価の按分

連産品Ａ：18,645千円×6,512千円/21,187.5千円＝5,730.56千円

連産品Ｂ：18,645千円×6,440.5千円/21,187.5千円＝5,667.64千円

連産品Ｃ：18,645千円×8,235千円/21,187.5千円＝7,246.8千円

分離点推定市価基準（正常市価基準）③   ／ □ ／ □ ／ □

当工場の第1工程の終点では、連産品A、BおよびCが分離される。このうち連産品AおよびBは、それぞれ別の追加工程に振り替えられ、加工の後各製品として販売され、連産品Cはそのまま製品として販売される。次の〔資料〕に基づき、各連産品の按分原価を計算しなさい。

重要度 Ⓒ

〔資料〕

1．当月の生産データ（単位：個）

	第1工程	第2工程	第3工程
月初仕掛品	3,200（40％）	2,400（60％）	2,000（80％）
当月投入	16,000	8,800	5,400
計	19,200	11,200	7,400
月末仕掛品	2,000（60％）	3,200（20％）	2,600（40％）
工程完了品	17,200	8,000	4,800

※　（　）内は加工進捗度を示している。
※　第1工程完了品の内訳は、連産品A：8,800個、連産品B：5,400個、連産品C：3,000個である。

2．当月の原価データ（単位：円）

第1工程月初仕掛品原価　　　　　　　　　　当月製造費用（第1工程）

　　　　　原　料　費：　　7,360,000　　　　　　　原　料　費：　　37,680,000

　　　　　加　工　費：　　1,350,000　　　　　　　加　工　費：　　17,120,000

3．その他計算に必要なデータ

⑴　連産品Aは第2工程へ、連産品Bは第3工程へすべて振り替えられる。

⑵　結合原価は、分離点における推定市価の積数の比率で、各連産品に按分するものとする。

⑶　各連産品の分離点の価値を算定するための見積データは下記のとおりである。

	連産品A	連産品B	連産品C
見積販売単価	@8,400円/個	@12,000円/個	@4,960円/個
見積追加加工費	@2,400円/個	@3,200円/個	—

⑷　月末仕掛品の評価方法は先入先出法による。

■解答欄

連産品A	連産品B	連産品C
円	円	円

連産品 A	連産品 B	連産品 C
26,400,000円	23,760,000円	7,440,000円

(1) ボックス図（単位：個）

月初仕掛品 3,200 (1,280)	工程完了品 17,200
当月投入 16,000 (17,120)	月末仕掛品 2,000 (1,200)

(2) 月末仕掛品原価

原料費

$$37,680,000円 \times \frac{2,000}{16,000} = 4,710,000円$$

加工費

$$17,120,000円 \times \frac{1,200}{17,120} = 1,200,000円$$

月末仕掛品原価：4,710,000円 + 1,200,000円 = 5,910,000円

(3) 工程完了品（連結原価）

7,360,000円 + 1,350,000円 + 37,680,000円 + 17,120,000円 − 5,910,000円 = 57,600,000円

(4) 各連産品の正常市価

連産品 A：（@8,400円/個 − @2,400円/個）×8,800個 = 52,800,000円

連産品 B：（@12,000円/個 − @3,200円/個）×5,400個 = 47,520,000円

連産品 C：@4,960円/個×3,000個 = 14,880,000円

合　　計：115,200,000円

(5) 各連産品の按分原価

連産品 A：57,600,000円×52,800,000円/115,200,000円 = 26,400,000円

連産品 B：57,600,000円×47,520,000円/115,200,000円 = 23,760,000円

連産品 C：57,600,000円×14,880,000円/115,200,000円 = 7,440,000円

◆　連産品の正常市価を算定する場合の、各連産品の数量は**分離点の数量**を用いる。
　　実際の販売数量を用いない点に注意すること‼

※　これは、正常市価の算定は分離点における各連産品がどれだけの収益力を有するかにより行うためである。

第12章 連産品

12-4 売上高利益率を等しくする方法 　／□　／□　／□

　当工場の第1工程の終点では、連産品A、BおよびCが分離される。この連産品A及びBはそれぞれ別の工程に投入され、加工のうえ各製品として販売され、連産品Cはそのまま製品Cとして販売される。次の〔資料〕に基づき、各問に答えなさい。

重要度 B

〔資料〕

1．当月における連産品の分離点（第1工程終点）での数量・連結原価

　　4,200kg〔A：2,400kg　　B：1,600kg　　C：200kg〕　連結原価：1,220,000円

2．その他のデータ

	連産品A	連産品B	連産品C
見積正常売価	1,000円/kg	500円/kg	200円/kg
見積追加加工費	300円/kg	200円/kg	

　⑴　連産品Cは副産物に準じて処理すること。

　⑵　連結原価は、製品A及びBの見積の売上高利益率が等しくなるように按分すること。

　⑶　連産品Aの追加加工工程の終点では加工品の10％の減損が生じる見積である。

問1　各連産品への結合原価按分額を計算しなさい。

問2　連産品Aの追加工程の実際データは以下のとおりである。そこで、製品Aの最終完成品総合原価、及び製品Aに関する実際売上総利益率を算定しなさい。

〔追加資料〕

1．当月の生産データ（単位：kg）

月初仕掛品	400	（40％）
当月投入	2,400	
計	2,800	
正常減損	200	
月末仕掛品	600	（60％）
工程完了品	2,000	

　※　（　）内は加工進捗度を示している。

2．当月原価データ

月初仕掛品原価		99,820円
当月投入原価	前工程費	（各自算定）円
	加工費	360,800円

3．その他のデータ

　⑴　連産品Aの当月の実際売上高は2,163,000円であった。

　⑵　月末仕掛品原価の算定方法は、先入先出法を採用すること。

　⑶　正常減損費は進捗度を考慮して適切に処理すること。

　⑷　計算過程で端数が生じる場合には、円位未満を四捨五入すること。

■解答欄

問1

連産品A	連産品B	連産品C
円	円	円

問2

最終完成品原価	売上総利益率
円	%

解答・解説 売上高利益率を等しくする方法

問1

連産品A	連産品B	連産品C
900,000円	280,000円	40,000円

問2

最終完成品原価	売上総利益率
1,081,500円	50%

問1

(1) 連産品Cへの結合原価按分額

200円/kg×200kg＝40,000円

(2) 連産品A及びBへの結合原価按分額

	連産品A	連産品B	合　　計
売上高	2,160,000円	800,000円	2,960,000円
結合原価按分額	900,000円	280,000円	1,180,000円
追加加工費	720,000円	320,000円	1,040,000円
売上総利益	540,000円	200,000円	740,000円
利益率	25%	25%	25%

① 売上高

連産品A：2,400kg×90%×1,000円/kg＝2,160,000円

連産品B：1,600kg×500円/kg＝800,000円

② 追加加工費

連産品A：2,400kg×300円/kg＝720,000円

連産品B：1,600kg×200円/kg＝320,000円

問2

(1) ボックス図（単位：kg）

月初仕掛品	400 (160)	工程完了品	2,000
当月投入	2,400 (2,400)		
		正常減損	200
		月末仕掛品	600 (360)

(2) 月末仕掛品原価

前工程費

$$900,000円 \times \frac{600}{2,400} = 225,000円$$

加工費

$$360,800円 \times \frac{360}{2,400} = 54,120円$$

月末仕掛品原価：$225,000円 + 54,120円 = 279,120円$

(3) 最終完成品原価

$99,820円 + 900,000円 + 360,800円 - 279,120円 = 1,081,500円$

(4) 売上総利益率

$(2,163,000円 - 1,081,500円) \div 2,163,000円 = 50\%$

◆　結合原価を按分した後は、通常の総合原価計算と同様であるため、実際データにより計算していく。

第13章

標準原価計算

13-1 標準原価差異の分析

次の〔資料〕に基づいて、直接材料費差異、直接労務費差異、および製造間接費差異を計算し、さらに解答欄の形式に従って差異分析をしなさい。　　　　　　　　　　　　　　　　　　　　　重要度 Ａ

〔資料〕

1．製品 a 1個当たり標準原価カード

直 接 材 料 費	@　800円/kg	×　5 kg	＝	4,000円
直 接 労 務 費	@　900円/h	×　4 h	＝	3,600円
製 造 間 接 費	@1,600円/h	×　4 h	＝	6,400円
				14,000円

2．当月の生産データ（単位：個）

月初仕掛品	60	（80％）
当 月 投 入	600	
計	660	
月末仕掛品	40	（40％）
完 成 品	620	

※　（　）内は加工進捗度を示している。

3．当月の原価データ

直接材料費：2,425,060円（3,020kg）

直接労務費：2,137,240円（2,380 h ）

製造間接費：3,876,400円

4．その他の条件

(1)　直接材料は工程の始点で投入している。

(2)　製造間接費の年間予算は46,080,000円（うち年間固定費予算は28,800,000円）であり、年間基準操業度は28,800 h である。

(3)　製造間接費は公式法変動予算で管理している。製造間接費は直接作業時間に基づいて製品に配賦している。

(4)　製造間接費は三分法により差異分析を行い、能率差異は標準配賦率により算定する。

(5)　不利差異の場合には、「－」を付すこととする。

■解答欄

直接材料費差異	円

消費価格差異	円
数 量 差 異	円

直接労務費差異	円

賃 率 差 異	円
作 業 時 間 差 異	円

製造間接費差異	円

予 算 差 異	円
能 率 差 異	円
操 業 度 差 異	円

解答・解説 標準原価差異の分析

直接材料費差異	−25,060円

消費価格差異	−9,060円
数 量 差 異	−16,000円

直接労務費差異	−20,440円

賃 率 差 異	4,760円
作 業 時 間 差 異	−25,200円

製造間接費差異	−113,200円

予 算 差 異	−48,400円
能 率 差 異	−44,800円
操 業 度 差 異	−20,000円

（1） ボックス図

月初仕掛品	60 (48)	完成品	620
当月投入	600 (588)		
		月末仕掛品	40 (16)

◆ 標準原価差異は、標準原価と実際原価の差額で算定する。
標準原価＝当月投入×標準消費量×標準価格
実際原価＝当月投入の実際原価（実際発生額）

(2)　直接材料費

　　直接材料費差異：2,400,000円 − 2,425,060円 = −25,060円 （不利）

　　※　当月投入ベースの標準原価：600個×4,000円/個 = 2,400,000円

　　価格差異：@800円/kg×3,020kg（実際消費数量）− 2,425,060円 = −9,060円 （不利）

　　〔別法〕（@800円/kg − @803円/kg〔実際消費価格〕）×3,020kg = −9,060円 （不利）

　　数量差異：（3,000kg − 3,020kg）×@800円/kg（標準価格）= −16,000円 （不利）

　　※　当月投入ベースの標準消費量：600個×5kg/個 = 3,000kg

(3)　直接労務費

　　直接労務費差異：2,116,800円 − 2,137,240円 = −20,440円 （不利）

　　※　当月投入ベースの標準原価：588個×3,600円/個 = 2,116,800円

　　賃率差異：@900円/h×2,380h（実際作業時間）− 2,137,240円 = 4,760円 （有利）

　　〔別法〕（@900円/h − @898円/h〔実際賃率〕）×2,380h = 4,760円 （有利）

　　作業時間差異：（2,352h − 2,380h）×@900円/h（標準賃率）= −25,200円 （不利）

　　※　当月投入ベースの標準消費量：588個×4h/個 = 2,352h

(4)　製造間接費

　　製造間接費差異：3,763,200円 − 3,876,400円 = −113,200円 （不利）

　　※　当月投入ベースの標準原価：588個×6,400円/個 = 3,763,200円

　　予算差異：@600円/h×2,380h + 28,800,000円÷12 − 3,876,400円 = −48,400円 （不利）

　　※　@600円/h（変動費率）：（46,080,000円 − 28,800,000円）÷28,800h

　　能率差異：（2,352h − 2,380h）×@1,600円/h = −44,800円 （不利）

　　操業度差異：（2,380h − 28,800h÷12）×@1,000円/h = −20,000円 （不利）

次の〔資料〕に基づいて、製造間接費の総差異を算定し、さらに能率差異・予算差異・操業度差異を求めなさい。なお、不利差異の場合には、「－」を付すこと。　　重要度 A

〔資料〕

1．原価標準に関するデータ（製造間接費）

　　固定予算額　　　　　　　　2,700,000円

　　基準操業度　　　　　　　　9,000機械稼動時間（製品150個）

　　標準配賦率　　　　　　　　300円／h

2．生産データ

月初仕掛品	15個	（60％）
当 月 投 入	150個	
計	165個	
月末仕掛品	25個	（80％）
完 成 品	140個	

　　※（　）内は加工進捗度を示す。

3．実際発生額

　　製造間接費　　　　　　　　2,700,450円（9,070機械稼動時間）

■解答欄

予　算　差　異　（　　　　　円　）

能　率　差　異　（　　　　　円　）

操 業 度 差 異　（　　　　　円　）

総　差　異　（　　　　　円　）

予 算 差 異	(	−450円	)
能 率 差 異	(	−3,000円	)
操 業 度 差 異	(	21,000円	)
総 差 異	(	17,550円	)

(1) ボックス図（単位：個）

月初仕掛品	15 (9)	完成品	140
当月投入	150 (151)	月末仕掛品	25 (20)

(2) 差異分析

総差異：9,060 h ×@300円/ h −2,700,450円＝17,550円（有利）

予算差異：2,700,000円−2,700,450円＝−450円（不利）

能率差異：（9,060 h −9,070 h ）×@300円/ h ＝−3,000円（不利）

操業度差異：（9,070 h −9,000 h ）×@300円/ h ＝21,000円（有利）

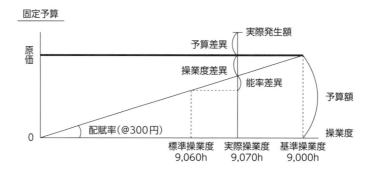

公式法変動予算の差異分析　　　／ ☐ 　／ ☐ 　／ ☐

次の〔資料〕に基づき、以下の各ケースにおける差異分析（公式法変動予算）を行いなさい。なお、不利差異の場合には、「-」をを付すこと。

重要度 A

〔資料〕

1．原価標準（製品1個当たり）

製造間接費 ： 350円/個

変動費 ： 150円/個 （5 h×@30円/h ）

固定費 ： 200円/個 （5 h×@40円/h　月間固定費予算1,000,000円）

2．生産データ

月初仕掛品	125個	（40%）
当月投入	4,850個	
計	4,975個	
月末仕掛品	75個	（60%）
完成品	4,900個	

※ （　）内は加工進捗度を示す

3．実際発生額

製造間接費 ： 1,749,280円 （25,019時間）

〔ケース1〕 2分法により管理している場合。

〔ケース2〕 3分法により管理しており、能率差異を標準配賦率から算定する場合。

〔ケース3〕 3分法により管理しており、能率差異を変動費率から算定する場合。

〔ケース4〕 4分法により管理している場合。

第13章 標準原価計算

■解答欄

〔ケース１〕

　　管理可能差異　　（　　　　　　　円　）

　　操 業 度 差 異　　（　　　　　　円　）

　　総　差　異　　（　　　　　　円　）

〔ケース２〕

　　予 算 差 異　　（　　　　　　円　）

　　能 率 差 異　　（　　　　　　円　）

　　操 業 度 差 異　　（　　　　　　円　）

　　総　差　異　　（　　　　　　円　）

〔ケース３〕

　　予 算 差 異　　（　　　　　　円　）

　　能 率 差 異　　（　　　　　　円　）

　　操 業 度 差 異　　（　　　　　　円　）

　　総　差　異　　（　　　　　　円　）

〔ケース４〕

　　予 算 差 異　　（　　　　　　円　）

　　変動費能率差異　　（　　　　　　円　）

　　固定費能率差異　　（　　　　　　円　）

　　操 業 度 差 異　　（　　　　　　円　）

　　総　差　異　　（　　　　　　円　）

〔ケース1〕

管 理 可 能 差 異	（	−15,030円 ）
操 業 度 差 異	（	−21,000円 ）
総 差 異	（	−36,030円 ）

〔ケース2〕

予 算 差 異	（	1,290円 ）
能 率 差 異	（	−38,080円 ）
操 業 度 差 異	（	760円 ）
総 差 異	（	−36,030円 ）

〔ケース3〕

予 算 差 異	（	1,290円 ）
能 率 差 異	（	−16,320円 ）
操 業 度 差 異	（	−21,000円 ）
総 差 異	（	−36,030円 ）

〔ケース4〕

予 算 差 異	（	1,290円 ）
変 動 費 能 率 差 異	（	−16,320円 ）
固 定 費 能 率 差 異	（	−21,760円 ）
操 業 度 差 異	（	760円 ）
総 差 異	（	−36,030円 ）

(1) 基準操業度

$1,000,000$円 ÷ @200円/個 × 5 h = $25,000$ h

(2) ボックス図（単位：個）

月初仕掛品	125	完成品	4,900
	(50)		
当月投入	4,850		
	(4,895)		
		月末仕掛品	75
			(45)

総差異：$4,895$個 × @350円/ h − $1,749,280$円 = −$36,030$円 （不利）

(3)　2分法

管理可能差異：（1,000,000円＋24,475 h ×@30円／ h ）－1,749,280円＝－15,030円（不利）

操業度差異：（24,475 h －25,000 h ）×40円／ h ＝－21,000円（不利）

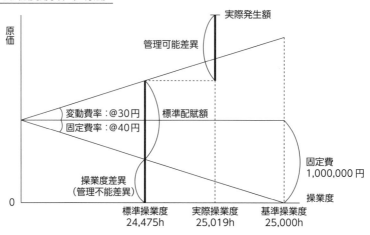

公式法変動予算（2分法）

(4)　3分法（能率差異を標準配賦率から算定）

予算差異：1,000,000円＋25,019 h ×@30円／ h －1,749,280円＝1,290円（有利）

能率差異：（24,475 h －25,019 h ）×（@30円／ h ＋@40円／ h ）＝－38,080円（不利）

操業度差異：（25,019 h －25,000 h ）×@40円／ h ＝760円（有利）

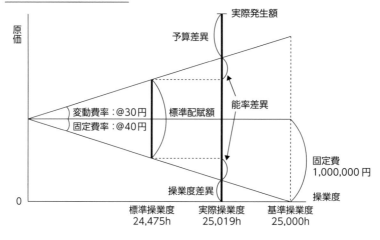

公式法変動予算（3分法①）

⑸　3分法（能率差異を変動費から算定）

　予算差異：1,000,000円＋25,019 h ×@30円/ h −1,749,280円＝1,290円（有利）

　能率差異：(24,475 h −25,019 h)　×@30円/ h ＝−16,320円（不利）

　操業度差異：(24,475 h −25,000 h)　×@40円/ h ＝−21,000円（不利）

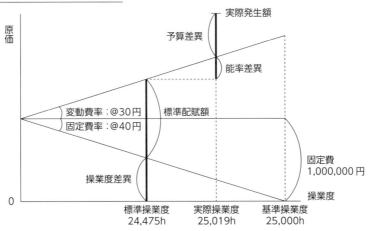

公式法変動予算（3分法②）

⑹　4分法

　予算差異：1,000,000円＋25,019 h ×@30円/ h −1,749,280円＝1,290円（有利）

　変動費能率差異：(24,475 h −25,019 h)　×@30円/ h ＝−16,320円（不利）

　固定費能率差異：(24,475 h −25,019 h)　×@40円/ h ＝−21,760円（不利）

　操業度差異：(25,019 h −25,000 h)　×@40円/ h ＝760円（有利）

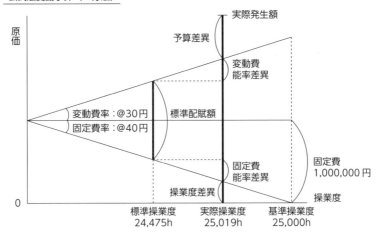

公式法変動予算（4分法）

第13章　標準原価計算

次の〔資料〕に基づき、以下の各ケースにおける差異分析（実査法変動予算）を行いなさい。なお、不利差異の場合には、「－」を付すこと。

重要度 C

〔資料〕

1．変動予算のデータ（単位：円）

操　業　度	85%	90%	95%	100%	105%
製造間接費予算	3,840,000	4,074,000	4,284,000	4,500,000	4,728,000

2．その他のデータ

基準操業度（100%）における標準時間	60,000時間
当月における標準時間	53,335時間
当月における実際時間	56,288時間
当月製造間接費実際発生額	4,288,078円

〔ケース1〕　能率差異は、標準時間と実際時間の予算許容額の差額として算定する場合。

〔ケース2〕　能率差異は、標準時間と実際時間の標準配賦額の差額として算定する場合。

■解答欄

〔ケース1〕

予　算　差　異	（	円 ）
能　率　差　異	（	円 ）
操　業　度　差　異	（	円 ）
総　差　異	（	円 ）

〔ケース2〕

予　算　差　異	（	円 ）
能　率　差　異	（	円 ）
操　業　度　差　異	（	円 ）
総　差　異	（	円 ）

実査法変動予算の差異分析

〔ケース1〕

予 算 差 異 （　　　　−53,918円　）

能 率 差 異 （　　　−212,030円　）

操 業 度 差 異 （　　　　−22,005円　）

総 差 異 （　　　−287,953円　）

〔ケース2〕

予 算 差 異 （　　　　−53,918円　）

能 率 差 異 （　　　−221,475円　）

操 業 度 差 異 （　　　　−12,560円　）

総 差 異 （　　　−287,953円　）

(1)　能率差異を標準時間と実際時間の予算許容額の差額として算定

実際操業度における予算許容額：4,234,160円

$$4,074,000円 + \frac{4,284,000円 - 4,074,000円}{57,000\,h - 54,000\,h} \times (56,288\,h - 54,000\,h)$$

標準操業度における予算許容額：4,022,130円

$$3,840,000円 + \frac{4,074,000円 - 3,840,000円}{54,000\,h - 51,000\,h} \times (53,335\,h - 51,000\,h)$$

予算差異：4,234,160円 − 4,288,078円 = −53,198円（不利）

能率差異：4,022,130円 − 4,234,160円 = −212,030円（不利）

操業度差異：@75円/h × 53,335h − 4,022,130円 = −22,005円（不利）

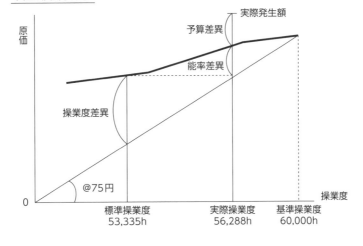

実査法変動予算①

第13章　標準原価計算

(2) 能率差異を標準時間と実際時間の標準配賦額の差額として算定

予算差異：4,234,160円 − 4,288,078円 ＝ − 53,198円（不利）

能率差異：（53,335 h − 56,288 h）×@75円/h ＝ − 221,475円（不利）

操業度差異：@75円/h × 56,288 h − 4,234,160円 ＝ − 12,560円（不利）

実査法変動予算②

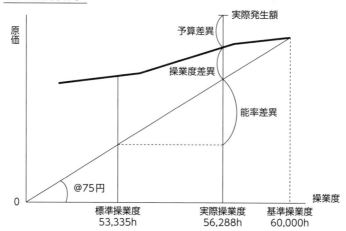

次の〔資料〕に基づいて、仕掛品勘定の勘定記入を行いなさい。なお、勘定記入方法としては、①シングル・プラン、②パーシャル・プラン、および③修正パーシャル・プランを用いることとする。

重要度 A

〔資料〕

1．製品 *a* 1 個当たり標準原価カード

直接材料費	@ 800円/kg × 5kg =	4,000円
直接労務費	@ 900円/h × 4h =	3,600円
製造間接費	@1,600円/h × 4h =	6,400円
		14,000円

2．当月の生産データ（単位：個）

月初仕掛品	60 (80%)
当月投入	600
計	660
月末仕掛品	40 (40%)
完成品	620

※（　）内は加工進捗度を示している。

3．当月の原価データ

直接材料費：2,425,060円（3,020kg）

直接労務費：2,137,240円（2,380h）

製造間接費：3,876,400円

合　計　：8,438,700円

4．その他の条件

(1) 直接材料は工程の始点で投入している。

(2) 修正パーシャル・プランを用いる場合には、仕掛品勘定の製造間接費の金額は当月実際発生額を記入する。

(3) 不要な解答欄には、—を引くこと。

■解答欄

① 仕　掛　品　　　　　　　　　　（単位：円）

（　　　　　　　）	（　　　　）	製　　　　　品	（　　　　）
直 接 材 料 費	（　　　　）	原 価 差 異	（　　　　）
直 接 労 務 費	（　　　　）	次 月 繰 越	（　　　　）
製 造 間 接 費	（　　　　）		

② 仕　掛　品　　　　　　　　　　（単位：円）

（　　　　　　　）	（　　　　）	製　　　　　品	（　　　　）
直 接 材 料 費	（　　　　）	原 価 差 異	（　　　　）
直 接 労 務 費	（　　　　）	次 月 繰 越	（　　　　）
製 造 間 接 費	（　　　　）		

③ 仕　掛　品　　　　　　　　　　（単位：円）

（　　　　　　　）	（　　　　）	製　　　　　品	（　　　　）
直 接 材 料 費	（　　　　）	原 価 差 異	（　　　　）
直 接 労 務 費	（　　　　）	次 月 繰 越	（　　　　）
製 造 間 接 費	（　　　　）		

① | 仕　掛　品 | | | （単位：円）

（ 前　月　繰　越 ）	(720,000)	製　　　　　品	(8,680,000)
直　接　材　料　費	(2,400,000)	原　価　差　異	(―)
直　接　労　務　費	(2,116,800)	次　月　繰　越	(320,000)
製　造　間　接　費	(3,763,200)		

② | 仕　掛　品 | | | （単位：円）

（ 前　月　繰　越 ）	(720,000)	製　　　　　品	(8,680,000)
直　接　材　料　費	(2,425,060)	原　価　差　異	(158,700)
直　接　労　務　費	(2,137,240)	次　月　繰　越	(320,000)
製　造　間　接　費	(3,876,400)		

③ | 仕　掛　品 | | | （単位：円）

（ 前　月　繰　越 ）	(720,000)	製　　　　　品	(8,680,000)
直　接　材　料　費	(2,416,000)	原　価　差　異	(154,400)
直　接　労　務　費	(2,142,000)	次　月　繰　越	(320,000)
製　造　間　接　費	(3,876,400)		

① シングル・プラン

◆　シングル・プランとは、仕掛品勘定の借方に標準原価を記入する方法である。よって、シングル・プランでは、仕掛品勘定において原価差異は記入されない。

・借方
　前月繰越：60個×4,000円/個＋48個×（3,600円/個＋6,400円/個）＝720,000円
　直接材料費：600個×4,000円/個＝2,400,000円
　直接労務費：588個×3,600円/個＝2,116,800円
　製造間接費：588個×6,400円/個＝3,763,200円
・貸方
　製　　品：620個×@14,000円/個＝8,680,000円
　次月繰越：40個×4,000円/個＋16個×（3,600円/個＋6,400円/個）＝320,000円

◆　前月繰越・次月繰越の算定
　　数量×１個当たり直接材料費＋加工換算量×１個当たり加工費

② パーシャル・プラン

◆　パーシャル・プランとは、仕掛品勘定の借方に実際原価を記入する方法である。よって、パーシャル・プランでは、仕掛品勘定において、すべての原価差異が記入される。

・借方
前月繰越：①と同様
直接材料費：2,425,060円
直接労務費：2,137,240円
製造間接費：3,876,400円
・貸方
製　　品：①と同様
原価差異：600個×@4,000円/個＋588個×（@3,600円/個＋@6,400円/個）－8,438,700円
$$= -158,700円（不利）$$

◆　原価差異は、当月投入ベースで算定する。
次月繰越：①と同様

③ 修正パーシャル・プラン

◆　修正パーシャル・プランとは、直接材料費および直接労務費について、仕掛品勘定の借方に実際消費量と標準単価で計算した金額を記入する方法である。よって、仕掛品勘定では、数量面に関する差異（数量差異および作業時間差異）だけが記入される。
◆　修正パーシャル・プランの場合に、仕掛品勘定の借方に記入される製造間接費としては、実際発生額の他に標準配賦率×実際時間が考えられる。

・借方
前月繰越：①と同様
直接材料費：@800円/kg（**標準価格**）×3,020kg（**実際数量**）＝2,416,000円
直接労務費：@900円/h（**標準賃率**）×2,380h（**実際時間**）＝2,142,000円
製造間接費：3,876,000円（実際発生額）
・貸方
製　　品：①と同様
原価差異：－16,000円（数量差異）－25,200円（作業時間差異）－113,200円（製造間接費配賦差異）
$$= -154,400円（不利）$$
◆　直接材料費および直接労務費は**数量**に関する差異と製造間接費差異を記入する。
次月繰越：①と同様

当社は標準原価計算を採用している。以下の〔資料〕に基づいて、原価差異がすべて標準価格等が不適当なため発生したものとし、数量を基準にして原価要素別に一括調整を行う場合の損益計算書を作成するとともに、貸借対照表の仕掛品と製品の金額を求めなさい。　重要度 B

〔資料〕

1．生産・販売データ（カッコ内は加工進捗度を示す）

期首仕掛品	3,400個	（40％）
当 期 投 入	41,500個	
計	44,900個	
期末仕掛品	5,000個	（60％）
差 引	39,900個	
期 首 製 品	5,100個	
計	45,000個	
期 末 製 品	35,000個	
当 期 販 売	10,000個	

2．標準原価カード（製品1個当たり）

直接材料費	@ 300円/kg ×	0.32kg	=	96円
直接労務費	@ 520円/h ×	0.3 h	=	156円
製造間接費	@2,160円/h ×	0.3 h	=	648円
合 計				900円

※ 原価標準は毎期同一であり、材料は始点で投入される。

3．当期実際原価データ

直接材料費：4,282,000円

直接労務費：9,060,000円

製造間接費：27,182,000円

4．当期売上高：20,000,000円

5．端数が生じる場合は円位未満を四捨五入する。

損　益　計　算　書　　　　　　（単位：円）

Ⅰ　売　　上　　高		（　　　　　　　）	
Ⅱ　売　上　原　価			
1　期 首 製 品 棚 卸 高	（　　　　　　　）		
2　当 期 製 品 製 造 原 価	（　　　　　　　）		
計	（　　　　　　　）		
3　期 末 製 品 棚 卸 高	（　　　　　　　）		
差　引	（　　　　　　　）		
4　原　価　差　額	（　　　　　　　）	（　　　　　　　）	
売上総利益		（　　　　　　　）	

仕掛品 [　　　　　　　　円] 　　製　品 [　　　　　　　　円]

損　益　計　算　書　　　　　　　（単位：円）

Ⅰ　売　　上　　高			（	20,000,000　）
Ⅱ　売　上　原　価				
1　期首製品棚卸高	（	4,590,000　）		
2　当期製品製造原価	（	35,910,000　）		
計	（	40,500,000　）		
3　期末製品棚卸高	（	31,500,000　）		
差　引	（	9,000,000　）		
4　原　価　差　額	（	652,067　）	（	9,652,067　）
売上総利益			（	10,347,933　）

仕掛品	3,099,540円	製　品	33,782,233円

⑴　各標準原価

　期首製品棚卸高：@900円/個× 5,100個＝4,590,000円

　当期製品製造原価：@900円/個×39,900個＝35,910,000円

　期末製品棚卸高：@900円/個×35,000個＝31,500,000円

　期末仕掛品：@96円/個×5,000個＋（@156円/個＋@648円/個）×5,000個×0.6＝2,892,000円

⑵　原価差異

　直接材料費差異：@96円/個×41,500個－4,282,000円＝－298,000円（不利）

　直接労務費差異：@156円/個×41,540個（加工換算量）－9,060,000円＝－2,579,760円（不利）

　製造間接費差異：@648円/個×41,540個（加工換算量）－27,182,000円＝－264,080円（不利）

　差異合計：298,000円＋2,579,760円＋264,080円＝－3,141,840円（不利）

⑶　差異の処理

　直接材料費

　仕掛品

$$298,000円 \times \frac{5,000個}{5,000個 + 35,000個 + 10,000個} = 29,800円$$

　製品

$$298,000円 \times \frac{35,000個}{5,000個 + 35,000個 + 10,000個} = 208,600円$$

売上原価

$$298{,}000円 \times \frac{10{,}000個}{5{,}000個 + 35{,}000個 + 10{,}000個} = 59{,}600円$$

加工費

仕掛品

$$(2{,}579{,}760円 + 264{,}080円) \times \frac{5{,}000個 \times 0.6}{5{,}000個 \times 0.6 + 35{,}000個 + 10{,}000個} = 177{,}740円$$

製品

$$(2{,}579{,}760円 + 264{,}080円) \times \frac{35{,}000個}{5{,}000個 \times 0.6 + 35{,}000個 + 10{,}000個} \fallingdotseq 2{,}073{,}633円$$

売上原価

$$(2{,}579{,}760円 + 264{,}080円) \times \frac{10{,}000個}{5{,}000個 \times 0.6 + 35{,}000個 + 10{,}000個} \fallingdotseq 592{,}467円$$

(4) 仕掛品原価

2,892,000円 + 29,800円 + 177,740円 = 3,099,540円

(5) 製品

31,500,000円 + 208,600円 + 2,073,633円 = 33,782,233円

仕掛品			
月初仕掛品	3,400 (1,360)	完成品	39,900 (39,900)
当月投入	41,500 (41,540)	月末仕掛品	5,000 (3,000)

製品			
期首製品	5,100	当月販売	10,000
当月完成品	39,900	期末製品	35,000

204　問題 13-6
（第13章－22）

次の〔資料〕に基づき、解答欄の勘定記入を行いなさい。なお仕掛品勘定はパーシャル・プランにより行うものとする。

重要度 Ｂ

〔資料〕

1．原価標準（製品1個当たり）

　直接材料費　@500円×5 kg＝2,500円（材料は始点で投入する）

2．当期生産・販売データ（カッコ内は加工進捗度を示す）

当 期 投 入	1,100個
期末仕掛品	200個　（0.5）
期 末 製 品	100個
当 期 販 売	800個

3．当期材料実際掛購入原価

　@520円×6,000kg＝3,120,000円

4．当期材料実際消費量　5,800kg

5．その他

　⑴　期首棚卸資産はないものとする。

　⑵　材料は購入の時点で受入価格差異を把握している。

　⑶　すべての差異は正常であるが金額は比較的多額であった。

　⑷　差異の会計処理に関しては、出来るだけ実際原価に一致するように行うこと。

　⑸　計算上生ずる端数は円位未満を四捨五入する。ただし、差異の追加配賦額については売上原価額で調整すること。

■解答欄

①　　　　　　　　　　　　　　　材料受入価格差異　　　　　　　（単位：円）

②　　　　　　　　　　　　　　　　仕 掛 品　　　　　　　　　（単位：円）

① 材料受入価格差異　　　　　　　　　（単位：円）

買　　掛　　金	120,000	材　　　　　料	4,000
		数　量　差　異	6,000
		仕　　　掛　　　品	20,000
		製　　　　　品	10,000
		売　上　原　価	80,000
	120,000		120,000

② 仕　掛　品　　　　　　　　　　　（単位：円）

材　　　　　料	2,900,000	製　　　　　品	2,250,000
受　入　価　格　差　異	20,000	数　量　差　異	150,000
数　量　差　異	28,364	次　月　繰　越	548,364
	2,948,364		2,948,364

◆　差異の会計処理に関しては、出来るだけ実際原価に一致するように行うこと。とあることから、受入価格差異から数量差異への配賦が要求されるケースであると解釈する。

（1）　受入価格差異
　　　（@500円－@520円）×6,000kg＝△120,000円
（2）　受入価格差異の追加配賦
　　　120,000円÷6,000kg＝20円/kg
　　　　期末材料：　　20円/kg×200kg＝4,000円
　　　　数量差異：　　20円/kg×300kg＝6,000円
　　　　期末仕掛品：　20円/kg×1,000kg＝20,000円
　　　　期末製品：　　20円/kg×500kg＝10,000円
　　　　売上原価：　　20円/kg×4,000kg＝80,000円
（3）　数量差異
　　　（5,500kg－5,800kg）×@500円＝△150,000円
（4）　数量差異の追加配賦
　　　　期末仕掛品：（150,000円＋6,000円）÷5,500kg×1,000kg≒28,364円
　　　　期末製品：　（150,000円＋6,000円）÷5,500kg×500kg≒14,182円
　　　　売上原価：　150,000円＋6,000円－28,364円－14,182円＝113,454円

標準原価カード（仕損・評価額）　　／□　／□　／□

次の〔資料〕に基づいて、以下の各問に答えなさい。

〔資料〕製品σの標準原価に関するデータ
　(1)　製品σは原料Xを始点で投入することにより製造される。製品σ1個の重量は10kgであり、原料Xの標準単価は@600円/kgである。
　(2)　原料X1kgの加工には0.6時間の直接作業時間を必要とする。直接工の標準賃率は@900円/hである。
　(3)　製造間接費の年間予算は54,000,000円（うち年間固定費予算は32,400,000円）であり、年間基準操業度は36,000直接作業時間である。
　(4)　製品σの製造過程では、不可避的に仕損が発生する。仕損の標準発生率は、その発生地点における良品の25％である。
　(5)　仕損品の評価額は@2,400円/個である。

問1　仕損が工程の始点で発生する場合の標準原価カードを作成しなさい。なお、標準原価カードは、標準消費量に仕損費を含めない方法により作成すること。　　重要度 B

問2　仕損が工程の終点で発生する場合の標準原価カードを作成しなさい。なお、標準原価カードは、標準消費量に仕損費を含めない方法により作成すること。　　重要度 A

■解答欄

問1

直接材料費	@（　　　）円/kg	×（　　　）/kg	=（	円）
直接労務費	@（　　　）円/h	×（　　　）/h	=（	円）
製造間接費	@（　　　）円/h	×（　　　）/h	=（	円）
小　計			（	円）
仕　損　費			（	円）
合　計			（	円）

問2

直接材料費	@（　　　）円/kg	×（　　　）/kg	=（	円）
直接労務費	@（　　　）円/h	×（　　　）/h	=（	円）
製造間接費	@（　　　）円/h	×（　　　）/h	=（	円）
小　計			（	円）
仕　損　費			（	円）
合　計			（	円）

第13章　標準原価計算

問1

直接材料費	@（	600 ）円/kg ×（	10 ）/kg	=（	6,000	円）
直接労務費	@（	900 ）円/h ×（	6 ）/h	=（	5,400	円）
製造間接費	@（	1,500 ）円/h ×（	6 ）/h	=（	9,000	円）
小　計				（	20,400	円）
仕　損　費				（	900	円）
合　計				（	21,300	円）

問2

直接材料費	@（	600 ）円/kg ×（	10 ）/kg	=（	6,000	円）
直接労務費	@（	900 ）円/h ×（	6 ）/h	=（	5,400	円）
製造間接費	@（	1,500 ）円/h ×（	6 ）/h	=（	9,000	円）
小　計				（	20,400	円）
仕　損　費				（	4,500	円）
合　計				（	24,900	円）

問1

・仕損品原価

仕損が工程の始点で発生しているので、**仕損品は加工されていない**（直接作業時間はゼロ）。よって、仕損品原価は直接材料費から仕損品評価額を控除した金額となる。

仕損品原価：6,000円－2,400円（**仕損品評価額**）＝3,600円

・製品σ1個当たり仕損費

仕損の発生割合は、良品の25％であるので、製品σ1個当たり仕損費は下記のとおりとなる。

3,600円×25％＝900円

問2

・仕損品原価

仕損が工程の終点で発生しているので、**仕損品は完成品と同じだけ加工されている**（直接作業時間は6h）。よって、仕損品原価は下記のとおりとなる。

6,000円＋（5,400円＋9,000円）－2,400円（**仕損品評価額**）＝18,000円

仕損品原価：18,000円

・製品σ1個当たり仕損費

仕損の発生割合は、良品の25％であるので、製品σ1個当たり仕損費は下記のとおりとなる。

18,000円×25％＝4,500円

仕損差異（評価額あり）

次の〔資料〕に基づいて、以下の各ケースの場合における標準原価差異の分析を解答欄の形式に従って行いなさい。

重要度 Ｂ

〔資料〕

1．製品 β 1個当たり標準原価に関するデータ

(1) 製品 β の加工品1個の製造（仕損費を含まない）には、原料Ｘ4 kgを必要とする。原料Ｘの標準単価は@720円/kgである。

(2) 製品 β の加工品1個の製造（仕損費を含まない）には、6時間の直接作業時間を必要とする。直接工の標準賃率は@1,200円/ hである。

(3) 製造間接費の年間予算は82,944,000円（うち年間固定費予算は41,472,000円）であり、基準操業度は43,200時間である。

(4) 仕損の標準発生率は、その他の良品に対して20％である。また、仕損品の評価額は2,000円である。

2．当月の実際原価データ

直接材料費：1,760,320円（2,428kg）

直接労務費：4,200,600円（3,564 h ）

製造間接費：6,889,980円

3．その他計算に必要なデータ

(1) 当月の仕損の実際発生量は120個である。

(2) 当月の月初仕掛品は120個（加工進捗度60％）、月末仕掛品は100個（加工進捗度40％）であり、当月完成品は500個である。

(3) 製造間接費は直接作業時間に基づいて製品に配賦している。なお、製造間接費は公式法変動予算により管理しており、能率差異は標準配賦率から算定する。

(4) 月間予算は年間予算の12分の1とする。

(5) 不利差異の場合には、「－」を付すこととする。

(6) 不要な解答欄には、── を引くこととする。

〔ケース1〕　仕損が工程の始点で発生している場合。

〔ケース2〕　仕損が工程の終点で発生している場合。

■解答欄

〔ケース1〕

直接材料費差異	価格差異	円
	数量差異	円
直接労務費差異	賃率差異	円
	作業時間差異	円
製造間接費差異	予算差異	円
	能率差異	円
	操業度差異	円
仕損差異		円

〔ケース2〕

直接材料費差異	価格差異	円
	数量差異	円
直接労務費差異	賃率差異	円
	作業時間差異	円
製造間接費差異	予算差異	円
	能率差異	円
	操業度差異	円
仕損差異		円

仕損差異（評価額あり）

〔ケース１〕

直接材料費差異	価格差異	−12,160円
	数量差異	−20,160円
直接労務費差異	賃率差異	76,200円
	作業時間差異	−907,200円
製造間接費差異	予算差異	−12,540円
	能率差異	−1,451,520円
	操業度差異	−34,560円
仕損差異		−21,120円

〔ケース２〕

直接材料費差異	価格差異	−12,160円
	数量差異	−20,160円
直接労務費差異	賃率差異	76,200円
	作業時間差異	−43,200円
製造間接費差異	予算差異	−12,540円
	能率差異	−69,120円
	操業度差異	−34,560円
仕損差異		−392,000円

〔ケース１〕
(1) 標準原価差異の分析（仕損差異を除く）
◆ 仕損品に評価額があっても、標準原価差異（仕損差異を除く）の金額は評価額がない場合と変わらない。
(2) ボックス図（単位：個）

ケース１

月初仕掛品	120 (72)	完成品	500 (500)
当月投入	600 (468)	月末仕掛品	100 (40)
		正常仕損	96 (0)
		仕損差異	24 (0)

第13章 標準原価計算

(3) 仕損差異

−69,120円＋48,000円＝−21,120円（不利）

※ 69,120円＝24個×4kg/個×720円/kg
※ 48,000円＝（120個−96個）×@2,000円/個（評価単価）

〔ケース2〕

(1) 標準原価差異の分析（仕損差異を除く）

〔ケース1〕参照

(2) ボックス図（単位：個）

ケース2

月初仕掛品	120 (72)	完成品	500 (500)
当月投入	600 (588)	月末仕掛品	100 (40)
		正常仕損	100 (100)
		仕損差異	20 (20)

(3) 仕損差異

−432,000円＋40,000円＝−392,000円（不利）

※ 432,000円＝20個×(個×720円/kg+個×1,200円/kg 6kg/個×1,920円
※ 40,000円＝（120個−100個）×@2,000円/個（評価単価）

◆ 仕損品に評価額がある場合は、仕損差異（仕損品評価額がない場合の）から仕損品評価額を控除して仕損差異を算定する。

当工場では、製品Ｐの製造を行っている。原価計算方法としては標準原価計算を採用しており、原価計算期間は1ヶ月である。よって、下記の〔資料〕に基づき、以下の各問に答えなさい。なお、不利差異の場合には、「－」を付すこと。

重要度 B

〔資料〕

1. 製品Ｐの標準原価に関するデータ

(1) 製品Ｐの製造には材料Ｘを使用している。製品Ｐ1個あたりの標準消費量（仕損等の消費余裕を含む）は10kgであり、材料Ｘの標準単価は600円/kgである。

(2) 製品Ｐ1個の製造に必要な標準直接作業時間（仕損等の消費余裕を含む）は6 hであり、直接工の標準賃率は800円/ hである。

(3) 製造間接費の月間予算は14,400,000円（うち月間固定費予算は7,200,000円）であり、月間の基準操業度は12,000時間である。

(4) 仕損の標準発生率は、良品に対して25％である。なお、仕損品に評価額はない。

2. 当月の実際原価データ

直接材料費：11,192,500円（18,500kg）

直接労務費：9,499,000円（11,800 h ）

製造間接費：14,260,000円

3. その他計算に必要なデータ

(1) 当月の仕損の実際発生量は520個である。

(2) 当月の月初仕掛品は800個（加工進捗度50％）、月末仕掛品は600個（加工進捗度50％）であり、当月完成品は2,000個である。

(3) 製造間接費は直接作業時間に基づき製品に配賦している。なお、製造間接費は公式法変動予算と3分法により管理しており、能率差異は標準配賦率から算定する。

(4) 不要な解答欄は ― を引くこととする。

問1 仕損の発生地点が工程の①始点、②終点の場合における、それぞれの原価標準を答えなさい。

問2 仕損の発生地点が工程の①始点、②終点の場合における、標準原価差異の分析を行いなさい。

問3 仕損の発生地点が工程の①始点、②終点の場合における、それぞれの月初仕掛品標準原価を答えなさい。

第13章 標準原価計算

■ 解答欄

問1

① ［　　　　　　　　　　］ 円　　　② ［　　　　　　　　　　］ 円

問2

①

直接材料費差異	価格差異	円
	数量差異	円
直接労務費差異	賃率差異	円
	作業時間差異	円
製造間接費差異	予算差異	円
	能率差異	円
	操業度差異	円
仕損差異		円

②

直接材料費差異	価格差異	円
	数量差異	円
直接労務費差異	賃率差異	円
	作業時間差異	円
製造間接費差異	予算差異	円
	能率差異	円
	操業度差異	円
仕損差異		円

問3

① ［　　　　　　　　　　］ 円　　　② ［　　　　　　　　　　］ 円

仕損差異（評価額あり）

問1

① 18,000円   ② 18,000円

問2

①

直接材料費差異	価格差異	－92,500円
	数量差異	－300,000円
直接労務費差異	賃率差異	－59,000円
	作業時間差異	－320,000円
製造間接費差異	予算差異	20,000円
	能率差異	－480,000円
	操業度差異	－120,000円
仕損差異		― 円

②

直接材料費差異	価格差異	－92,500円
	数量差異	－300,000円
直接労務費差異	賃率差異	－59,000円
	作業時間差異	－320,000円
製造間接費差異	予算差異	20,000円
	能率差異	－480,000円
	操業度差異	－120,000円
仕損差異		― 円

問3

① 9,600,000円   ② 9,600,000円

問1

(1) 仕損が工程の始点で発生した場合

直接材料費	@ 600円/kg	× 10kg	=	6,000円
直接労務費	@ 800円/h	× 6 h	=	4,800円
製造間接費	@1,200円/h	× 6 h	=	7,200円
合　計				18,000円

(2) 仕損が工程の終点で発生した場合

直接材料費	@ 600円/kg	× 10kg	=	6,000円
直接労務費	@ 800円/h	× 6 h	=	4,800円
製造間接費	@1,200円/h	× 6 h	=	7,200円
合　計				18,000円

◆　仕損等の消費余裕が含まれた数値が与えられている場合には、その数値（標準消費量、標準直接作業時間等）をそのまま標準原価カードに用いれば良い。

よって、本問では、仕損が始点発生でも終点発生でも原価標準は変わらない。

問2

(1) ボックス図（単位：個）

実際のボックス図

月初仕掛品	800 (400)	完成品	2,000
当月投入	2,320		
		仕損	520
		月末仕掛品	600 (300)

仕損を表示しないボックス図

月初仕掛品	800 (400)	完成品	2,000
当月投入	1,800		
		月末仕掛品	600 (300)

(2) 仕損が始点で発生した場合

直接材料費差異

価格差異：$18,500kg \times 600円/kg - 11,192,500円 = -92,500円$

数量差異：$(1,800個 \times 10kg - 18,500kg) \times 600円/kg = -300,000円$

直接労務費差異

賃率差異：$11,800 h \times 800円/h - 9,499,000円 = -59,000円$

作業時間差異：$(1,900個 \times 6 h - 11,800 h) \times 800円/h = -320,000円$

製造間接費差異

予算差異：$11,800 h \times 600円/h + 7,200,000円 - 14,260,000円 = 20,000円$

能率差異：$(1,900個 \times 6 h - 11,800 h) \times 1,200円/h = -480,000円$

操業度差異：$(11,800 h - 12,000 h) \times 600円/h = -120,000円$

(3) 仕損が終点で発生した場合

直接材料費差異

価格差異：18,500kg×600円/kg－11,192,500円＝－92,500円

数量差異：(1,800個×10kg－18,500kg)×600円/kg＝－300,000円

直接労務費差異

賃率差異：11,800 h ×800円/h－9,499,000円＝－59,000円

作業時間差異：(1,900個× 6 h－11,800 h)×800円/ h＝－320,000円

製造間接費差異

予算差異：11,800 h ×600円/ h＋7,200,000円－14,260,000円＝20,000円

能率差異：(1,900個× 6 h－11,800 h)×1,200円/ h＝－480,000円

操業度差異：(11,800 h－12,000 h)×600円/ h＝－120,000円

問3

(1) 仕損が始点で発生している場合

800個×6,000円/個＋400個×(4,800円/個＋7,200円/個)＝9,600,000円

(2) 仕損が終点で発生している場合

800個×6,000円/個＋400個×(4,800円/個＋7,200円/個)＝9,600,000円

◆　月初・月末仕掛品標準原価は数量（加工換算量）×標準原価カードであるため、標準原価カードが同一であれば、月初・月末仕掛品標準原価も仕損の発生地点に関らず同じとなる。

次の〔資料〕に基づいて、以下の各問に答えなさい。

〔資料〕製品σの標準原価に関するデータ

(1) 製品σ1個の製造には原料X10kgの投入を必要とするが、製造過程において2kgの減損が不可避的に発生するため、製品σ1個の重量は8kgとなる。原料Xの標準単価は@600円/kgである。

(2) 製品σ1個の製造には6時間の直接作業時間を必要とする。直接工の標準賃率は@900円/hである。

(3) 製造間接費の年間予算は54,000,000円（うち年間固定費予算は32,400,000円）であり、年間基準操業度は36,000直接作業時間である。

問1 減損が工程の始点で発生する場合の標準原価カードを作成しなさい。　重要度 B

問2 減損が工程の50％地点で発生する場合の標準原価カードを作成しなさい。　重要度 B

問3 減損が工程の終点で発生する場合の標準原価カードを作成しなさい。　重要度 A

問1

直接材料費	@ ( ) 円/kg × ( ) /kg = (円)
減 損	( ) /kg
差 引	( ) /kg (円)
直接労務費	@ ( ) 円/h × ( ) /h = (円)
製造間接費	@ ( ) 円/h × ( ) /h = (円)
合 計	(円)

問2

直接材料費	@ ( ) 円/kg × ( ) /kg = (円)
減 損	( ) /kg
差 引	( ) /kg (円)
直接労務費	@ ( ) 円/h × ( ) /h = (円)
製造間接費	@ ( ) 円/h × ( ) /h = (円)
合 計	(円)

問3

直接材料費	@ ( ) 円/kg × ( ) /kg = (円)
減 損	( ) /kg
差 引	( ) /kg (円)
直接労務費	@ ( ) 円/h × ( ) /h = (円)
製造間接費	@ ( ) 円/h × ( ) /h = (円)
合 計	(円)

解答・解説 標準原価カード（減損）

問1

直接材料費	@ (	600) 円/kg × (	10) /kg	= (	6,000	円)
減 損			(| 2) /kg			
差 引			(	8) /kg	(	6,000	円)
直接労務費	@ (	900) 円/h × (	6) / h	= (	5,400	円)
製造間接費	@ (	1,500) 円/h × (	6) / h	= (	9,000	円)
合 計					(	20,400	円)

問2

直接材料費	@ (	600) 円/kg × (	10) /kg	= (	6,000	円)
減 損			(| 2) /kg			
差 引			(	8) /kg	(	6,000	円)
直接労務費	@ (	900) 円/h × (	6) / h	= (	5,400	円)
製造間接費	@ (	1,500) 円/h × (	6) / h	= (	9,000	円)
合 計					(	20,400	円)

問3

直接材料費	@ (	600) 円/kg × (	10) /kg	= (	6,000	円)
減 損			(| 2) /kg			
差 引			(	8) /kg	(	6,000	円)
直接労務費	@ (	900) 円/h × (	6) / h	= (	5,400	円)
製造間接費	@ (	1,500) 円/h × (	6) / h	= (	9,000	円)
合 計					(	20,400	円)

◆ 本問のようなデータの与えられ方（製品1個あたり・・・）の場合、減損が工程のどこで発生しても、標準原価カードは変わらない。

13-12 歩留差異

次の〔資料〕に基づいて、以下の各ケースの場合における標準原価差異の分析を解答欄の形式に従って行いなさい。

重要度 B

〔資料〕

1．製品 β 1 個当たり標準原価に関するデータ

⑴　製品 β 1 個の製造には原料 X 5 kgを必要とするが、加工中に減損が生じるため製品 β の重量は 4 kgとなる。原料 X の標準単価は@720円/kgである。

⑵　製品 β 1 個の製造には、6 時間の直接作業時間を必要とする。直接工の標準賃率は@1,200円/ h である。

⑶　製造間接費の年間予算は33,177,600円（うち年間固定費予算は16,588,800円）であり、基準操業度は17,280時間である。

2．当月の実際原価データ

直接材料費：　879,180円（1,170kg）

直接労務費：1,740,320円（1,422 h ）

製造間接費：2,777,770円

3．その他計算に必要なデータ

⑴　当月の減損の実際発生量は？kgである。

⑵　当月の月初仕掛品は75個（加工進捗度60％）、月末仕掛品は50個（加工進捗度40％）であり、当月完成品は250個である。

⑶　製造間接費は直接作業時間に基づいて製品に配賦している。なお、製造間接費は公式法変動予算により管理しており、能率差異は標準配賦率から算定する。

⑷　加工費は材料投入量に比例して発生するものとする。

⑸　月間予算は年間予算の12分の 1 とする。

⑹　不利差異の場合には、「－」を付すこととする。

⑺　不要な解答欄には、　—　を引くこととする。

〔ケース 1 〕　減損が工程の始点で発生している場合。

〔ケース 2 〕　減損が工程の終点で発生している場合。

■ 解答欄

〔ケース1〕

直接材料費差異	価格差異	円
	歩留差異	円
直接労務費差異	賃率差異	円
	歩留差異	円
	その他の作業時間差異	円
製造間接費差異	予算差異	円
	歩留差異	円
	その他の能率差異	円
	操業度差異	円

〔ケース2〕

直接材料費差異	価格差異	円
	歩留差異	円
直接労務費差異	賃率差異	円
	歩留差異	円
	その他の作業時間差異	円
製造間接費差異	予算差異	円
	歩留差異	円
	その他の能率差異	円
	操業度差異	円

〔ケース１〕

直接材料費差異	価格差異	−36,780円
	歩留差異	−32,400円
直接労務費差異	賃率差異	−33,920円
	歩留差異	0円
	その他の作業時間差異	−86,400円
製造間接費差異	予算差異	−30,250円
	歩留差異	0円
	その他の能率差異	−138,240円
	操業度差異	−17,280円

〔ケース２〕

直接材料費差異	価格差異	−36,780円
	歩留差異	−32,400円
直接労務費差異	賃率差異	−33,920円
	歩留差異	−64,800円
	その他の作業時間差異	−21,600円
製造間接費差異	予算差異	−30,250円
	歩留差異	−103,680円
	その他の能率差異	−34,560円
	操業度差異	−17,280円

〔ケース 1〕減損が始点発生

(1) ボックス図

実際　　　　　　　　（単位：個）

月初仕掛品 75(45)	完成品 250
当月投入 225 (225)	
	月末仕掛品 50(20)

実際　　　　　　　　（単位：kg）

月初仕掛品 300(180)	完成品 1,000
当月投入 1,170 (900)	減損 270(0)
	月末仕掛品 200(80)

標準　　　　　　　　（単位：kg）

月初仕掛品 300(180)	完成品 1,000
当月投入 1,125 (900)	減損 225(0)
	月末仕掛品 200(80)

※　減損の標準発生量（歩留量〔良品〕の25%）
　　減損の発生点（始点）の歩留量は1,170kg－270kg＝900kg
　　900kg×25%＝225kg

(2) 差異の分析

◆　標準原価差異（歩留差異を除く）は、**実際のボックス図（個数・kgどちらでも良い）**と当月の**原価の実際発生額**の差額から算定する。
　　歩留差異は、**実際のボックス図**と**標準のボックス図（kgベース）**の差額から算定する。

直接材料費差異：1,125kg×@720円/kg－879,180円＝－69,180円（不利）
　価格差異：1,170kg×@720円/kg－879,180円＝－36,780円（不利）
　歩留差異：（1,125kg－1,170kg）×@720円/kg＝－32,400円（不利）
直接労務費差異：900kg÷4kg×6h×@1,200円/h－1,740,320円＝－120,320円（不利）
　賃率差異：1,422h×@1,200円/h－1,740,320円＝－33,920円（不利）
　歩留差異：（900kg－900kg）÷4kg×6h×@1,200円/h＝0円
　その他の作業時間差異：（900kg÷4kg×6h－1,422h）×@1,200円＝－86,400円（不利）
製造間接費差異：900kg÷4kg×6h×@1,920円/h－2,777,770円＝－185,770円（不利）
※　1,920円/h（製造間接費の標準配賦率）＝33,177,600円÷17,280h

　予算差異：1,422h×@960円/h＋16,588,800円÷12－2,777,770円＝－30,250円（不利）
　歩留差異：（900kg－900kg）÷4kg×6h×@1,920円/h＝0円
　その他の能率差異：（900kg÷4kg×6h－1,422h）×@1,920円/h＝－138,240円（不利）
　操業度差異：（1,422h－1,440h）×@960円/h＝－17,280円（不利）

◆　減損は**始点**で発生しているので、**歩留差異は加工費からは生じない**。

〔ケース2〕減損が終点発生

(1) ボックス図

実際　　　　　　（単位：個）

月初仕掛品 75(45)	完成品 250
当月投入 225 (225)	
	月末仕掛品 50(20)

実際　　　　　　（単位：kg）

月初仕掛品 375(225)	完成品 1,000
当月投入 1,170 (1,170)	減損 295(295)
	月末仕掛品 250(100)

標準　　　　　　（単位：kg）

月初仕掛品 375(225)	完成品 1,000
当月投入 1,125 (1,125)	減損 250(250)
	月末仕掛品 250(100)

※　減損の発生点（終点）の歩留量は1,000kg
　　1,000kg×25％＝250kg

(2) 差異の分析

直接材料費差異：1,125kg×@720円/kg－879,180円＝－69,180円（不利）

　価格差異：1,170kg×@720円/kg－879,180円＝－36,780円（不利）

　歩留差異：(1,125kg－1,170kg)×@720円/kg＝－32,400円（不利）

直接労務費差異：1,125kg÷5kg×6h×@1,200円/h－1,740,320円＝－120,320円（不利）

　賃率差異：1,422h×@1,200円/h－1,740,320円＝－33,920円（不利）

　歩留差異：(1,125kg－1,170kg)÷5kg×6h×@1,200円/h＝－64,800円（不利）

　その他の作業時間差異：(1,170kg÷5kg×6h－1,422h)×@1,200円＝－21,600円（不利）

製造間接費差異：1,125kg÷5kg×6h×@1,920円/h－2,777,770円＝－185,770円（不利）

　予算差異：1,422h×@960円/h＋16,588,800円÷12－2,777,770円＝－30,250円（不利）

　歩留差異：(1,125kg－1,170kg)÷5kg×6h×@1,920円/h＝－103,680円（不利）

　その他の能率差異：(1,170kg÷5kg×6h－1,422h)×@1,920円/h＝－34,560円（不利）

　操業度差異：(1,422h－1,440h)×@960円/h＝－17,280円（不利）

13-13 配合差異と歩留差異

/ □　/ □　/ □

製品Aは原料X、YおよびZを配合して製造され、その標準配合割合はX：Y：Z＝3：5：2と定められている。以下の〔資料〕に基づき各問に答えなさい。

〔資料〕

1．製品A 8 kgを製造するのに必要な各原料の標準消費量および標準単価は次のとおりである。

X	3 kg	120円/kg
Y	5 kg	100円/kg
Z	2 kg	90円/kg
	10kg	

2．各原料の当月実際消費量

X	11,900kg
Y	22,000kg
Z	8,100kg

3．当月の製品Aの実際生産量は32,000kgであり、月初仕掛品および月末仕掛品はなかった。

問1　通常の方法により原料の数量差異を配合差異と歩留差異に分析しなさい。なお、不利差異の場合には「−」を付すこととする（以下同様）。　　重要度 A

問2　加重平均標準単価を使用して原料の数量差異を配合差異と歩留差異とに分析しなさい。　重要度 B

■解答欄

問1

	配　合　差　異	歩　留　差　異
原料 X	円	円
原料 Y	円	円
原料 Z	円	円

問2

	配　合　差　異	歩　留　差　異
原料 X	円	
原料 Y	円	円
原料 Z	円	

配合差異と歩留差異

問1

	配 合 差 異	歩 留 差 異
原 料 X	84,000円	−72,000円
原 料 Y	−100,000円	−100,000円
原 料 Z	27,000円	−36,000円

問2

	配 合 差 異	歩 留 差 異
原 料 X	1,600円	
原 料 Y	8,000円	−208,000円
原 料 Z	1,400円	

問1

(1) 各原料の消費量

	①標準消費量・標準割合	②実際消費量・標準割合	③実際消費量・実際割合
X	12,000kg	12,600kg	11,900kg
Y	20,000kg	21,000kg	22,000kg
Z	8,000kg	8,400kg	8,100kg
	40,000kg	42,000kg	42,000kg

◆　配合差異と歩留差異を算定する場合は、①標準消費量・標準割合と③実際消費量・実際割合の間に、『**②実際消費量・標準割合**』をおいて、①と②の差額を歩留差異、②と③の差額を配合差異として計算する。

(2) 配合差異

X：(12,600kg − 11,900kg) × @120円/kg = 84,000円（有利）

Y：(21,000kg − 22,000kg) × @100円/kg = −100,000円（不利）

Z：(8,400kg − 8,100kg) × @90円/kg = 27,000円（有利）

(3) 歩留差異

X：(12,000kg − 12,600kg) × @120円/kg = −72,000円（不利）

Y：(20,000kg − 21,000kg) × @100円/kg = −100,000円（不利）

Z：(8,000kg − 8,400kg) × @90円/kg = −36,000円（不利）

$\boxed{問\,2}$

(1) 加重平均標準単価

(@120円/kg × 3 kg + @100円/kg × 5 kg + @90円/kg × 2 kg) ÷ 10kg = @104円/kg

(2) 配合差異

X：(12,000kg − 11,900kg) × (@120円/kg − @104円/kg) = 1,600円（有利）

Y：(20,000kg − 22,000kg) × (@100円/kg − @104円/kg) = 8,000円（有利）

Z：(8,000kg − 8,100kg) × (@90円/kg − @104円/kg) = 1,400円（有利）

(3) 歩留差異

(40,000kg − 42,000kg) × @104円/kg = −208,000円（不利）

◆　加重平均を用いる場合には、**標準消費量・標準割合と実際消費量・実際割合の差額**と**加重平均**を用いて配合差異と歩留差異を算定する。

以下の〔資料〕に基づき、パーシャル・プランによる勘定記入を行ないなさい。なお、当社では作業工程を2つの作業区分に分け、直接労務費については、作業区分ごとの管理を行っている。 重要度 B

〔資料〕

1. 標準原価カード（製品X1個当たり）

直接材料費	@100円/kg × 4kg =	400円
直接労務費		
第1作業	@600円/h × 2h =	1,200円
第2作業	@800円/h × 3h =	2,400円
製造間接費	@500円/h × 5h =	2,500円
合　計		6,500円

※ 製造間接費は直接作業時間を基準に配賦している。月間の基準操業度は6,000hであり、変動費からのみ能率差異を算定する方法により差異分析を行う。なお、変動費率は@200円/hである。また、直接材料は工程の始点で投入されている。

2. 当月生産データ（単位：個）

月初仕掛品	100個	（第1作業の1/2）
当月投入	1,100個	
計	1,200個	
月末仕掛品	150個	（第2作業の1/3）
完成品	1,050個	

※ （　）内は加工進捗度を示す。

3. 当月実績データ

直接材料費： 405,000円 （4,500kg）

直接労務費

第1作業：1,386,000円 （2,310h）

第2作業：2,624,000円 （3,200h）

製造間接費：2,900,000円

■解答欄

仕　掛　品　　　　　　　　（単位：円）

前 月 繰 越	（　　　）	製　　　　　品	（　　　）
直 接 材 料 費	（　　　）	数 量 差 異	（　　　）
直 接 労 務 費	（　　　）	第1作業時間差異	（　　　）
製 造 間 接 費	（　　　）	第2作業賃率差異	（　　　）
価 格 差 異	（　　　）	操 業 度 差 異	（　　　）
第2作業時間差異	（　　　）	次 月 繰 越	（　　　）
予 算 差 異	（　　　）		
能 率 差 異	（　　　）		

仕　掛　品　　　　　　　　　（単位：円）

前 月 繰 越	(150,000)	製　　　　　品	(6,825,000)
直 接 材 料 費	(405,000)	数 量 差 異	(10,000)
直 接 労 務 費	(4,010,000)	第 1 作 業 時 間 差 異	(6,000)
製 造 間 接 費	(2,900,000)	第 2 作 業 賃 率 差 異	(64,000)
価 格 差 異	(45,000)	操 業 度 差 異	(120,000)
第 2 作 業 時 間 差 異	(80,000)	次 月 繰 越	(585,000)
予 算 差 異	(2,000)		
能 率 差 異	(18,000)		

第1作業 （単位：個）

月初仕掛品 100(50)	完了品 　　1,200
当月投入 1,100 (1,150)	

第2作業 （単位：個）

当月投入 1,200 (1,100)	完成品 　　1,050
	月末仕掛品 150(50)

全体 （単位：個）

月初仕掛品 100(20)	完成品 　　1,050
当月投入 1,100 (1,120)	月末仕掛品 150(90)

※　全体のボックス図における加工換算量

第1作業の1／2ということは、1 hの作業を行ったということなので、全体の時間5 hで除すことにより、全体の加工進捗度
1 h÷5 h＝20％を求められる。

100個×20％＝20個

第2作業の1／3ということは、第1作業の2 hと第2作業の1 hの作業を行ったということなので、加工進捗度は（2 h＋1 h）
÷5 h＝60％となる。

150個×60％＝90個

(1)　月初・月末仕掛品原価

　　月初仕掛品原価

　　　100個×@400円/個＋50個×@1,200円/個＋20個×@2,500円/個＝150,000円

　　月末仕掛品原価

　　　150個×（@400円/個＋@1,200円/個）＋50個×@2,400円/個＋90個×@2,500円/個

＝585,000円

(2)　差異分析

　　直接材料費差異

　　　価格差異：4,500kg×@100円/kg－405,000円＝45,000円（有利）

　　　数量差異：（1,100個× 4 kg－4,500kg）×@100円/kg＝－10,000円（不利）

　　直接労務費差異

　　　第1作業

　　　　賃率差異：2,310 h ×@600円/ h －1,386,000円＝0

　　　　作業時間差異：（1,150個× 2 h －2,310 h ）×@600円/ h ＝－6,000円（不利）

　　　第2作業

　　　　賃率差異：3,200 h ×@800円/ h －2,624,000円＝－64,000円（不利）

　　　　作業時間差異：（1,100個× 3 h －3,200 h ）×@800円/ h ＝80,000円（有利）

製造間接費

予算差異：$5,510\,\mathrm{h} \times @200円/\mathrm{h} + 6,000\,\mathrm{h} \times @300円/\mathrm{h} - 2,900,000円 = 2,000円$（有利）

能率差異：$(5,600\,\mathrm{h} - 5,510\,\mathrm{h}) \times @200円/\mathrm{h} = 18,000円$（有利）

操業度差異：$(5,600\,\mathrm{h} - 6,000\,\mathrm{h}) \times @300円/\mathrm{h} = -120,000円$（不利）

13-15 工程別標準総合原価計算

　U（株）では、製品Xの製造・販売を行っている。製品Xの製造は、第一工程と第二工程で加工を経ることで製造される。原価計算方法は累加法による工程別標準原価計算を採用しており、原価計算期間は1ヶ月である。よって、下記の〔資料〕に基づき、以下の各問に答えなさい。

〔資料〕

1．製品Xの原価標準に関するデータ

(1) 下記は、製品X1個あたりの標準原価カードである。

材料A（第一工程始点投入）	5 kg	@500円	2,500円
材料B（第二工程始点投入）	2 kg	@400円	800円
直接労務費（第一工程）	4 h	@900円	3,600円
直接労務費（第二工程）	2 h	@1,000円	2,000円
製造間接費（第一工程）	4 h	@1,200円	4,800円
製造間接費（第二工程）	2 h	@1,000円	2,000円
合　計			15,700円

(2) 当月の第一工程生産データ（カッコ内は加工進捗度を示す）

月初仕掛品	200個	（50%）
当月投入	1,200個	
計	1,400個	
月末仕掛品	400個	（80%）
完成品	1,000個	

(3) 当月の第二工程生産データ（カッコ内は加工進捗度を示す）

月初仕掛品	300個	（20%）
当月投入	1,000個	
計	1,300個	
月末仕掛品	500個	（40%）
完成品	800個	

2．当月実際データ

	第一工程費	第二工程費
材料A又は材料B	2,998,000円	850,000円
直接労務費	4,395,000円	1,980,000円
製造間接費	5,888,000円	1,780,000円

※　製造間接費は直接作業時間に基づいて標準配賦している。

問1　第一工程完了品の原価標準を答えなさい。

問2　第一工程仕掛品勘定について、パーシャル・プランによる勘定記入を行いなさい。なお、製造間接費については実際発生額を記入すること。

問3　第二工程仕掛品勘定について、パーシャル・プランによる勘定記入を行いなさい。なお、製造間接費については実際発生額を記入すること。

問4　当月の売上総利益を求めなさい。なお、当月完成の製品Xはすべて@20,000円/個で販売しており、月初・月末に製品在庫はないものとする。ただし、当月発生の原価差異は、すべて売上原価に賦課すること。

■ 解答欄

問1

第一工程完了品原価標準 [　　　　　　　]円

問2

第一工程　　　　　　　　　　　　　　　（単位：円）

前　月　繰　越	（　　　）	第一工程完了品	（　　　）
材　　料　　A	（　　　）	原　価　差　異	（　　　）
直　接　労　務　費	（　　　）	次　月　繰　越	（　　　）
製　造　間　接　費	（　　　）		

問3

第二工程　　　　　　　　　　　　　　　（単位：円）

前　月　繰　越	（　　　）	製　　　　品	（　　　）
前工程完了品	（　　　）	原　価　差　異	（　　　）
材　　料　　B	（　　　）	次　月　繰　越	（　　　）
直　接　労　務　費	（　　　）		
製　造　間　接　費	（　　　）		

問4

[　　　　　　　]円

解答・解説 工程別標準総合原価計算

問1

第一工程完了品原価標準 　　10,900円

問2

第一工程 　　　　　　　　　　（単位：円）

前　月　繰　越	（ 1,340,000 ）	第一工程完了品	（ 10,900,000 ）
材　料　　　A	（ 2,998,000 ）	原　価　差　異	（ 33,000 ）
直　接　労　務　費	（ 4,395,000 ）	次　月　繰　越	（ 3,688,000 ）
製　造　間　接　費	（ 5,888,000 ）		

問3

第二工程 　　　　　　　　　　（単位：円）

前　月　繰　越	（ 3,750,000 ）	製　　　　　　品	（ 12,560,000 ）
前工程完了品	（ 10,900,000 ）	原　価　差　異	（ 50,000 ）
材　料　　　B	（ 850,000 ）	次　月　繰　越	（ 6,650,000 ）
直　接　労　務　費	（ 1,980,000 ）		
製　造　間　接　費	（ 1,780,000 ）		

問4

　　3,357,000円

問1

製品第一工程完了品の原価標準

2,500円 + 3,600円 + 4,800円 = 10,900円

問2

(1) ボックス図

第一工程 　　　　　　　　　（単位：個）

月初仕掛品	200 (100)	完成品	1,000
当月投入	1,200 (1,220)	月末仕掛品	400 (320)

(2) 前月繰越

2,500円×200個 + （3,600円 + 4,800円）×100個 = 1,340,000円

(3)　第一工程完了品

　　10,900円×1,000個＝10,900,000円

(4)　原価差異

　　2,500円×1,200個＋（3,600円＋4,800円）×1,220個−13,281,000円（実際発生額合計）

　　　　　　　　　　　　　　　　　　　　　　　　　　　　　　　　＝−33,000円（不利）

(5)　次月繰越

　　2,500円×400個＋（3,600円＋4,800円）×320個＝3,688,000円

$\boxed{問3}$

(1)　ボックス図

第二工程			（単位：個）
月初仕掛品	300 (60)	完成品	800
当月投入	1,000 (940)		
		月末仕掛品	500 (200)

(2)　前月繰越

　　（10,900円＋800円）×300個＋（2,000円＋2,000円）×60個＝3,750,000円

(3)　製品

　　15,700円×800個＝12,560,000円

(4)　原価差異

　　800円×1,000個＋（2,000円＋2,000円）×940個−4,610,000円（実際発生額合計）

　　　　　　　　　　　　　　　　　　　　　　　　　　　　　　　　＝50,000円（不利）

(5)　次月繰越

　　（10,900円＋800円）×500個＋（2,000円＋2,000円）×200個＝6,650,000円

$\boxed{問4}$

　　20,000円×800個−（12,560,000円＋33,000円＋50,000円）＝3,357,000円

直接原価計算

14-1 全部C/Aと直接C/Aの利益の相違 ／□ ／□ ／□

次の〔資料〕に基づき、直接原価計算、全部原価計算それぞれの各期の損益計算書および4期間の営業利益の合計額を答えなさい。

重要度 A

〔資料1〕原価データ

製品1個当たりの変動費	製造原価	350円/個
	販売費	50円/個
年間固定費	製造間接費	300,000円
	（予定配賦率：300円/個、基準操業度1,000個）	
	販売費及び一般管理費	100,000円

※　上記データは、毎期一定とする。

〔資料2〕生産・販売データ

	Ⅰ期	Ⅱ期	Ⅲ期	Ⅳ期	合計
生産量	1,000個	900個	800個	900個	3,600個
販売量	1,000個	700個	950個	950個	3,600個

※　仕掛品はなく、販売単価は1,000円/個であった。なお、原価差異（操業度差異）は売上原価に賦課するものとする。

<table>
<tr><td colspan="5" align="center">直 接 原 価 計 算</td><td align="right">(単位：円)</td></tr>
<tr><td></td><td>I</td><td>II</td><td>III</td><td>IV</td><td></td></tr>
<tr><td>I 売 上 高</td><td></td><td></td><td></td><td></td><td></td></tr>
<tr><td>II 変動売上原価</td><td></td><td></td><td></td><td></td><td></td></tr>
<tr><td>製 造 マ ー ジ ン</td><td></td><td></td><td></td><td></td><td></td></tr>
<tr><td>III 変 動 販 売 費</td><td></td><td></td><td></td><td></td><td></td></tr>
<tr><td>限 界 利 益</td><td></td><td></td><td></td><td></td><td></td></tr>
<tr><td>IV 固 定 費</td><td></td><td></td><td></td><td></td><td></td></tr>
<tr><td>営 業 利 益</td><td></td><td></td><td></td><td></td><td></td></tr>
</table>

	円

<table>
<tr><td colspan="5" align="center">全 部 原 価 計 算</td><td align="right">(単位：円)</td></tr>
<tr><td></td><td>I</td><td>II</td><td>III</td><td>IV</td><td></td></tr>
<tr><td>I 売 上 高</td><td></td><td></td><td></td><td></td><td></td></tr>
<tr><td>II 売 上 原 価</td><td></td><td></td><td></td><td></td><td></td></tr>
<tr><td>製 品 原 価</td><td></td><td></td><td></td><td></td><td></td></tr>
<tr><td>原 価 差 異</td><td></td><td></td><td></td><td></td><td></td></tr>
<tr><td>売 上 総 利 益</td><td></td><td></td><td></td><td></td><td></td></tr>
<tr><td>III 販 売 費</td><td></td><td></td><td></td><td></td><td></td></tr>
<tr><td>営 業 利 益</td><td></td><td></td><td></td><td></td><td></td></tr>
</table>

	円

	直 接 原 価 計 算			（単位：円）
	I	II	III	IV
I　売　上　高	1,000,000	700,000	950,000	950,000
II　変動売上原価	350,000	245,000	332,500	332,500
製造マージン	650,000	455,000	617,500	617,500
III　変 動 販 売 費	50,000	35,000	47,500	47,500
限 界 利 益	600,000	420,000	570,000	570,000
IV　固　定　費	400,000	400,000	400,000	400,000
営 業 利 益	200,000	20,000	170,000	170,000

560,000円

	全　部　原　価　計　算			（単位：円）
	I	II	III	IV
I　売　上　高	1,000,000	700,000	950,000	950,000
II　売 上 原 価				
製 品 原 価	650,000	455,000	617,500	617,500
原 価 差 異	0	30,000	60,000	30,000
売 上 総 利 益	350,000	215,000	272,500	302,500
III　販　売　費	150,000	135,000	147,500	147,500
営 業 利 益	200,000	80,000	125,000	155,000

560,000円

(1)　直接原価計算による損益計算書

売上高：販売量×1,000円/個

変動売上原価：販売量×350円/個

変動販売費：販売量×50円/個

固定費：300,000円＋100,000円＝400,000円

(2)　全部原価計算による損益計算書

売上高：販売量×1,000円/個

製品原価（売上原価）：販売量×（350円/個＋300円/個）

原価差異（売上原価）：（生産量－1,000個）×300円/個

販売費：販売量×50円/個＋100,000円

◆　直接原価計算と全部原価計算では、期首・期末に在庫がなく**生産量と販売量が等しい場合**には、利益の額は等しくなる。

よって、4期間の利益の合計および第 I 期の利益は等しくなっている。

14-2 固定費調整

次の〔資料〕に基づき、全部原価計算の損益計算書・直接原価計算の損益計算書および固定費調整を示しなさい。

重要度 B

〔**資料1**〕当期の生産データ

	加工換算量	
期首仕掛品	10	個
当期投入	510	個
計	520	個
期末仕掛品	20	個
当期完成品	500	個

〔**資料2**〕当期原価データ（単位：円）

期首仕掛品原価		当期製造費用	
変動加工費	9,000	変動加工費	510,000
固定加工費	11,000	固定加工費	612,000

〔**資料3**〕その他計算に必要なデータ

(1) 原価配分方法は先入先出法による。

(2) 製品1個あたりの販売価格は2,500円/個である。

(3) 当期の期首製品は80個（変動加工費72,000円、固定加工費86,400円）、期末製品は100個であり、当期売上は480個である。

(4) 直接材料費および販管費等は便宜上ゼロと仮定する。

(5) 一括調整法の場合は、変動加工費基準による先入先出法で計算する。

■解答欄

全部原価計算のP／L

売　上　高	円
売　上　原　価	円
営　業　利　益	円

直接原価計算のP／L

	（転がし調整法）	（一括調整法）
売　　上　　高	円	円
変　動　売　上　原　価	円	円
限界利益	円	円
固　定　加　工　費	円	円
営業利益	円	円
期首棚卸資産固定費	円	円
期末棚卸資産固定費	円	円
全部原価計算の営業利益	円	円

全部原価計算のP／L

売　上　高	1,200,000円
売　上　原　価	1,036,800円
営　業　利　益	163,200円

直接原価計算のP／L

	（転がし調整法）	（一括調整法）
売　　上　　高	1,200,000円	1,200,000円
変　動　売　上　原　価	471,200円	471,200円
限界利益	728,800円	728,800円
固　定　加　工　費	612,000円	612,000円
営業利益	116,800円	116,800円
期首棚卸資産固定費	97,400円	97,400円
期末棚卸資産固定費	143,800円	143,760円
全部原価計算の営業利益	163,200円	163,160円

(1)　全部原価計算

　　a.　売上高：480個×2,500円/個

　　b.　売上原価

　　　期末仕掛品原価

$$(510,000円 + 612,000円) \times \frac{20}{510} = 44,000円$$

　　　完成品原価：9,000円 + 11,000円 + 510,000円 + 612,000円 − 44,000円 = 1,098,000円

　　　期末製品原価

$$1,098,000円 \times \frac{100}{500} = 219,600円$$

　　　売上原価：72,000円 + 86,400円 + 1,098,000円 − 219,600円 = 1,036,800円

(2)　直接原価計算

　　a.　売上高：480個×2,500円/個

　　b.　変動売上原価

　　　期末仕掛品原価

$$510,000円 \times \frac{20}{510} = 20,000円$$

　　　完成品原価：9,000円 + 510,000円 − 20,000円 = 499,000円

　　　期末製品原価

$$499,000円 \times \frac{100}{500} = 99,800円$$

　　　売上原価：72,000円 + 499,000円 − 99,800円 = 471,200円

(3)　固定費調整

    a.　転がし調整法

      期末仕掛品原価（固定費）

$$612{,}000円 \times \frac{20}{510} = 24{,}000円$$

      完成品原価：11,000円＋612,000円－24,000円＝599,000円

      期末製品原価

$$599{,}000円 \times \frac{100}{500} = 119{,}800円$$

    b.　一括調整法

      一括調整法の配賦率

$$\frac{612{,}000}{510{,}000} = 1.2$$

      期末仕掛品：20,000円×1.2＝24,000円

      期末製品：99,800円×1.2＝119,760円

標準直接原価計算　　　　／　□　／　□　／　□

当工場は、標準直接原価計算を採用している。下記の〔資料〕に基づき、以下の各問に答えなさい。

重要度 A

〔資料１〕標準原価および予算に関するデータ

(1) 製品１個あたり標準原価カード（変動費）

原 料 費	@600円/kg × 4 kg =	2,400円
変 動 加 工 費	@800円/ h × 2 h =	1,600円
		4,000円

※ 変動加工費は直接作業時間に基づき製品に配賦している。

(2) 当期の固定加工費の予算額は520,000円である。全部原価計算を用いる場合の基準操業度は1,040 h（直接作業時間）である。

(3) 製品１個あたりの予定販売価格は@6,400円/個である。

(4) 標準変動販売費は@120円/個であり、年間予算固定販売費は100,000円である。

〔資料２〕当期の実際原価データ

原料費	1,230,000円
加工費（変動費）	826,200円
加工費（固定費）	515,100円
販売費（変動費）	60,500円
販売費（固定費）	99,200円

〔資料３〕その他計算に必要なデータ

(1) 期末棚卸資産の評価方法は先入先出法による。

(2) 当期の期首製品は60個、期末製品は100個である。また、期首仕掛品は100個（加工進捗度60％）、期末仕掛品は60個（加工進捗度50％）であり、当期完成品は540個である。

(3) 原価差異は売上原価に賦課することとする。

(4) 原価標準はここ数年変更されていない。

問1　全部原価計算を用いた場合の損益計算書を完成させなさい。

問2　直接原価計算を用いた場合の損益計算書を完成させなさい。また、固定費調整を行いなさい。

■解答欄

問1

損益計算書 （単位：円）

売　　上　　高	（	）
標 準 売 上 原 価	（	）
標準売上総利益	（	）
原　価　差　額	（	）
実際売上総利益	（	）
販　　売　　費	（	）
実際営業利益	（	）

問2

損益計算書 （単位：円）

売　　　上　　　高	（	）
標 準 変 動 売 上 原 価	（	）
標準製造マージン	（	）
原　価　差　額	（	）
実際製造マージン	（	）
変　動　販　売　費	（	）
実際限界利益	（	）
固　定　加　工　費	（	）
固　定　販　売　費	（	）
実際営業利益	（	）

固定費調整 （単位：円）

直接原価計算による営業利益		（	）
Ⅰ　期首棚卸資産			
1．期首仕掛品に含まれる固定費	（ ）		
2．期首製品に含まれる固定費	（ ）	（	）
Ⅱ　期末棚卸資産			
1．期末仕掛品に含まれる固定費	（ ）		
2．期末製品に含まれる固定費	（ ）	（	）
全部原価計算による営業利益		（	）

問1

損益計算書		(単位：円)
売　　上　　高	(	3,200,000)
標 準 売 上 原 価	(	2,500,000)
標準売上総利益	(	700,000)
原　価　差　額	(	45,300)
実際売上総利益	(	654,700)
販　　売　　費	(	159,700)
実際営業利益	(	495,000)

問2

損益計算書		(単位：円)
売　　上　　高	(	3,200,000)
標 準 変 動 売 上 原 価	(	2,000,000)
標準製造マージン	(	1,200,000)
原　価　差　額	(	40,200)
実際製造マージン	(	1,159,800)
変 動 販 売 費	(	60,500)
実際限界利益	(	1,099,300)
固 定 加 工 費	(	515,100)
固 定 販 売 費	(	99,200)
実際営業利益	(	485,000)

固定費調整			(単位：円)
直接原価計算による営業利益		(	485,000)
Ⅰ　期首棚卸資産			
1．期首仕掛品に含まれる固定費	(60,000)		
2．期首製品に含まれる固定費	(60,000)	(	120,000)
Ⅱ　期末棚卸資産			
1．期末仕掛品に含まれる固定費	(30,000)		
2．期末製品に含まれる固定費	(100,000)	(	130,000)
全部原価計算による営業利益		(	495,000)

(1) 原価差額（標準原価差異）

500個×2,400円/個＋510個×（1,600円/個＋1,000円/個）－（1,230,000円＋826,200円

＋515,100円）＝－45,300円（不利）

※　1,000円/個（固定加工費）＝520,000円÷1,040 h×2 h

実際のボックス図

期首仕掛品	100 (60)	完成品	540
当月投入	500 (510)	期末仕掛品	60 (30)

(2) 損益計算書の数値

売上高：6,400円/個×500個

標準売上原価：（4,000円/個＋1,000円/個）×500個

原価差額：45,300円（不利差異）

販売費：60,500円＋99,200円＝159,700円

問2

(1) 原価差額

500個×2,400円/個＋510個×1,600円/個－（1,230,000円＋826,200円）＝－40,200円（不利）

(2) 損益計算書の数値

標準変動売上原価：4,000円/個×500個

原価差額：40,200円（不利差異）

変動販売費：60,500円

固定加工費：515,100円

固定販売費：99,200円

(3) 固定費調整

a. 期首棚卸資産

期首仕掛品：60個×1,000円/個

期首製品：60個×1,000円/個

b. 期末棚卸資産

期末仕掛品：30個×1,000円/個

期末製品：100個×1,000円/個

14-4 セグメント別損益計算書 　　／□　／□　／□

下記の〔資料〕に基づき、各製品別の損益計算書（直接原価計算方式）を作成しなさい。　重要度 A

〔資料〕X製品及びY製品に関するデータ

	X製品	Y製品
1個あたり販売価格	6,000円	4,000円
販売数量	8,000個	9,000個
1個あたり変動費		
直接材料費	2,400円	1,280円
直接労務費	720円	480円
直接経費	180円	60円
製造間接費配賦額	直接労務費の150%	
販売費	350円	120円
個別固定費	3,500,000円	3,000,000円
共通固定費		
製造費		5,000,000円
販売費		2,000,000円
一般管理費		3,000,000円

■解答欄

損　益　計　算　書　　　　（単位：円）

	X製品	Y製品	合計
Ⅰ　売　上　高			
Ⅱ　変動売上原価			
製造マージン			
Ⅲ　変動販売費			
限界利益			
Ⅳ　個別固定費			
貢献利益			
Ⅴ　共通固定費			
製　造　費			
販　売　費			
一般管理費			
営業利益			

	損 益 計 算 書		（単位：円）
	X製品	Y製品	合計
I 売 上 高	48,000,000	36,000,000	84,000,000
II 変 動 売 上 原 価	35,040,000	22,860,000	57,900,000
製 造 マ ー ジ ン	12,960,000	13,140,000	26,100,000
III 変 動 販 売 費	2,800,000	1,080,000	3,880,000
限 界 利 益	10,160,000	12,060,000	22,220,000
IV 個 別 固 定 費	3,500,000	3,000,000	6,500,000
貢 献 利 益	6,660,000	9,060,000	15,720,000
V 共 通 固 定 費			
製 造 費			5,000,000
販 売 費			2,000,000
一 般 管 理 費			3,000,000
営 業 利 益			5,720,000

変動売上原価

X製品：（2,400円/個＋720円/個＋180円/個＋720円/個×150％）×8,000個

Y製品：（1,280円/個＋480円/個＋60円/個＋480円/個×150％）×9,000個

第15章

CVP分析

15-1 原価分解

／ □ ／ □ ／ □

次の〔資料〕に基づいて以下の問に答えなさい。

〔資料〕

当社の下半期のデータは以下の通りであった。

操　業　度	40時間	36時間	44時間	48時間	32時間	40時間
製造間接費	1,440円	1,380円	1,420円	1,480円	1,320円	1,360円

※　基準操業度を40時間とし、正常操業度圏は基準操業度に対し80% ～ 120%である。

問1　高低点法により原価を分解しなさい。　　　　　　　　　　　　　　　　　　重要度 A

問2　最小自乗法により原価を分解しなさい。　　　　　　　　　　　　　　　　　重要度 C

■ 解答欄

問1

変動費率 [　　　　　　　　] 円/時間　　　固定費 [　　　　　　　　] 円

問2

変動費率 [　　　　　　　　] 円/時間　　　固定費 [　　　　　　　　] 円

解答・解説 原価分解

問1

変動費率 | 10円/時間 | 固定費 | 1,000円

問2

変動費率 | 9円/時間 | 固定費 | 1,040円

問1

$40h \times 80\% = 32h$ 、 $40h \times 120\% = 48h$

よって、データはすべて正常圏である。

変動費率： $\dfrac{1,480円 - 1,320円}{48時間 - 32時間} = 10円/時間$

固定費額： $1,480円 - 10円/時間 \times 48時間 = 1,000円$

問2

固定費額をa、変動費率をb、データ数をnとすると

$$\sum xy = a\sum x + b\sum x^2$$

$$\sum y = na + b\sum x$$

x	y	x^2	xy
40	1,440	1,600	57,600
36	1,380	1,296	49,680
44	1,420	1,936	62,480
48	1,480	2,304	71,040
32	1,320	1,024	42,240
40	1,360	1,600	54,400
$\sum x = 240$	$\sum y = 8,400$	$\sum x^2 = 9,760$	$\sum xy = 337,440$

表の計算結果を両式に代入すると、

$337,440 = 240a + 9,760b$

$8,400 = 6a + 240b$

a = 1,040円

b = 9円/時間

15-2 損益分岐点

／ □ ／ □ ／ □

下記の〔資料〕に基づき、以下の各問に答えなさい。なお、計算上端数が生じる場合には、比率の場合には小数点以下第3位を四捨五入し、その他は小数点以下を四捨五入することとする。 　重要度 A

〔資料〕

1. 製品Xの単位当たり販売価格は5,000円/個である。
2. 製品Xの単位当たり変動製造原価は1,700円/個である。
3. 製品Xの単位当たり変動販売費は300円/個である。
4. 固定製造原価は5,000,000円である。
5. 固定販売費は1,000,000円である。
6. 製品Xの予算販売量は4,200個である。

問1 製品Xの限界利益率を答えなさい。

問2 ①損益分岐点売上高、および②損益分岐点販売量を求めなさい。

問3 予算販売量における①安全余裕額、②安全余裕率、および③損益分岐点比率を求めなさい。

問4 目標営業利益が3,000,000円となる①売上高、および②販売量を求めなさい。

■解答欄

問1

	％

問2

①	円	②	個

問3

①	円	②	％	③	％

問4

①	円	②	個

解答・解説 損益分岐点

問1

60%

問2

①	10,000,000円	②	2,000個

問3

①	11,000,000円	②	52.38%	③	47.62%

問4

①	15,000,000円	②	3,000個

問1

限界利益：5,000円/個 − 1,700円/個 − 300円/個 = 3,000円/個

限界利益率：3,000円/個 ÷ 5,000円/個 = 60%

問2

① 損益分岐点売上高

(5,000,000円 + 1,000,000円) ÷ 60% = 10,000,000円

② 損益分岐点販売量

(5,000,000円 + 1,000,000円) ÷ 3,000円/個 = 2,000個

または　10,000,000円 ÷ 5,000円/個 = 2,000個

問3

① 安全余裕額

4,200個 × 5,000円/個 − 10,000,000円 = 11,000,000円

② 安全余裕率

11,000,000円 ÷ (4,200個 × 5,000円/個) ≒ 52.38%

③ 損益分岐点比率

10,000,000円 ÷ 21,000,000円 = 47.62%

問4

目標利益が3,000,000円となる売上高を x とすると

x × 0.6 − (5,000,000円 + 1,000,000円) = 3,000,000円

x ＝ 15,000,000円

販売量：15,000,000円 ÷ 5,000円/個 = 3,000個

15-3 資本利益率

　/ □ 　/ □ 　/ □

　次の〔資料〕に基づいて、各問に答えなさい。なお、計算上端数が生じる場合には、比率の場合には小数点以下第3位を四捨五入し、その他は小数点以下を四捨五入することとする。

〔資料〕

1. 製品K1個あたりの販売価格は3,000円であり、製品Kの限界利益率は30%である。
2. 年間固定費は4,200,000円である。
3. 年間の営業外収益は700,000円、営業外費用は400,000円である。
4. 年間使用総資本は30,000,000円である。
5. 法人税率は40%である。

問1　①損益分岐点売上高、および②税引前総資本経常利益率12%となる売上高を求めなさい。重要度 A

問2　仮に、変動的資本比率が40%、固定的資本が11,880,000円であった場合の資本回収点売上高を求めなさい。重要度 B

問3　仮に、変動的資本比率が40%、固定的資本が11,880,000円であった場合の税引後総資本経常利益率10%となる売上高を求めなさい。重要度 B

■解答欄

問1

①　［　　　　　　　］円　　②　［　　　　　　　］円

問2

［　　　　　　　］円

問3

［　　　　　　　］円

解答・解説 資本利益率

問1

① | 13,000,000円 | ② | 25,000,000円 |

問2

| 19,800,000円 |

問3

| 25,200,000円 |

問1

① 損益分岐点売上高を x とすると

$$x \times 0.3 - 4,200,000円 + 700,000円 - 400,000円 = 0円$$

$$x = 13,000,000円$$

② 税引前総資本経常利益率12%となる売上高を x とすると

$$x \times 0.3 - 4,200,000円 + 700,000円 - 400,000円 = 30,000,000円 \times 12\%$$

$$x = 25,000,000円$$

問2

資本回収点売上高を x とすると

$$x = (x \times 40\% + 11,880,000円)$$

$$x = 19,800,000円$$

問3

税引後総資本経常利益率10%となる売上高を x とすると

$$(x \times 0.3 - 4,200,000円 + 700,000円 - 400,000円) \times 60\% = (x \times 40\% + 11,880,000円) \times 10\%$$

$$x = 25,200,000円$$

次の〔資料〕に基づいて以下の各問に答えなさい。　　　　　　　　　　　重要度 A

〔資料〕

各社の見積損益計算書（単位：万円）

	甲社	乙社
売 上 高	4,000	4,000
変 動 費	2,000	3,000
限界利益	2,000	1,000
固 定 費	1,600	600
営業利益	400	400

問1　各社の経営レバレッジ係数を求めなさい。

問2　両社の売上高が20%増加する場合、各社の営業利益の増加額を経営レバレッジ係数を用いて求めなさい。

■解答欄

問1

甲社 [　　　　　　　　]　　乙社 [　　　　　　　　]

問2

甲社 [　　　　　万円]　　乙社 [　　　　　万円]

解答・解説 経営レバレッジ係数

問1

| 甲社 | 5 | | 乙社 | 2.5 |

問2

| 甲社 | 400万円 | | 乙社 | 200万円 |

問1

甲社：$\dfrac{2,000}{400} = 5$　　　　　　乙社：$\dfrac{1,000}{400} = 2.5$

問2

甲社：400万円×20%×5 ＝400万円

乙社：400万円×20%×2.5＝200万円

経営レバレッジ係数　＝　$\dfrac{限界利益}{営業利益}$

営業利益増加額　＝　営業利益　×　経営レバビッジ係数　×　売上高増加率

複数種類の製品（販売量の割合一定）　／ □　／ □　／ □

当社は製品Ａ、Ｂ、Ｃを生産・販売している。Ａ、Ｂ、Ｃの売価と原価の〔資料〕は以下の通りである。なお、Ａ、Ｂ、Ｃの販売量の割合は３：２：１であり、この割合に変更はない。　重要度 A

〔資料〕

	販売単価	単位変動費
Ａ	800円	600円
Ｂ	1,000円	700円
Ｃ	600円	300円

※　固定費はＡ、Ｂ、Ｃ共通で600,000円である。

問1　損益分岐点となるＡ、Ｂ、Ｃそれぞれの販売量を求めなさい。

問2　目標営業利益率15%を達成するＡ、Ｂ、Ｃそれぞれの販売量を求めなさい。

■解答欄

問1

Ａ 〔　　　　　　個〕　　Ｂ 〔　　　　　　個〕　　Ｃ 〔　　　　　　個〕

問2

Ａ 〔　　　　　　個〕　　Ｂ 〔　　　　　　個〕　　Ｃ 〔　　　　　　個〕

解答・解説 複数種類の製品（販売量の割合一定）

問1

| A | 1,200個 | | B | 800個 | | C | 400個 |

問2

| A | 2,400個 | | B | 1,600個 | | C | 800個 |

問1

(1) 各製品の単位当たり貢献利益

A：800円 − 600円 = 200円

B：1,000円 − 700円 = 300円

C：600円 − 300円 = 300円

(2) 各製品を3個：2個：1個で組み合わせ販売した場合の単位当たり貢献利益

200円 × 3 + 300円 × 2 + 300円 × 1 = 1,500円

(3) 損益分岐点販売量

販売量を x とおくと、

1,500 x = 600,000円

x = 400個

(4) 各製品の販売量

A：400個 × 3 個 = 1,200個

B：400個 × 2 個 = 800個

C：400個 × 1 個 = 400個

〔別法〕加重平均貢献利益率を用いる方法

(1) 製品別の貢献利益率

	製品A	製品B	製品C	合　計
売　上　高	2,400	2,000	600	5,000
構成割合	48%	40%	12%	100%
変　動　費	1,800	1,400	300	3,500
貢　献　利　益	600	600	300	1,500
貢献利益率	25%	30%	50%	30%
固　定　費				600,000

(2) 損益分岐点となる売上高合計（加重平均貢献利益率を用いて計算）

600,000円 ÷ 30% = 2,000,000円

(3) 各製品の販売量

各製品の売上高

A：2,000,000円×48％＝960,000円

B：2,000,000円×40％＝800,000円

C：2,000,000円×12％＝240,000円

各製品の販売量

A：960,000円÷800円/個＝1,200個

B：800,000円÷1,000円/個＝800個

C：240,000円÷600円/個＝400個

問2

(1) 求める販売量を x とおくと、

1,500 x ＝600,000円＋（800円× 3 個＋1,000円× 2 個＋600円× 1 個）×15％× x

x ＝800個

(2) 各製品の販売量

A：800個× 3 個＝2,400個

B：800個× 2 個＝1,600個

C：800個× 1 個＝800個

〔別法〕加重平均貢献利益率を用いる方法

(1) 目標営業利益率15％を達成する売上高の合計額を x とすると

（600,000円＋ x ×15％）÷0.3＝ x

x ＝ 4,000,000円

(2) 各製品の販売量

各製品の売上高

A：4,000,000円×48％＝1,920,000円

B：4,000,000円×40％＝1,600,000円

C：4,000,000円×12％＝480,000円

各製品の販売量

A：1,920,000円÷800円/個＝2,400個

B：1,600,000円÷1,000円/個＝1,600個

C：480,000円÷600円/個＝800個

15-6 複数種類の製品（売上高構成割合一定） ／□　／□　／□

次の〔資料〕に基づいて、以下の各問に答えなさい。　　　　　　　　　　　　重要度 B

〔資料〕

1．売上高構成割合　　　A製品　50%　　　B製品　30%　　　C製品20%
2．計画総売上高　　　　30,000,000円
3．変動費率　　　　　　A製品　50%　　　B製品　60%　　　C製品45%
4．固定費総額　　　　　9,600,000円

問1　単一製品とみなした場合の損益分岐点売上高を求めなさい。

問2　売上高構成比率が一定であるものとして、加重平均限界利益率を用いて目標利益2,400,000円を達成するのに必要な売上高を製品別に求めなさい。

■解答欄

問1

	円

問2

A	円	B	円	C	円

問1

20,000,000円

問2

A	12,500,000円	B	7,500,000円	C	5,000,000円

問1

(1) 製品別の貢献利益率

	製品A	製品B	製品C	合　計
売　上　高	15,000,000	9,000,000	6,000,000	30,000,000
構成割合	50%	30%	20%	100%
変　動　費	7,500,000	5,400,000	2,700,000	15,600,000
貢　献　利　益	7,500,000	3,600,000	3,300,000	14,400,000
貢献利益率	50%	40%	55%	48%
固　定　費				9,600,000

※　加重平均貢献利益率は、合計ベースで（14,400,000円÷30,000,000円）で計算した方が間違いが少なくなる。

(2) 損益分岐点となる売上高合計（加重平均貢献利益率を用いて計算）

9,600,000円÷48%＝20,000,000円

問2

（9,600,000円＋2,400,000円）÷48%＝25,000,000円

各製品の売上高

A製品：25,000,000円×50%＝12,500,000円

B製品：25,000,000円×30%＝7,500,000円

C製品：25,000,000円×20%＝5,000,000円

15-7 全部原価計算によるＣＶＰ分析　　／ □ ／ □ ／ □

当社は製品Xを製造・販売している。1個当たりの売価と原価は以下の通りである。よって、下記の〔資料〕に基づき、以下の各問に答えなさい。

重要度 B

〔資料〕

販売単価	1,000円
製造原価	
直接材料費	100円
直接労務費	300円
製造間接費	300円
変動販売費	100円
月間固定販管費	100,000円

※　製造間接費には、固定製造間接費が含まれている。固定製造間接費は年間固定費予算9,600,000円を基準操業度48,000個に基づき算定されている。ただし、当社の月間目標生産量を3,500個に下方修正し、予想操業度差異は売上原価に賦課するものとする。

問1　月間損益分岐点販売量を求めなさい。

問2　月間目標営業利益400,000円を達成する販売量を求めなさい。

問3　月間目標営業利益率10％を達成する販売量を求めなさい。

■解答欄

問1

	個

問2

	個

問3

	個

全部原価計算によるＣＶＰ分析

問1

	1,000個

問2

	3,000個

問3

	2,000個

問1

(1) 製品1個あたりの固定製造間接費
9,600,000円÷48,000個＝200円/個

(2) 当月予想操業度差異
200円/個×（3,500個－48,000個÷12）＝－100,000円（操業度差異：不利差異）

(3) 損益分岐点販売量
$200 x -200,000円 = 0$
$x = 1,000個$

売上高	1,000 x		
売上原価	700 x	+	100,000
売上総利益	300 x	－	100,000
販管費	100 x	+	100,000
営業利益	200 x	－	200,000

問2

月間目標営業利益400,000円を達成する販売量を x とすると
$200 x -200,000円 = 400,000円$
$x = 3,000個$

問3

営業利益率が10％となる販売量を x とすると
$$\frac{200 x -200,000円}{1,000 x} = 10\%$$
$x = 2,000個$

第 **16** 章

予算管理

当社では、製品 a の製造販売を行っている。予算統制を行うため、原価計算方法としては標準直接原価計算を採用している。よって、下記の〔資料〕に基づき、以下の各問に答えなさい。

〔資料１〕当年度の予算データ

(1)　製品 a の変動標準原価に関するデータ

直 接 材 料 費　@600円/kg　×　4 kg　=　2,400円
直 接 労 務 費　@800円/ h　×　3 h　=　2,400円
製 造 間 接 費　@400円/ h　×　3 h　=　1,200円
　　　　　　　　　　　　　　　　　　　　6,000円

(2)　当期の年間固定製造間接費予算額は3,600,000円であり、基準操業度は9,000 h（直接作業時間）である。

(3)　当期の標準変動販売費は@50円/個、年間固定販売費予算額は300,000円である。

(4)　製品 a の予算販売価格は@10,000円/個であり、予算販売数量は3,000個である。

〔資料２〕当年度の実績データ

(1)　当期の実際原価データ

直接材料費　　　　　7,404,600円　（12,300kg）
直接労務費　　　　　7,341,600円　（9,200 h）
製造間接費（変動費）　3,694,800円
　　　　　　（固定費）　3,526,000円

(2)　販売費の実際発生額は、変動販売費が149,940円、固定販売費が309,600円である。

(3)　製品 a の実際販売価格は@10,800円/個であり、実際製造販売数量は3,060個である。

〔資料３〕その他の事項

(1)　期首・期末在庫は無視すること。

(2)　前期・当期の原価差異は、正常かつ比較的少額である。

(3)　不利差異の場合には「－」を付すこと。

問1　当期の①直接原価計算に基づく予算損益計算書、②実際直接原価計算を用いた場合の損益計算書、および③標準直接原価計算を用いた場合の損益計算書を答案用紙の形式に従って完成させなさい。

重要度 A

問2　問1の③の標準原価差異の分析を行いなさい。

重要度 A

問3　答案用紙の形式に従って、予算実績差異分析（要因別分析）を行いなさい。

重要度 A

問4　答案用紙の形式に従って、予算実績差異分析（項目別分析）を行いなさい。

重要度 B

■解答欄

問1

① 　　　　　　　　　損益計算書　　　（単位：円）

売　　　　上　　　　高	（　　　　　　　）
変 動 売 上 原 価	（　　　　　　　）
変動製造マージン	（　　　　　　　）
変 動 販 売 費	（　　　　　　　）
限 界 利 益	（　　　　　　　）
固　　　定　　　費	（　　　　　　　）
予 算 営 業 利 益	（　　　　　　　）

② 　　　　　　　　　損益計算書　　　（単位：円）

売　　　　上　　　　高	（　　　　　　　）
変 動 売 上 原 価	（　　　　　　　）
変動製造マージン	（　　　　　　　）
変 動 販 売 費	（　　　　　　　）
限 界 利 益	（　　　　　　　）
固　　　定　　　費	（　　　　　　　）
実 際 営 業 利 益	（　　　　　　　）

③ 　　　　　　　　　損益計算書　　　（単位：円）

売　　　　上　　　　高	（　　　　　　　）
標 準 変 動 売 上 原 価	（　　　　　　　）
標準変動製造マージン	（　　　　　　　）
原 価 差 額	（　　　　　　　）
実際変動製造マージン	（　　　　　　　）
変 動 販 売 費	（　　　　　　　）
実 際 限 界 利 益	（　　　　　　　）
固　　　定　　　費	（　　　　　　　）
実 際 営 業 利 益	（　　　　　　　）

問2

直接材料費差異	価格差異	円
	数量差異	円
直接労務費差異	賃率差異	円
	作業時間差異	円
製造間接費差異	予算差異	円
	能率差異	円

問3

販 売 数 量 差 異	(円)
販 売 価 格 差 異	(円)
変 動 費 差 異	
売上原価差異	(円)
販売費差異	(円)
固 定 費 差 異	
製造間接費差異	(円)
販売費差異	(円)
営 業 利 益 差 異	(円)

問4

売 上 高 差 異	
売上数量差異	(円)
売上価格差異	(円)
変 動 費 差 異	
売 上 原 価 差 異	
単位原価差異	(円)
販売数量差異	(円)
販 売 費 差 異	
単位原価差異	(円)
販売数量差異	(円)
固 定 費 差 異	
製造間接費差異	(円)
販売費差異	(円)
営 業 利 益 差 異	(円)

予算実績差異分析①

問1

① 損益計算書　　　（単位：円）

売　　　　上　　　　高	(	30,000,000	)
変　動　売　上　原　価	(	18,000,000	)
変動製造マージン	(	12,000,000	)
変　動　販　売　費	(	150,000	)
限　界　利　益	(	11,850,000	)
固　　　定　　　費	(	3,900,000	)
予　算　営　業　利　益	(	7,950,000	)

② 損益計算書　　　（単位：円）

売　　　　上　　　　高	(	33,048,000	)
変　動　売　上　原　価	(	18,441,000	)
変動製造マージン	(	14,607,000	)
変　動　販　売　費	(	149,940	)
限　界　利　益	(	14,457,060	)
固　　　定　　　費	(	3,835,600	)
実　際　営　業　利　益	(	10,621,460	)

③ 損益計算書　　　（単位：円）

売　　　　上　　　　高	(	33,048,000	)
標　準　変　動　売　上　原　価	(	18,360,000	)
標準変動製造マージン	(	14,688,000	)
原　　価　　差　　額	(	81,000	)
実際変動製造マージン	(	14,607,000	)
変　動　販　売　費	(	149,940	)
実　際　限　界　利　益	(	14,457,060	)
固　　　定　　　費	(	3,835,600	)
実　際　営　業　利　益	(	10,621,460	)

問2

直接材料費差異	価格差異	−24,600円
	数量差異	−36,000円
直接労務費差異	賃率差異	18,400円
	作業時間差異	−16,000円
製造間接費差異	予算差異	−14,800円
	能率差異	−8,000円

問3

販 売 数 量 差 異	(	237,000円	)
販 売 価 格 差 異	(	2,448,000円	)
変 動 費 差 異			
売上原価差異	(	−81,000円	)
販売費差異	(	3,060円	)
固 定 費 差 異			
製造間接費差異	(	74,000円	)
販売費差異	(	−9,600円	)
営 業 利 益 差 異	(	2,671,460円	)

問4

売 上 高 差 異			
売上数量差異	(	600,000円	)
売上価格差異	(	2,448,000円	)
変 動 費 差 異			
売 上 原 価 差 異			
単位原価差異	(	−81,000円	)
販売数量差異	(	−360,000円	)
販 売 費 差 異			
単位原価差異	(	3,060円	)
販売数量差異	(	−3,000円	)
固 定 費 差 異			
製造間接費差異	(	74,000円	)
販売費差異	(	−9,600円	)
営 業 利 益 差 異	(	2,671,460円	)

問1

① 予算損益計算書

売上高：3,000個×10,000円/個＝30,000,000円

変動売上原価：3,000個×6,000円/個＝18,000,000円

変動販売費：3,000個×50円/個＝150,000円

固定費：3,600,000円＋300,000円＝3,900,000円

② 実際原価計算を採用した場合の実績損益計算書

売上高：3,060個×10,800円/個＝33,048,000円

変動売上原価：7,404,600円＋7,341,600円＋3,694,800円＝18,441,000円

変動販売費：149,940円

固定費：3,526,000円＋309,600円＝3,835,600円

③ 標準原価計算を採用した場合の実績損益計算書

売上高：3,060個×10,800円/個＝33,048,000円

標準変動売上原価：3,060個×6,000円/個＝18,360,000円

原価差額：3,060個×6,000円/個－18,441,000円＝-81,000円

変動販売費：149,940円

固定費：3,526,000円＋309,600円＝3,835,600円

問2

直接材料費

価格差異：12,300kg×600円/kg－7,404,600円＝－24,600円（不利）

数量差異：（3,060個× 4 kg－12,300kg）×600円/kg＝－36,000円（不利）

直接労務費

賃率差異：9,200 h×800円/ h－7,341,600円＝18,400円（有利）

作業時間差異：（3,060個× 3 h－9,200 h）×800円/ h＝－16,000円（不利）

製造間接費（変動費のみ）

予算差異：9,200 h×400円/ h－3,694,800円＝－14,800円（不利）

能率差異：（3,060個× 3 h－9,200 h）×400円/ h＝－8,000円（不利）

問3

要因別分析（販売数量差異を貢献利益単価で算出）

販売数量差異：（3,060個－3,000個）×3,950円/個＝237,000円（有利）

販売価格差異：（10,800円/個－10,000円/個）×3,060個＝2,448,000円（有利）

変動費差異

売上原価差異：3,060個×6,000円/個－18,441,000円＝－81,000円（不利）

販売費差異：3,060個×50円/個－149,940円＝3,060円（有利）

固定費差異

製造間接費差異：3,600,000円－3,526,000円＝74,000円（有利）

販売費差異：300,000円－309,600円＝－9,600円（不利）

営業利益差異：2,671,460円（有利）

問4 項目別分析

売上高差異

売上数量差異：（3,060個−3,000個）×10,000円/個＝600,000円（有利）

売上価格差異：（10,800円/個−10,000円/個）×3,060個＝2,448,000円（有利）

変動費差異（売上原価差異）

単位原価差異：3,060個×6,000円/個−18,441,000円＝−81,000円（不利）

販売数量差異：（3,000個−3,060個）×6,000円/個＝−360,000円（不利）

変動費差異（販売費差異）

単位原価差異：3,060個×50円/個−149,940円＝3,060円（有利）

販売数量差異：（3,000個−3,060個）×50円/個＝−3,000円（不利）

固定費差異

製造間接費差異：3,600,000円−3,526,000円＝74,000円（有利）

販売費差異：300,000円−309,600円＝−9,600円（不利）

営業利益差異：2,671,460円（有利）

16-2 予算実績差異分析②

　当社では、製品 β の製造販売を行っている。予算統制を行うため、原価計算方法としては標準直接原価計算を採用している。よって、下記の〔資料〕に基づき、以下の各問に答えなさい。

〔資料１〕 当年度の予算データ

(1) 製品 β の変動標準原価に関するデータ

直接材料費	@300円/kg	× 4 kg =	1,200円
直接労務費	@400円/h	× 2 h =	800円
製造間接費	@600円/h	× 2 h =	1,200円
			3,200円

(2) 当期の年間固定製造間接費予算額は9,180,000円であり、基準操業度は10,200 h（直接作業時間）である。

(3) 当期の標準変動販売費は@80円/個、年間固定販売費予算額は600,000円である。

(4) 製品 β の予算販売価格は@6,000円/個であり、予算販売数量は5,000個である。

〔資料２〕 当年度の実績データ

(1) 当期の実際原価データ

直接材料費	6,055,100円	（20,050kg）
直接労務費	3,975,360円	（9,840 h ）
製造間接費（変動費）	5,940,000円	
（固定費）	9,220,600円	

(2) 販売費の実際発生額は、変動販売費が408,000円、固定販売費が582,000円である。

(3) 製品 β の実際販売価格は@6,120円/個であり、実際販売数量は4,800個である。

〔資料３〕 その他の事項

(1) 当期の期首仕掛品は400個、期末仕掛品は600個である。なお、加工換算量は50％として計算する。また、製品の期首・期末在庫は無視すること。

(2) 前期・当期の原価差異は、正常かつ比較的少額である。

(3) 不利差異の場合には「－」を付すこと。

問1 　当期の①直接原価計算に基づく予算損益計算書、および②標準直接原価計算を用いた場合の損益計算書（直接原価計算に基づく実績損益計算書）を答案用紙の形式に従って完成させなさい。重要度 A

問2 　問1 の②の標準原価差異の分析を行いなさい。重要度 A

問3 　答案用紙の形式に従って、予算実績差異分析（要因別分析）を行いなさい。重要度 A

問4 　答案用紙の形式に従って、予算実績差異分析（項目別分析）を行いなさい。重要度 B

問1

① 損益計算書 （単位：円）

売 上 高	（　　　　　　　　）
変 動 売 上 原 価	（　　　　　　　　）
変 動 製 造 マ ー ジ ン	（　　　　　　　　）
変 動 販 売 費	（　　　　　　　　）
限 界 利 益	（　　　　　　　　）
固 定 費	（　　　　　　　　）
予 算 営 業 利 益	（　　　　　　　　）

② 損益計算書 （単位：円）

売 上 高	（　　　　　　　　）
標 準 変 動 売 上 原 価	（　　　　　　　　）
標 準 変 動 製 造 マ ー ジ ン	（　　　　　　　　）
原 価 差 額	（　　　　　　　　）
実 際 変 動 製 造 マ ー ジ ン	（　　　　　　　　）
変 動 販 売 費	（　　　　　　　　）
実 際 限 界 利 益	（　　　　　　　　）
固 定 費	（　　　　　　　　）
実 際 営 業 利 益	（　　　　　　　　）

問2

直接材料費差異	価格差異	円
	数量差異	円
直接労務費差異	賃率差異	円
	作業時間差異	円
製造間接費差異	予算差異	円
	能率差異	円

問3

販　売　数　量　差　異	（	円　）
販　売　価　格　差　異	（	円　）
変　動　費　差　異		
売上原価差異	（	円　）
販売費差異	（	円　）
固　定　費　差　異		
製造間接費差異	（	円　）
販売費差異	（	円　）
営　業　利　益　差　異	（	円　）

問4

売　上　高　差　異		
売上数量差異	（	円　）
売上価格差異	（	円　）
変　動　費　差　異		
売上原価差異		
単位原価差異	（	円　）
販売数量差異	（	円　）
販　売　費　差　異		
単位原価差異	（	円　）
販売数量差異	（	円　）
固　定　費　差　異		
製造間接費差異	（	円　）
販売費差異	（	円　）
営　業　利　益　差　異	（	円　）

問1

①　　　　　　　　損益計算書　　　（単位：円）

売　　上　　高	（	30,000,000　）
変　動　売　上　原　価	（	16,000,000　）
変動製造マージン	（	14,000,000　）
変　動　販　売　費	（	400,000　）
限　界　利　益	（	13,600,000　）
固　　　定　　　費	（	9,780,000　）
予　算　営　業　利　益	（	3,820,000　）

②　　　　　　　　損益計算書　　　（単位：円）

売　　上　　高	（	29,376,000　）
標　準　変　動　売　上　原　価	（	15,360,000　）
標準変動製造マージン	（	14,016,000　）
原　　価　　差　　額	（	170,460　）
実際変動製造マージン	（	13,845,540　）
変　動　販　売　費	（	408,000　）
実　際　限　界　利　益	（	13,437,540　）
固　　　定　　　費	（	9,802,600　）
実　際　営　業　利　益	（	3,634,940　）

問2

直接材料費差異	価格差異	－ 40,100円
	数量差異	－ 15,000円
直接労務費差異	賃率差異	－ 39,360円
	作業時間差異	－ 16,000円
製造間接費差異	予算差異	－ 36,000円
	能率差異	－ 24,000円

問3

販　売　数　量　差　異	（	−544,000円 ）
販　売　価　格　差　異	（	576,000円 ）
変　動　費　差　異		
売上原価差異	（	−170,460円 ）
販売費差異	（	−24,000円 ）
固　定　費　差　異		
製造間接費差異	（	−40,600円 ）
販売費差異	（	18,000円 ）
営　業　利　益　差　異	（	−185,060円 ）

問4

売　上　高　差　異		
売上数量差異	（	−1,200,000円 ）
売上価格差異	（	576,000円 ）
変　動　費　差　異		
売上原価差異		
単位原価差異	（	−170,460円 ）
販売数量差異	（	640,000円 ）
販　売　費　差　異		
単位原価差異	（	−24,000円 ）
販売数量差異	（	16,000円 ）
固　定　費　差　異		
製造間接費差異	（	−40,600円 ）
販売費差異	（	18,000円 ）
営　業　利　益　差　異	（	−185,060円 ）

問1

① 予算損益計算書

売上高：5,000個×6,000円/個＝30,000,000円

変動売上原価：5,000個×3,200円/個＝16,000,000円

変動販売費：5,000個×80円/個＝400,000円

固定費：9,180,000円＋600,000円＝9,780,000円

② 標準原価計算に基づく実績損益計算書

売上高：4,800個×6,120円/個＝29,376,000円

標準変動売上原価：4,800個×3,200円/個＝15,360,000円

原価差額：5,000個×1,200円/個＋4,900個×（800円/個＋1,200円/個）

$$- （6,055,100円＋3,975,360円＋5,940,000円）＝-170,460円$$

変動販売費：408,000円

固定費：9,220,600円＋582,000円＝9,802,600円

問2 直接材料費

価格差異：20,050kg×300円/kg－6,055,100円＝－40,100円（不利）

数量差異：（5,000個×4kg－20,050kg）×300円/kg＝－15,000円（不利）

直接労務費

賃率差異：9,840h×400円/h－3,975,360円＝－39,360円（不利）

作業時間差異：（4,900個×2h－9,840h）×400円/h＝－16,000円（不利）

製造間接費（変動費のみ）

予算差異：9,840h×600円/h－5,940,000円＝－36,000円（不利）

能率差異：（4,900個×2h－9,840h）×600円/h＝－24,000円（不利）

問3 要因別分析

販売数量差異：（4,800個－5,000個）×2,720円/個＝－544,000円（不利）

販売価格差異：（6,120円/個－6,000円/個）×4,800個＝576,000円（有利）

変動費差異

売上原価差異：（5,000個×1,200円/個＋4,900個×2,000円/個）

$$-（6,055,100円＋3,975,360円＋5,940,000円）＝－170,460円（不利）$$

販売費差異：4,800個×80円/個－408,000円＝－24,000円（不利）

固定費差異

製造間接費差異：9,180,000円－9,220,600円＝－40,600円（不利）

販売費差異：600,000円－582,000円＝18,000円（有利）

営業利益差異：－185,060円（不利）

問4 項目別分析

売上高差異

  売上数量差異：(4,800個－5,000個)×6,000円/個＝－1,200,000円（不利）

  売上価格差異：(6,120円/個－6,000円/個)×4,800個＝576,000円（有利）

変動費差異（売上原価差異）

  単位原価差異：－170,460円（不利）

  販売数量差異：(5,000個－4,800個)×3,200円/個＝640,000円（有利）

変動費差異（販売費差異）

  単位原価差異：－24,000円（不利）

  販売数量差異：(5,000個－4,800個)×80円/個＝16,000円（有利）

固定費差異

  製造間接費差異：9,180,000円－9,220,600円＝－40,600円（不利）

  販売費差異：600,000円－582,000円＝18,000円（有利）

営業利益差異：－185,060円（不利）

市場占拠率差異・市場総需要差異　　　　／ □　／ □　／ □

当社の利益計画と実績に関する営業成績は以下のとおりであった。　　　　　　　重要度 A

	予算（利益計画）	実　績
売 上 高	@1,000円×10,000個	@980円×12,740個
売 上 原 価	@700円×10,000個	@720円×12,740個

　当社の目標市場占拠率は10％であったが、実際市場占拠率は13％であった。以上の資料により、売上高差異を分析した場合の、売上価格差異と売上数量差異を求めるとともに、さらに売上数量差異を市場占拠率差異と市場総需要量差異とに分析しなさい。なお、（　）内には有利・不利を記入すること。

■解答欄

売 上 価 格 差 異	円　（　　　　　　　　）
売 上 数 量 差 異	円　（　　　　　　　　）
市 場 占 拠 率 差 異	円　（　　　　　　　　）
市 場 総 需 要 量 差 異	円　（　　　　　　　　）

解答・解説 **市場占拠率差異・市場総需要差異**

売 上 価 格 差 異	254,800円　（　　不利　　）
売 上 数 量 差 異	2,740,000円　（　　有利　　）
市 場 占 拠 率 差 異	2,940,000円　（　　有利　　）
市 場 総 需 要 量 差 異	200,000円　（　　不利　　）

売上価格差異：（980円/個−1,000円/個）×12,740個＝−254,800円（不利）
売上数量差異：1,000円/個×（12,740個−10,000個）＝2,740,000円（有利）
市場占拠率差異：（12,740個−9,800個）×1,000円/個＝2,940,000円（有利）
市場総需要量差異：（9,800個−10,000個）×1,000円/個＝−200,000円（不利）

　※　9,800個＝12,740個÷13％×10％（実際市場総需要量×目標市場占拠率）

下記の〔**資料**〕に基づき、販売数量差異を売上品構成差異と売上品数量差異に分解しなさい。なお、不利差異の場合には「－」を付すこと。　重要度 **A**

〔**資料**〕

1．予算データ

	製品X	製品Y
販 売 量	500個	1,000個
販売単価	1,000円	500円
変 動 費	@600円/個	@300円/個
固 定 費	省略	省略

2．実績データ

	製品X	製品Y
販 売 量	690個	930個
販売単価	1,080円	540円
変 動 費	@630円/個	@290円/個
固 定 費	省略	省略

■解答欄

① 販売数量差異を予算貢献利益に基づいて算定する場合

	製品X	製品Y
売上品構成差異	円	円
売上品数量差異	円	円

② 販売数量差異を予算販売価格に基づいて算定する場合

	製品X	製品Y
売上品構成差異	円	円
売上品数量差異	円	円

① 販売数量差異を予算貢献利益に基づいて算定する場合

	製品 X	製品 Y
売上品構成差異	60,000円	−30,000円
売上品数量差異	16,000円	16,000円

② 販売数量差異を予算販売価格に基づいて算定する場合

	製品 X	製品 Y
売上品構成差異	150,000円	−75,000円
売上品数量差異	40,000円	40,000円

	予算数量	実際数量・予算割合	実際数量
X	500個	540個	690個
Y	1,000個	1,080個	930個
	1,500個	1,620個	1,620個

① 販売数量差異を予算貢献利益に基づいて算定する場合

(1) 売上品構成差異

製品X：(690個−540個) ×400円/個（予算貢献利益）＝60,000円（有利）

製品Y：(930個−1,080個) ×200円/個（予算貢献利益）＝−30,000円（不利）

(2) 売上品数量差異

製品X：(540個−500個) ×400円/個（予算貢献利益）＝16,000円（有利）

製品Y：(1,080個−1,000個) ×200円/個（予算貢献利益）＝16,000円（有利）

② 販売数量差異を予算販売価格に基づいて算定する場合

(1) 売上品構成差異

製品X：(690個−540個) ×1,000円/個（予算販売価格）＝150,000円（有利）

製品Y：(930個−1,080個) ×500円/個（予算販売価格）＝−75,000円（不利）

(2) 売上品数量差異

製品X：(540個−500個) ×1,000円/個（予算販売価格）＝40,000円（有利）

製品Y：(1,080個−1,000個) ×500円/個（予算販売価格）＝40,000円（有利）

第 **17** 章

資金管理

17-1 現金資金の管理

　　　／　□　　／　□　　／　□

以下の〔資料〕に基づいて、各四半期末における現金残高を答えなさい。なお、各四半期は90日として計算すること。計算上生じた端数については、万円未満をその都度、四捨五入すること。　　　重要度 C

〔資料〕

1．各四半期の売上予測（単位：万円）

	Q 1	Q 2	Q 3	Q 4	2 Q 1
売上予測	600	1,500	1,800	2,000	1,200

2．各回転期間に関するデータ
　⑴　売掛金の平均回転期間は49.5日である。
　⑵　買掛金の平均回転期間は36日である。

3．各勘定の期首残高について
　⑴　売掛金の当期首残高は275万円である。
　⑵　買掛金の当期首残高は168万円である。
　⑶　現金の当期首残高は153万円である。

4．その他のデータ
　⑴　販売及び仕入はすべて掛けによって行っている。なお、各四半期の仕入高は翌四半期の売上予測の70％とする。
　⑵　手元現金は少なくとも100万円は保有しておくものとする。
　⑶　現金に不足が生じる場合には短期借入を行う。短期借入金の年利は18％である。
　⑷　利息の支払は翌四半期より、各四半期末に行うものとする。
　⑸　現金に余裕がある場合には借入金の返済に充てるものとする。

■解答欄

Q 1 ［　　　　　　万円］　　　Q 2 ［　　　　　　　　万円］

Q 3 ［　　　　　　万円］　　　Q 4 ［　　　　　　　　万円］

解答・解説 現金資金の管理

Q 1 [　　　　　100万円]　　Q 2 [　　　　　100万円]

Q 3 [　　　　　100万円]　　Q 4 [　　　　　815万円]

(1) 営業収入

売掛金（単位：万円）	Q 1	Q 2	Q 3	Q 4
期首残高	275	330	825	990
発生高（売上高）	600	1,500	1,800	2,000
期末残高	330	825	990	1,100
営業収入	545	1,005	1,635	1,890

　売掛金の平均回転期間が49.5日ということは、49.5日分の売掛金が残っていることになる。

　販売は全て掛けで行っていることから、各四半期末の売掛金残高は90日のうち49.5日分の売上高となる。

　　※　売掛金期末残高＝売上高×49.5日÷90日（四半期）

(2) 営業支出

買掛金（単位：万円）	Q 1	Q 2	Q 3	Q 4
期首残高	168	420	504	560
発生高（仕入高）	1,050	1,260	1,400	840
期末残高	420	504	560	336
営業支出	798	1,176	1,344	1,064

　買掛金の平均回転期間が36日ということは、36日分の買掛金が残っていることになる。

　仕入は全て掛けで行っていることから、各四半期末の買掛金残高は90日のうち36日分の仕入高となる。

また、仕入は翌四半期売上予測の70％であるため、買掛金の発生高は翌四半期売上高より算定する。

　　※　買掛金発生高＝翌四半期売上高×70％

　　※　買掛金期末残高＝仕入高×36日÷90日（四半期）

(3) 資金繰り表

現金（単位：万円）	Q1	Q2	Q3	Q4
期首残高	153	100	100	100
営業収入	545	1,005	1,635	1,890
営業支出	798	1,176	1,344	1,064
必要手元残高	100	100	100	100
差引過不足	△200	△171	291	826
支払利息	―	△9	△17	△5
返済高	―	―	△274	△106
借入高	200	180	―	―
差引合計	0	0	0	715
期末残高	100	100	100	815

　資金繰り表を作成した上で、手元資金に不足が生じる場合は、借入れを行う必要がある。その際には、必要手元残高と借入れ後の支払利息を加味する必要がある。

　※　Q2支払利息：200万円×18%÷4＝9万円
　※　Q3支払利息：（200万円＋180万円）×18%÷4≒17万円
　※　Q4支払利息：（200万円＋180万円－274万円）×18%÷4≒5万円

意思決定会計 I
（戦術的意思決定）

下記の〔資料〕に基づき、以下の各問に答えなさい。

重要度 B

〔資料〕

1．製品1個あたり変動製造原価

直接材料費　　　3,000円/個

変動加工費　　　2,000円/個

2．年間の固定加工費は9,000,000円であり、当期の基準操業度は3,000個である。

3．変動販売費は500円/個、年間の固定販売費は1,800,000円である。

4．投下資本は30,000,000円である。

問1　目標利益率を総原価の20%とし、全部原価法により価格決定を行いなさい。

問2　加工費にかかる目標利益率を30%として、加工費法により価格決定を行いなさい。

問3　目標投下資本利益率を10%とし、投資利益率法により価格決定を行いなさい。

問4　直接原価法により、①変動費まで回収する目標販売価格および②目標投下資本利益率が10%となる目標販売価格を求めなさい。

■解答欄

問1

円/個

問2

円/個

問3

円/個

問4

① | 円/個 |　　②| 円/個 |

問1

10,920円/個

問2

10,600円/個

問3

10,100円/個

問4

①	5,500円/個	②	10,100円/個

問1

(1) 単位あたり全部原価

変動製造原価：5,000円/個

固定製造原価：3,000円/個＝9,000,000円÷3,000個

変動販売費：500円/個

固定販売費：600円/個＝1,800,000円÷3,000個

合計：9,100円/個＝5,000円/個＋3,000円/個＋500円/個＋600円/個

(2) 全部原価法

9,100円/個×（1＋20％）＝10,920円/個

※ 総原価を基準に利益率をかける

問2

9,100円/個＋（2,000円/個＋3,000円/個）×30％＝10,600円/個

※ 加工費（変動加工費と固定加工費の合計）を基準に利益率をかける

問3

9,100円/個＋30,000,000円×10％÷3,000個＝10,100円/個

※ 単位あたりの投下資本利益を求め、総原価に加算する

◆ 全部原価法（総原価法）による価格決定
① 全部原価法（総原価法）
　　単位あたり全部原価　＋　単位あたり目標利益（単位あたり全部原価×目標利益率）
② 加工費法
　　単位あたり全部原価　＋　単位あたり目標利益（単位あたり加工費×目標利益率）
③ 投資利益率法
　　単位あたり全部原価　＋　単位あたり目標利益（投下資本×目標利益率÷生産販売量）

問4

(1) 変動費まで回収する目標販売価格

3,000円/個＋2,000円/個＋500円/個＝5,500円/個

(2) 目標投下資本営業利益率が10％となる目標販売価格

5,500円/個＋（9,000,000円＋1,800,000円＋30,000,000円×10％）÷3,000個＝10,100円/個

◆ 直接原価法（部分原価法）による価格決定
　　単位あたり変動費＋単位あたり目標貢献利益（〔固定費＋目標営業利益〕÷生産販売量）
　　単位あたり変動費＋（固定費＋投下資本×目標利益率）÷生産販売量

18-2 価格決定②

当社は、製品Qの製造販売を行っている。よって、下記の〔資料〕に基づき、以下の各問に答えなさい。

重要度 A

〔資料〕

1. 製品Q1個あたり変動製造原価

   直接材料費　　　1,500円/個

   変動加工費　　　4,000円/個

2. 年間の固定加工費は5,000,000円であり、当期の基準操業度は5,000個である。

3. 変動販売費は200円/個、年間の固定販売費は3,000,000円である。

問1　当社が、短期的に損失を出さない最低限度の価格（価格低限）を求めなさい。

問2　仮に、固定加工費のすべてが個別固定費であり、製品Qの製造を中止した場合には発生しない場合における価格低限を求めなさい。

■解答欄

問1

	円/個

問2

	円/個

第18章　意思決定会計Ⅰ（戦術的意思決定）

解答・解説 価格決定②

問1

5,700円/個

問2

6,700円/個

問1

1,500円/個 + 4,000円/個 + 200円/個 = 5,700円/個

◆ 個別固定費が、製品の製造を行っても、行わなくても発生してしまう場合には、変動費部分だけ回収できれば、短期的には損失は発生しない。

問2

1,500円/個 + 4,000円/個 + 200円/個 + 5,000,000円 ÷ 5,000個 = 6,700円/個

◆ 個別固定費が、製品の製造を行わない場合に発生しないならば、変動費と同様と考え、変動費に個別固定費を加えた部分を回収しなければ、短期的に損失が発生してしまう。

プロダクト・ミックス①　　　　／ □　／ □　／ □

下記の〔資料〕に基づき、以下の各問に答えなさい。　　　　　　　　　重要度 **A**

〔資料〕

1．各製品（1個あたり）に関する資料

	製品A	製品B
販 売 価 格	10,000円/個	20,000円/個
直接材料費	1,000円/kg×4 kg	2,000円/kg×5 kg
変動加工費	800円/hr×4 hr	1,000円/hr×6 hr

2．各製品の販売可能数量の上限はそれぞれ4,000個である。

問1　各製品の販売可能数量の合計が6,000個である場合の最適プロダクト・ミックスを求めなさい。

問2　作業時間が合計で22,000hrである場合の最適プロダクト・ミックスを求めなさい。

問3　直接材料の消費可能量が25,000kgである場合の最適プロダクト・ミックスを求めなさい。

■解答欄

問1

製品A ［　　　　　　　］個　　　製品B ［　　　　　　　］個

問2

製品A ［　　　　　　　］個　　　製品B ［　　　　　　　］個

問3

製品A ［　　　　　　　］個　　　製品B ［　　　　　　　］個

問1

製品A 　　　　　2,000個　　　　製品B 　　　　　4,000個

問2

製品A 　　　　　4,000個　　　　製品B 　　　　　1,000個

問3

製品A 　　　　　1,250個　　　　製品B 　　　　　4,000個

問1

　　制約条件が販売数量（個数）　→　販売可能数量の合計が6,000個

　個数あたりの限界利益（制約条件あたり限界利益）

　　　製品A：2,800円/個（10,000円/個－4,000円/個－3,200円/個）

　　　製品B：4,000円/個（20,000円/個－10,000円/個－6,000円/個）

　よって、製品Bが有利なため、製品Bを優先的に製造販売する。

　　　製品A：2,000個　　　　製品B：4,000個

　　※　制約条件が個数であるため、個数あたりの限界利益で比較

問2

　　　制約条件が作業時間　→　作業時間合計が22,000hr

　作業時間1hrあたり限界利益（制約条件あたり限界利益）

　　　製品A：700円/hr（2,800円/個÷4hr）

　　　製品B：666.6円/hr（4,000円/個÷6hr）

　よって、製品Aが有利なため、製品Aを優先的に製造販売する。

　　　製品A：4,000個　　　　製品B：1,000個

　　※　制約条件が時間であるため、時間あたりの限界利益で比較

問3

　　制約条件が材料の消費量　→　直接材料の消費可能量が25,000kg

　材料1kgあたり限界利益（制約条件あたり限界利益）

　　　製品A：700円/kg（2,800円/個÷4kg）

　　　製品B：800円/kg（4,000円/個÷5kg）

　よって、製品Bが有利なため、製品Bを優先的に製造販売する。

　　　製品A：1,250個　　　　製品B：4,000個

　　※　制約条件が材料の消費量であるため、材料1kgあたりの限界利益で比較

◆　最適プロダクト・ミックスの問題において、制約条件が1つの場合には、**制約条件あたり限界利益**の高い製品から優先的に製造販売する。

18-4 プロダクト・ミックス②

／ □　／ □　／ □

下記の〔資料〕に基づき、以下の各問に答えなさい。

〔資料〕

1．各製品の単位あたり変動費に関する予算データ

	製品A	製品B
材料 X	6 kg×300円/kg	3 kg×300円/kg
加工費	8 h×200円/h	2 h×200円/h
販売費	200円/個	100円/個

2．各製品の単位あたり予算販売価格は、製品Aが5,000円/個、製品Bが2,000円/個である。

3．当期の予算固定加工費は1,500,000円、予算固定販売費300,000円である。

4．当期の材料Xの消費可能量は18,000kgである。

5．当社の生産能力は15,000 hである。

6．製品Aの需要上限は1,000個である。

7．製品Bの需要上限は5,000個である。

問1　各製品の最適プロダクト・ミックスを求めなさい。　　　　　　　　　　　　　　重要度 A

問2　製品Aの限界利益がいくらより下がれば、最適プロダクト・ミックスは問1から変化するか。

重要度 B

■解答欄

問1

製品A ［　　　　　　　　］個　　製品B ［　　　　　　　　］個

問2

製品A ［　　　　　　　　］円

第18章　意思決定会計Ⅰ（戦術的意思決定）

プロダクト・ミックス②

問1

製品A | 750個 | 製品B | 4,500個

問2

製品A | 1,200円

問1
(1) 制約条件あたり限界利益

単位あたり限界利益

製品A：5,000円/個 − 1,800円/個 − 1,600円/個 − 200円/個 = 1,400円/個

製品B：2,000円/個 − 900円/個 − 400円/個 − 100円/個 = 600円/個

材料1kgあたり限界利益

製品A：1,400円 ÷ 6 kg ≒ 233円/kg

製品B：600円 ÷ 3 kg = 200円/kg

生産能力1hあたり限界利益

製品A：1,400円 ÷ 8 h = 175円/h

製品B：600円 ÷ 2 h = 300円/h

よって、制約条件あたり限界利益の優位な製品は、制約条件ごとに異なる。

(2) リニア・プログラミングによる解法

目的関数：1,400A + 600B ＝ Max Z

制約条件：6 A + 3 B ≦ 18,000kg（傾き − 1 / 2）

　　　　　8 A + 2 B ≦ 15,000 h（傾き − 1 / 4）

非負条件：A ≧ 0

　　　　　B ≧ 0

(3) 最適プロダクト・ミックス

6 A + 3 B ≦ 18,000kg

8 A + 2 B ≦ 15,000 h

A = 750　　B = 4,500

◆ 最適プロダクト・ミックスの問題において、**制約条件が2つの場合**で、それぞれの制約条件あたり限界利益の**優位が異なる場合**には、リニア・プログラミングにより解く。

問2

製品Aの限界利益をPとおくと、目的関数の傾きは－600／Pとなる。

最適プロダクト・ミックスが変化するためには、600／Pが１／２より大きくなればよい。

$$\frac{600}{P} > \frac{1}{2}$$

したがって、

P＜1,200

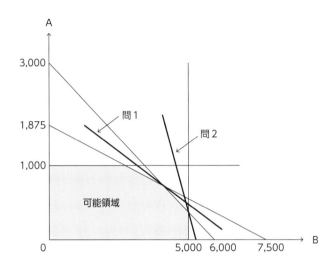

第18章 意思決定会計Ⅰ（戦術的意思決定）

18-5 自製か購入かの意思決定①

当工場では、3年前に機械Aを購入し、部品Xの自製を行っていたが、それをすべて購入に切り替えることを検討している。よって、下記の〔資料〕に基づき、部品Xを自製すべきか、購入すべきかの意思決定を行いなさい。

重要度 A

〔資料〕

1. 機械Aの購入原価：100,000千円

2. 部品X1個当たり変動製造原価

直接材料費	10,000円
加工費	5,000円
合計	15,000円

3. 固定加工費の現金支出額は40,000,000円であり、部品Xの製造を中止した場合、他の事業での転用が可能である。

4. 機械Aは耐用年数5年、残存価額ゼロ、定額法により減価償却を行っている。

5. 部品X1個当たりの購入原価は18,000円/個である。

6. 部品Xの年間必要数量は10,000個である。

7. 部品Xを外部購入する場合には、機械Aをレンタルに出すことが可能である。機械Aのレンタル料は年間12,000,000円とする。

■解答欄

| | 円 | 有利なため　　（　自製する。　、　購入する。　）
|---|---|

※　いずれか適切なほうを丸で囲みなさい。

（第18章-12）

自製か購入かの意思決定①

| 22,000,000円 | 有利なため　　（　　自製する。　　、　（購入する。）　）

※　いずれか適切なほうを丸で囲みなさい。

(1) 自製した場合

変動製造原価：15,000円/個×10,000個＝150,000,000円

固定加工費（現金支出費用）：40,000,000円

機械のレンタル収入（機会原価）：12,000,000円

合計：202,000,000円

※　減価償却費は、当期に新たに支出する費用ではないので、意思決定上は考慮しない。

(2) 購入した場合

買入部品費：18,000円/個×10,000個＝180,000,000円

(3) 意思決定

202,000,000円－180,000,000円＝22,000,000円

購入した方が22,000,000円有利となる。

◆　差額原価（意思決定を行う上で考慮すべき原価）とは、意思決定の結果として追加的に生じる
未来原価で、下記の算式で示される。

差額原価　＝　未来支出原価　＋　機会原価

18-6 自製か購入かの意思決定② ／ ☐ ／ ☐ ／ ☐

　当社は、製品Ｘを年間5,000個製造しているが、現在余剰能力があり、これを活用して、製品Ｘの主要材料である部品Ａの内製を検討中である。よって、下記の〔資料〕に基づいて、以下の各問に答えなさい。

〔資料〕

1．部品Ａの購入原価　　　　20,000円/個
2．部品Ａ１個あたりの変動製造原価

直接材料費	2,000円/kg×4kg＝	8,000円
加　工　費	3,000円/h×3h＝	9,000円
合　　計		17,000円

3．部品Ａを自製するためには、新たに特殊設備が必要であり、特殊設備の年間リース料は36,000,000円である。
4．部品Ａの年間必要量は15,000個である。

問1　余剰能力が年間30,000時間である場合の意思決定を行いなさい。なお、部品Ａを自製する場合で、余剰能力を超える部分については購入するものとする（以下、同様）。　　　　重要度 A

問2　余剰能力が年間45,000時間である場合の意思決定を行いなさい。　　　　重要度 A

問3　余剰能力が何時間を超える場合に、当社は部品Ａを自製または購入すべきか答えなさい。重要度 B

■解答欄

問1

＿＿＿＿＿＿＿円	有利なため	（　自製する。　、　購入する。　）

　　※　いずれか適切なほうを丸で囲みなさい。

問2

＿＿＿＿＿＿＿円	有利なため	（　自製する。　、　購入する。　）

　　※　いずれか適切なほうを丸で囲みなさい。

問3

＿＿＿＿＿＿＿時間	を超える場合	（　自製する。　、　購入する。　）

　　※　いずれか適切なほうを丸で囲みなさい。

自製か購入かの意思決定②

問1

| 6,000,000円 | 有利なため　　（　　自製する。　、　（購入する。）　）

※　いずれか適切なほうを丸で囲みなさい。

問2

| 9,000,000円 | 有利なため　　（　（自製する。）　、　　購入する。　　）

※　いずれか適切なほうを丸で囲みなさい。

問3

| 36,000時間 | を超える場合　　（　（自製する。）　、　　購入する。　　）

※　いずれか適切なほうを丸で囲みなさい。

問1

（1）　部品Aの製造可能数量

$$30,000時間 \div 3\,h = 10,000個$$

（2）　すべて購入した場合の差額原価

$$20,000円/個 \times 15,000個 = 300,000,000円$$

（3）　一部購入した場合の差額原価

$$20,000円/個 \times (15,000個 - 10,000個) = 100,000,000円$$
$$17,000円/個 \times 10,000個 = 170,000,000円$$
$$36,000,000円$$
合計：306,000,000円

（4）　意思決定

$$306,000,000円 - 300,000,000円 = 6,000,000円$$
6,000,000円有利なため、すべて購入する。

問2

(1) 部品Aの製造可能数量

45,000時間 ÷ 3 h = 15,000個

(2) すべて購入した場合の差額原価

20,000円/個 × 15,000個 = 300,000,000円

(3) すべて自製した場合の差額原価

17,000円/個 × 15,000個 = 255,000,000円

36,000,000円

合計：291,000,000円

(4) 意思決定

300,000,000円 − 291,000,000円 = 9,000,000円

9,000,000円有利なため、すべて自製する。

問3

(1) 自製が有利となる部品Aの数量（部品Aの自製する数量をAとする）

すべて購入した場合：20,000円/個　×　15,000個

一部自製した場合：

20,000円/個　×　（15,000個 − A）　+　17,000円/個　×　A　+　36,000,000円

20,000 × 15,000　＞　20,000 × （15,000 − A）+ 17,000 A + 36,000,000円

A　＞　12,000個

(2) 余剰能力の時間

12,000個 × 3 h = 36,000 h

よって、36,000時間を超える場合には、部品Aを自製した方が有利となる。

自製か購入かの意思決定③ 　　　　／　□　／　□　／　□

当工場では、従来から部品Aを外部のP社から購入していたが、自製への切り替えを検討中である。よって、下記の〔資料〕に基づき、以下の各問に答えなさい。

〔資料〕

1．部品Aの単位当たり購入原価　　　　4,200円/個
2．部品A 1個当たり変動製造原価　　　　3,500円/個
3．部品Aを自製する場合には、固定製造間接費が年間4,000,000円のうち70％が発生する。
4．部品Aの年間必要数量は6,000個である。

問1　部品Aを自製すべきか、購入すべきかの意思決定を行いなさい。　　　　　　重要度 A

問2　部品Aの年間必要数量が何個を超える場合、部品Aを自製または購入した方が有利となるか、答えなさい。

重要度 A

問3　P社が、部品Aを3,000個超購入する場合には、3,000個を超える部分について購入原価から5％の値引きを行うと提示してきた。このとき、部品Aの年間必要数量が何個以上の場合、部品Aを自製または購入した方が有利となるか、答えなさい。　　　　　　重要度 B

■解答欄

問1

| 　　　　　　　　　　　円 | 有利なため　　（　自製する。　、　購入する。　）

※　いずれか適切なほうを丸で囲みなさい。

問2

| 　　　　　　　　　　　個 | を超える場合　（　自製　、　購入　）した方が有利となる。

※　いずれか適切なほうを丸で囲みなさい。

問3

| 　　　　　　　　　　　個 | 以上の場合　　（　自製　、　購入　）した方が有利となる。

※　いずれか適切なほうを丸で囲みなさい。

解答・解説 自製か購入かの意思決定③

問1

| 1,400,000円 | 有利なため　　（　自製する。　、　　購入する。　）|

※　いずれか適切なほうを丸で囲みなさい。

問2

| 4,000個 | を超える場合　（　自製　、　　購入　）　した方が有利となる。|

※　いずれか適切なほうを丸で囲みなさい。

問3

| 4,429個 | 以上の場合　　（　自製　、　　購入　）　した方が有利となる。|

※　いずれか適切なほうを丸で囲みなさい。

問1

(1) 部品Aを購入した場合の差額原価
　　4,200円/個×6,000個＝25,200,000円

(2) 部品Aを自製した場合の差額原価
　　3,500円/個×6,000個＝21,000,000円
　　2,800,000円（＝4,000,000円×70％）
　　合計：23,800,000円

(3) 意思決定
　　25,200,000円－23,800,000円＝1,400,000円
　　よって、自製した方が1,400,000円有利なため、自製する。

問2

部品Aの年間必要数量をAとすると
　　購入：4,200A
　　自製：3,500A＋2,800,000
　　差額：700A－2,800,000
この差額がプラスとなるAの範囲を求めると
　　700A－2,800,000　＞　0
　　A　＞　4,000
4,000個を超える場合は自製した方が有利となる。

問3

部品Aの年間必要数量をAとすると（A＞3,000の場合）

購入：4,200×3,000＋4,200×（A－3,000）×95％

自製：3,500A＋2,800,000

差額：490A－2,170,000

この差額がプラスとなるAの範囲を求めると

490A－2,170,000　＞　0

A　＞　4,428.57‥

4,429個以上の場合は自製した方が有利となる。

第18章　意思決定会計Ⅰ（戦術的意思決定）

18-8 受注可否の意思決定①

　　/ □　　/ □　　/ □

当社は製品Rを製造しているが、現在生産能力に余剰がある。いま、A社から製品Rを単価7,000円/個で2,000個購入したいという特別注文があり、これを受注するか検討中である。よって、下記の〔資料〕に基づき、当社の意思決定を行いなさい。

重要度 A

〔資料〕

1．製品Rの単位あたり製造原価

　　直接材料費　　　4,500円

　　加　工　費　　　3,000円

　　合　　計　　　　7,500円

2．年間の固定加工費は12,000,000円であり、当期の基準操業度は12,000個（生産能力の80％）である。

3．当期の販管費は下記のとおりである。

　　固定販管費　　6,000,000円

　　変動販管費　　300円/個

4．製品Rは市場で9,800円/個で販売している。

■解答欄

　　　　　　　　　　　　　円有利なため、追加注文を（　　受注する。　　、　　受注しない。　　）

　　※　いずれか適切なほうを丸で囲みなさい。

受注可否の意思決定①

| 400,000 | 円有利なため、追加注文を (受注する。 、 受注しない。) |

※ いずれか適切なほうを丸で囲みなさい。

⑴ 製品Rの単位あたり変動製造原価

7,500円/個 − 1,000円/個（固定加工費）＋ 300円/個 ＝ 6,800円/個

※ 1,000円/個（固定加工費）＝ 12,000,000円 ÷ 12,000個

⑵ 当社の余剰生産能力

12,000個 ÷ 80％ − 12,000個 ＝ 3,000個 ＞ 2,000個

⑶ 意思決定

2,000個 ×（7,000円/個 − 6,800円/個）＝ 400,000円

よって、400,000円有利なため、追加注文を受注する。

第18章｜意思決定会計Ⅰ（戦術的意思決定）

18-9 受注可否の意思決定②

／ □　／ □　／ □

　当社は、製品Qの製造販売を行っている。いま、A社より製品Qを単価2,500円/個で1,000個購入したいという追加注文がある。よって、下記の〔資料〕に基づき、以下の各問に答えなさい。

〔資料〕
1．製品Qの変動製造原価　　　　1,800円/個
2．製品Qの変動販売費　　　　　　300円/個
3．製品Qの市場での販売価格は3,400円/個であり、当期は10,000個の販売を予定している。なお、当社には遊休能力の発生が予定されており、現状では能力の80%の稼働を予定している。

問1　当社がどのような意思決定を行うべきか、答えなさい。　　　　　　重要度 A

問2　　仮に、A社からの追加注文を受注すると、市場での販売価格が単位あたり100円値下がりする場合において、追加注文を引き受けた方が有利となる最低限の受注数量を求めなさい。　　重要度 B

■解答欄

問1

　　　　　　　　　　　　　　円有利なため、追加注文を　（　受注する。　、　受注しない。　）

　　※　いずれか適切なほうを丸で囲みなさい。

問2

　　　　　　　　　個以上

受注可否の意思決定②

問1

| 400,000 | 円有利なため、追加注文を　（　受注する。　、　受注しない。　）

※　いずれか適切なほうを丸で囲みなさい。

問2

| 2,501個以上 |

問1

追加注文により増加する利益

　（2,500円/個－2,100円/個）×1,000個＝400,000円

よって、400,000円有利なため、追加注文を受注する。

問2

追加注文により減少する利益：100円/個×10,000個＝1,000,000円

追加注文を受注した方が有利となる数量（x）

　（2,500円/個－2,100円/個）× x －1,000,000円＞0

　x　＞　2,500

よって、2,501個以上では、追加注文を受注する。

（なお、2,501個は遊休能力の範囲外であるので不可能である。）

18-10 追加加工の意思決定

／ □　／ □　／ □

　当社は、連産品A・Bを製造・販売している。従来は各連産品は分離後そのまま販売していたが、連産品Aについて追加加工を行って販売するか検討中である。よって、下記の〔資料〕に基づき、追加加工すべきか否かの意思決定を行いなさい。

重要度 A

〔資料〕

1. 結合原価は2,100,000円である。
2. 分離点における各連産品の数量は連産品Aが3,000個、連産品Bが4,000個である。
3. 各連産品の見積販売価格は、連産品Aが900円/個、連産品Bが600円/個である。
4. 連産品Aを追加加工する場合の見積追加加工費は連産品A1個あたり150円/個である。追加加工を行うことによって、見積販売価格は30％増加する。なお、追加工程では工程の終点で10％の仕損が生じる。

■解答欄

|　　　　　　　　　　　　| 円有利なため、追加加工を（　行う。　、　行わない。　）

　　※　いずれか適切なほうを丸で囲みなさい。

解答・解説　追加加工の意思決定

|　　　　　9,000　| 円有利なため、追加加工を（　⬭行う。　、　行わない。　）

　　※　いずれか適切なほうを丸で囲みなさい。

追加加工しない場合の利益：900円/個×3,000個＝2,700,000円

追加加工した場合の利益：1,170円/個×3,000個×90％－150円/個×3,000個＝2,709,000円

　　※　1,170円/個＝900円/個×（1＋30％）

18-11 経済的発注量

次の〔資料〕に基づき、各問に答えなさい。

重要度 B

〔資料〕

1．	A材料1kg当たりの引取費用	400円/kg
2．	A材料発注1回当たりの通信費	800円/回
3．	A材料発注担当者の給与（月給）	250,000円
4．	A材料発注1回当たりの検査費	4,800円/回
5．	A材料1kg当たりの年間火災保険料	250円/kg
6．	A材料1kg当たりの購入代価	1,600円/kg
7．	A材料1kg当たりの資本コスト 投資額（購入代価＋引取費用）の5％	
8．	A材料の年間必要量	5,000kg

問1 A材料の1回当たりの経済的発注量を求めなさい。

問2 安全在庫が200kgであるとき、他の条件を一定として経済的発注量を求めなさい。

問3 購入単位が250kg単位である場合の経済的発注量を求めなさい。

問4 問3 の条件に加え、1回に1,000kg発注すると1kgにつき14円の値引が受けられる場合の経済的発注量を求めなさい。

■解答欄

問1

経済的発注量（EOQ）　[　　　　　　] kg／回

問2

経済的発注量（EOQ）　[　　　　　　] kg／回

問3

経済的発注量（EOQ）　[　　　　　　] kg／回

問4

経済的発注量（EOQ）　[　　　　　　] kg／回

第18章 意思決定会計Ⅰ（戦術的意思決定）

解答・解説　経済的発注量

問1

経済的発注量（ＥＯＱ）　　　　400kg／回

問2

経済的発注量（ＥＯＱ）　　　　400kg／回

問3

経済的発注量（ＥＯＱ）　　　　500kg／回

問4

経済的発注量（ＥＯＱ）　　　1,000kg／回

問1

(1)　1回当たり発注コスト

800円/回（通信費）＋4,800円/回（検査費）＝5,600円/回

(2)　1kg当たりの在庫維持費

（1,600円＋400円）×5％（資本コスト）＋250円（保険料）＝350円/kg

$$ＥＯＱ = \sqrt{\frac{2 \times 5,000\text{kg} \times 5,600\text{円/回}}{350\text{円/kg}}} = 400\text{kg/回}$$

◆　以下に示すものは、発注量に影響を受けないため、経済的発注量分析における発注コストや在庫維持コストに含めずに、埋没原価となる。

埋没原価となる発注コスト	1kg当たり引取費用、発注担当者の給与
埋没原価となる在庫維持コスト	倉庫の減価償却費、電力料、安全在庫に関するもの

問2　安全在庫に関する費用は、1回で何kg発注したとしても発生するものであり、埋没原価である。よって経済的発注量分析に影響しない。

問3

(1)　1回で250kg発注する際の在庫関連原価の総額

@5,600円/回×5,000kg÷250kg＋250kg÷2×@350円/kg＝155,750円

(2)　1回で500kg発注する際の在庫関連原価の総額

@5,600円/回×5,000kg÷500kg＋@350円/kg×500kg÷2＝143,500円

∴　ＥＯＱ＝500kg／回

問4

    ⑴   1回で500kg発注する際の在庫関連原価の総額

      @5,600円/回×5,000kg÷500kg＋@350円/kg×500kg÷ 2 ＝143,500円

    ⑵   1回で1,000kg発注する際の在庫関連原価の総額

      （1,600円－14円＋400円）×5 ％（資本コスト率）＋250円（保険料）＝349.3円/kg

      在庫関連原価の総額：@5,600円/回×5,000kg÷1,000kg＋@349.3円/kg×1,000kg÷2

                                   －@14円/kg×5,000kg＝132,650円

      ∴   ＥＯＱ＝1,000kg /回

◆   1回で1,000kg発注する場合には、値引きを受けられることになる。この場合、購入代価の変化に伴って、資本コストも変動することから、1kg当たりの在庫維持費が@349.3円/kgとなる。

セグメントの廃止か継続かの意思決定　　／□　／□　／□

次の〔資料〕に基づき、各問に答えなさい。　　重要度 B

〔資料〕

1．X事業部及びY事業部の損益計算書

	X事業部	Y事業部
売上高	6,000,000円	8,000,000円
変動費		
製造原価	2,200,000円	3,500,000円
販売費	800,000円	900,000円
限界利益	3,000,000円	3,600,000円
個別固定費		
製造原価	1,800,000円	1,900,000円
販売費	940,000円	912,500円
共通費配賦額	460,000円	540,000円
営業利益	△200,000円	247,500円

2．両事業部とも、個別固定費のうち20％が、生産を中止しても発生する。

3．期首・期末に棚卸資産はない。

問1　X事業部及びY事業部の生産中止点売上高を求めなさい。

問2　X事業部について廃止か継続かの意思決定を行いなさい。

■解答欄

問1

X事業部　[　　　　　　　　]円

Y事業部　[　　　　　　　　]円

問2

[　　　　　　　　]円　有利なため、X事業部を（　継続する。　、　廃止する。　）

　※　いずれか適切なほうを丸で囲みなさい。

セグメントの廃止か継続かの意思決定

問1

X事業部	4,384,000円

Y事業部	5,000,000円

問2

808,000円	有利なため、X事業部を（ （継続する。） 、 廃止する。 ）

　※　いずれか適切なほうを丸で囲みなさい。

問1

(1)　セグメント別損益計算書

		X事業部	Y事業部
Ⅰ	売上高	6,000,000円	8,000,000円
Ⅱ	変動費	3,000,000円	4,400,000円
	限界利益	3,000,000円	3,600,000円
Ⅲ	節約可能個別固定費	2,192,000円	2,250,000円
	貢献利益	808,000円	1,350,000円
Ⅳ	節約不能個別固定費	548,000円	562,500円
	事業部利益	260,000円	787,500円
Ⅴ	共通費配賦額	460,000円	540,000円
	営業利益	△200,000円	247,500円

　※　節約可能個別固定費＝個別固定費×（1－20％）
　※　節約不能個別固定費＝個別固定費×20％

(2)　限界利益率
　　X事業部：3,000,000円÷6,000,000円＝50％
　　Y事業部：3,600,000円÷8,000,000円＝45％

(3)　生産中止点売上高
　　X事業部：2,192,000円÷50％＝4,384,000円
　　Y事業部：2,250,000円÷45％＝5,000,000円

問2

限界利益から節約可能個別固定費を差し引いた後の貢献利益が808,000円であり、当該利益は節約不能個別固定費や共通費を回収するのに貢献する利益である。よって、808,000円有利なため、X事業部を継続する。

第18章｜意思決定会計Ⅰ（戦術的意思決定）

第19章

意思決定会計 II
(戦略的意思決定)

同様の設備を使用するが、異なるプロジェクトである投資案Aと投資案Bがある。投資案Aと投資案Bは相互排他的投資案である。よって、下記の〔資料〕に基づき、以下の各問に答えなさい。　重要度 A

〔資料〕

1. 設備に関するデータ

両投資案の採用に伴い新たに購入する設備の取得原価は1,200千円、耐用年数は3年、残存価額はゼロであり、減価償却方法は定額法を用いる。

2. 各投資案の損益計算書

| | 投資案A | | | 投資案B | | （単位：千円） |
	1年	2年	3年	1年	2年	3年
売上高	6,000	6,000	8,000	8,000	7,500	7,500
変動費	1,800	1,800	2,400	4,000	3,600	3,600
固定費	3,000	3,000	3,000	2,000	2,000	2,000
利益	1,200	1,200	2,600	2,000	1,900	1,900

※　固定費には減価償却費が含まれており、減価償却費を除く全ての費用は現金支出費用である。

3. 資本コストは10%であり、現価係数は下記のとおりである。

1年	2年	3年
0.9091	0.8264	0.7513

4. 法人税は考慮しないものとする。

問1　投資案Aと投資案Bのそれぞれについて、0年を現在（投資を行った年）として、0年～3年の年々のネット・キャッシュ・フロー（ＮＣＦ）の金額を答えなさい。マイナスの場合、（－）を付けなさい。

問2　投資案Aと投資案Bについて、①時間価値を考慮しない場合の正味キャッシュ・フローの合計額、および②時間価値を考慮した場合の正味キャッシュ・フローの現在価値の合計額を答えなさい。

■解答欄

問1

投資案A	0年	1年	2年	3年
ＮＣＦ	千円	千円	千円	千円

投資案B	0年	1年	2年	3年
ＮＣＦ	千円	千円	千円	千円

問2

	投資案A	投資案B
①時間価値を考慮しないＣＦ	千円	千円
②時間価値を考慮したＣＦ	千円	千円

戦略的意思決定とは

問1

投資案A	0年	1年	2年	3年
ＮＣＦ	−1,200千円	1,600千円	1,600千円	3,000千円

投資案B	0年	1年	2年	3年
ＮＣＦ	−1,200千円	2,400千円	2,300千円	2,300千円

問2

	投資案A	投資案B
①時間価値を考慮しないＣＦ	5,000千円	5,800千円
②時間価値を考慮したＣＦ	3,830.7千円	4,610.55千円

問1

(1) ネット・キャッシュ・フロー

投資案A

0年：−1,200千円（設備の取得原価）

1年〜2年：1,200千円（利益）＋400千円（減価償却費）＝1,600千円

※ 400千円（減価償却費）＝1,200千円×÷3年

3年：2,600千円（利益）＋400千円（減価償却費）＝3,000千円

投資案B

0年：−1,200千円（設備の取得原価）

1年：2,000千円（利益）＋400千円（減価償却費）＝2,400千円

2年〜3年：1,900千円（利益）＋400千円（減価償却費）＝2,300千円

問2

① 時間価値を考慮しない場合のキャッシュ・フローの正味合計

投資案A：1,600千円＋1,600千円＋3,000千円−1,200千円＝5,000千円

投資案B：2,400千円＋2,300千円＋2,300千円−1,200千円＝5,800千円

② 時間価値を考慮した場合のキャッシュ・フローの正味現在価値合計

投資案A：（0.9091＋0.8264）×1,600千円＋0.7513×3,000千円−1,200千円＝3,830.7千円

投資案B：0.9091×2,400千円＋（0.8264＋0.7513）×2,300千円−1,200千円＝4,610.55千円

19-2　加重平均資本コスト

下記の〔資料〕に基づき、税引後加重平均資本コスト率を求めなさい。　　　　　重要度 **A**

〔資料〕

1. 資本構成

当社は様々な形で必要な資本を調達している。資本の調達源泉と源泉別資本コスト率（税引前）は以下の通りである。

調達源泉	金額	源泉別資本コスト
借入金	4,000千円	12%
社債	6,000千円	8 %
資本金	8,000千円	6 %
留保利益	2,000千円	7.2%

2. 計算上端数が生じる場合には、小数点以下第3位を四捨五入すること。

3. 法人税率は40%とする。

■解答欄

%

　加重平均資本コスト

6 %

問1

（1）各調達源泉の割合

　　※　資本合計 20,000= 4,000 + 6,000 + 8,000 + 2000

借入金：4,000千円÷20,000千円＝20%

社　債：6,000千円÷20,000千円＝30%

資本金：8,000千円÷20,000千円＝40%

留保利益：2,000千円÷20,000千円＝10%

（2）加重平均資本コスト

$12\% \times 0.6 \times 0.2 + 8\% \times 0.6 \times 0.3 + 6\% \times 0.4 + 7.2\% \times 0.1 = 6\%$

　　※　負債コスト率は税引後の数値であることに注意

下記の〔資料〕に基づき、以下の各問に答えなさい。

重要度 A

〔資料〕

1．投資案Aの設備に関するデータ

投資案Aの設備の取得原価は20,000千円、耐用年数は4年、残存価額は10％である。当設備の耐用年数到来時の売却価値はゼロと見積もられている。

2．投資案Aの年々の正味現金流入額

1年	2年	3年	4年
8,000千円	8,000千円	8,000千円	8,000千円

3．資本コストは10％であり、現価係数は下記のとおりである。

1年	2年	3年	4年	年金現価係数
0.9091	0.8264	0.7513	0.6830	3.1698

問1 正味現在価値法を用いて、投資案Aを実行すべきか意思決定を行いなさい。

上記〔資料〕に以下の〔追加資料〕を加えて、問2 に答えなさい。

〔追加資料〕

1．投資案Bの設備に関するデータ

投資案Bの設備の取得原価は30,000千円、耐用年数は4年、残存価額は10％である。当設備の耐用年数到来時には残存価額による売却が可能と見積もられている。

2．投資案Bの年々の正味現金流入額

1年	2年	3年	4年
9,000千円	12,000千円	12,000千円	12,000千円

※ 上記の正味現金流入額には設備の売却価額は含まれていない。

3．投資案Aと投資案Bは相互排他的投資案である。

問2 正味現在価値法を用いて、投資案Aと投資案Bのいずれの投資案を実行すべきか意思決定を行いなさい。

■解答欄

問1

正味現在価値が ［　　　　　　　千円］ なので投資案Aを（　実行する。　、　実行しない。　）

※ いずれか適切な方を丸で囲みなさい。

問2

正味現在価値が ［　　　　　　　千円］ 有利なので、投資案 ［　　］ を実行する。

解答・解説　正味現在価値法

問1

正味現在価値が 　　　　5,358.4千円　 なので投資案Aを（ (実行する。) 、 　実行しない。 ）

※　いずれか適切な方を丸で囲みなさい。

問2

正味現在価値が 　　　2,000.9千円　 有利なので、投資案 B を実行する。

問1

年々の正味現金流入額の現在価値合計

（0.9091＋0.8264＋0.7513＋0.6830）×8,000千円＝25,358.4千円

正味現在価値：25,358.4千円－20,000千円＝5,358.4千円

問2

投資案B

年々の正味現金流入額の現在価値合計

0.9091×9,000千円＋（0.8264＋0.7513）×12,000千円＋0.6830×（12,000千円＋3,000千円）

＝37,359.3千円

正味現在価値：37,359.3千円－30,000千円＝7,359.3千円

意思決定：7,359.3千円－5,358.4千円＝2,000.9千円

投資案Bを採用する。

19-4 現在価値指数法

下記の〔資料〕に基づき、以下の各問に答えなさい。なお、計算上端数が生じる場合には、解答に際して小数点以下第３位を四捨五入すること。

重要度 A

〔資料〕

1．投資案Ａの設備に関するデータ

　　投資案Ａの設備の取得原価は20,000千円、耐用年数は４年、残存価額は10％である。当設備の耐用年数到来時の売却価値はゼロと見積もられている。

2．投資案Ａの年々の正味現金流入額

1年	2年	3年	4年
8,000千円	8,000千円	8,000千円	8,000千円

3．資本コストは10％であり、現価係数は下記のとおりである。

1年	2年	3年	4年	年金現価係数
0.9091	0.8264	0.7513	0.6830	3.1698

問1　現在価値指数法を用いて、投資案Ａを実行すべきか意思決定を行いなさい。

上記〔資料〕に以下の〔追加資料〕を加えて、問2 に答えなさい。

〔追加資料〕

1．投資案Ｂの設備に関するデータ

　　投資案Ｂの設備の取得原価は30,000千円、耐用年数は４年、残存価額は10％である。当設備の耐用年数到来時には残存価額による売却が可能と見積もられている。

2．投資案Ｂの年々の正味現金流入額

1年	2年	3年	4年
9,000千円	12,000千円	12,000千円	12,000千円

※　上記の正味現金流入額には設備の売却価値は含まれていない。

3．投資案Ａと投資案Ｂは相互排他的投資案である。

問2　現在価値指数法を用いて、投資案Ａと投資案Ｂのいずれの投資案を実行すべきか意思決定を行いなさい。

■解答欄

問1

現在価値指数が [　　　　　　　] なので投資案Aを（　実行する。　、　実行しない。　）

　　※　いずれか適切な方を丸で囲みなさい。

問2

現在価値指数が大きいので、投資案 [　] を実行する。

解答・解説 現在価値指数法

問1

現在価値指数が [　　　　　1.27] なので投資案Aを（（実行する。）、　実行しない。　）

　　※　いずれか適切な方を丸で囲みなさい。

問2

現在価値指数が大きいので、投資案 [A] を実行する。

問1

年々の正味現金流入額の現在価値合計

　3.1698×8,000千円＝25,358.4千円

現在価値指数：25,358.4千円÷20,000千円≒1.27

問2

投資案B

年々の正味現金流入額の現在価値合計

　0.9091×9,000千円＋（0.8264＋0.7513）×12,000千円＋0.6830×（12,000千円＋3,000千円）

　　　　　　　　　　　　　　　　　　　　　　　　　　　　　　　　　＝37,359.3千円

現在価値指数：37,359.3千円÷30,000千円≒1.25

投資案Aを採用する。

◆　現在価値指数法による意思決定は、独立投資案の場合は現在価値指数が100％より大きい投資
　案を、相互排他的投資案では、現在価値指数の大きい投資案を採用することとなる。

　　現在価値指数＝年々の正味現金流入額の現在価値合計÷投資額

19-5　内部利益率法

下記の〔資料〕に基づき、以下の各問に答えなさい。　　　　　　　　　　重要度 Ａ

〔資料〕

1．投資案Ａの投資額と年々の正味現金流入額

投資額	1 年	2 年	3 年	4 年
20,000千円	8,000千円	8,000千円	8,000千円	8,000千円

※　上記設備の4年後の売却価値はゼロと見積もられている。

2．資本コストは10%である。

3．各資本コストの現価係数は下記のとおりである。

	1 年	2 年	3 年	4 年	年金現価係数			1 年	2 年	3 年	4 年	年金現価係数
10%	0.9091	0.8264	0.7513	0.6830	3.1698		21%	0.8264	0.6830	0.5645	0.4665	2.5404
16%	0.8621	0.7432	0.6407	0.5523	2.7983		22%	0.8197	0.6719	0.5507	0.4514	2.4937
17%	0.8547	0.7305	0.6244	0.5337	2.7433		23%	0.8130	0.6610	0.5374	0.4369	2.4483
18%	0.8475	0.7182	0.6086	0.5158	2.6901		24%	0.8065	0.6504	0.5245	0.4230	2.4044
19%	0.8403	0.7062	0.5934	0.4987	2.6386		25%	0.8000	0.6400	0.5120	0.4096	2.3616
20%	0.8333	0.6944	0.5787	0.4823	2.5887		26%	0.7937	0.6299	0.4999	0.3968	2.3203

4．利益率の算定で端数が生じる場合には、小数点以下第3位を四捨五入すること。

問1　内部利益率法を用いて、投資案Ａを実行すべきか意思決定を行いなさい。

上記〔資料〕に以下の〔追加資料〕を加えて、問2 に答えなさい。

〔追加資料〕

1．投資案Ｂの投資額と年々の正味現金流入額

投資額	1 年	2 年	3 年	4 年
30,000千円	9,000千円	12,000千円	12,000千円	15,000千円

※　上記設備の4年後の売却価値はゼロと見積もられている。

2．投資案Ａと投資案Ｂは相互排他的投資案である。

問2　内部利益率法を用いて、投資案Ａと投資案Ｂのいずれの投資案を実行すべきか意思決定を行いなさい。

■解答欄

問1

内部利益率が ［   ］ ％ なので投資案Aを （　実行する。　、　実行しない。　）

※　いずれか適切な方を丸で囲みなさい。

問2

内部利益率が （　高い　、　低い　）ので、投資案 ［　］ を実行する。

※　いずれか適切な方を丸で囲みなさい。

解答・解説 **内部利益率法**

問1

内部利益率が ［　　　21.87％　］ なので投資案Aを （（実行する。）　、　実行しない。　）

※　いずれか適切な方を丸で囲みなさい。

問2

内部利益率が （（高い）　、　低い　）ので、投資案 ［ A ］ を実行する。

※　いずれか適切な方を丸で囲みなさい。

問1

（1）内部利益率法（年々の正味現金流入額が同じ場合）

20,000千円÷8,000千円＝2.5

2.5404（21％）＞2.5＞2.4937（22％）

◆　年々の正味現金流入額が同額であれば、2.5は年金現価係数と分かるため、内部利益率の算定は簡単になる。

（2）内部利益率の算定

$$21\% + \frac{20{,}323.2千円 - 20{,}000千円}{20{,}323.2千円 - 19{,}949.6千円} \fallingdotseq 21.87$$

※　20,323.2千円＝2.5404×8,000千円
※　19,949.6千円＝2.4937×8,000千円

問2

(1) 内部利益率法（各年の正味現金流入額が異なる場合）

投資案B

20％：$0.8333 \times 9,000$千円＋$(0.6944 + 0.5787) \times 12,000$千円＋$0.4823 \times 15,000$千円

$$= 30,011.4 千円$$

21％：$0.8264 \times 9,000$千円＋$(0.6830 + 0.5645) \times 12,000$千円＋$0.4665 \times 15,000$千円

$$= 29,405.1 千円$$

29,405.1千円＜30,000千円＜30,011.4千円

◆　年々の正味現金流入額が異なる場合は、**試行錯誤**で投資額前後となる割引率を算定する。なお、年々の正味現金流入額の平均をとることによって、ある程度の内部利益率の推定をすることが可能である。（年々の正味現金流入額に大きな変動がある場合には、信頼性は極めて低くなる。）

(2) 内部利益率の算定

$$20\% + \frac{30,011.4 千円 - 30,000 千円}{30,011.4 千円 - 29,405.1 千円} \fallingdotseq 20.02\%$$

(3) 意思決定

内部利益率が高いため、投資案Aを採用する。

◆　内部利益率法による意思決定は、独立投資案では内部利益率が資本コストを上回っている投資案を、相互排他的投資案では内部利益率の有利な投資案を採用することとなる。

投資額　＝　年々の正味現金流入額の現在価値合計　となる利益率を内部利益率という。

◆　なお、正味現在価値法（19－3）と内部利益率法を比べた場合、独立投資案であれば、どちらの方法を用いても意思決定の結論は同じだが、相互排他的投資案の場合には結論が異なることがある。この場合、企業は正味現在価値の絶対額が大きい方を好む（採用する）ため、相互排他的投資案の意思決定においては正味現在価値法が優れているといえる。

第19章｜意思決定会計Ⅱ（戦術的意思決定）

19-6 回収期間法

/ □ / □ / □

当社では、投資額の等しい2つの投資案(投資案A、投資案B)のうち、どちらを採用すべきか検討中である。よって、下記の〔資料〕に基づき、以下の各問に答えなさい。

〔資料〕

1. 投資案Aの投資額と年々の正味現金流入額

投資額	1年	2年	3年	4年
20,000円	8,000千円	8,000千円	8,000千円	8,000千円

2. 投資案Bの投資額と年々の正味現金流入額

投資額	1年	2年	3年	4年
30,000千円	9,000千円	12,000千円	12,000千円	15,000千円

3. どちらの投資案についても、取得設備の4年後の売却価値はゼロとする。

4. 計算上端数が生じる場合には、小数点以下第3位を四捨五入すること。

問1 単純回収期間法を用いた場合の、各投資案の回収期間を求めなさい。 重要度 A

問2 累積回収期間法を用いた場合の、各投資案の回収期間を求めなさい。 重要度 B

■解答欄

問1

投資案A	年

投資案B	年

問2

投資案A	年

投資案B	年

回収期間法

問1

投資案A	2.5年

投資案B	2.5年

問2

投資案A	2.5年

投資案B	2.75年

問1

(1) 投資案A

年々の現金流入額の平均：8,000千円

回収期間の計算

$$\frac{20,000千円}{8,000千円} = 2.5年$$

(2) 投資案B

年々の現金流入額の平均：（9,000千円＋12,000千円×2＋15,000千円）÷4年＝12,000千円

回収期間の計算

$$\frac{30,000千円}{12,000千円} = 2.5年$$

◆ 単純回収期間法

$$回収期間 = \frac{当初の投資額}{年々の正味現金流入額の平均値}$$

問2

(1) 投資案A

1年後の累計回収額：8,000千円

2年後の累計回収額：16,000千円

3年後の累計回収額：24,000千円

4年後・・・・・・・回収が終わっているので考慮しない

回収期間

$$2年＋（3年－2年）\times \frac{20,000千円－16,000千円}{24,000千円－16,000千円} = 2.5年$$

(2) 投資案B

　　　1年後の累計回収額：9,000千円

　　　2年後の累計回収額：21,000千円

　　　3年後の累計回収額：33,000千円

　　　4年後・・・・・・回収が終わっているので考慮しない

　　　回収期間

$$2年＋（3年－2年）×\frac{30,000千円－21,000千円}{33,000千円－21,000千円}＝2.75年$$

◆　累積回収期間法

　　1年目、2年目、3年目・・と正味現金流入額の金額を合計して、正味現金流入額の合計額が投資額に達した年度で検討を行う。

$$回収期間＝X＋（Y－X）×\frac{投資額－x}{y－x}$$

X：正味現金流入額の合計が投資額に達する直前の年度

Y：正味現金流入額の合計が投資額に達した年度

x：X年度までの正味現金流入額の合計額

y：Y年度までの正味現金流入額の合計額

タックス・シールド　　　　　／　□　　／　□　　／　□

下記の〔資料〕に基づき、以下の各問に答えなさい。　　　　　　　　重要度 **A**

〔資料〕

1．投資案Aの設備に関するデータ

　　投資案Aの設備の取得原価は40,000千円、耐用年数は4年、残存価額は10%である。当設備の耐用年数到来時の売却価値は2,000千円と見積もられている。

2．投資案Aの年々の税引前正味現金流入額

1年	2年	3年	4年
16,000千円	16,000千円	16,000千円	16,000千円

3．資本コストは10%であり、現価係数は下記のとおりである。

1年	2年	3年	4年	年金現価係数
0.9091	0.8264	0.7513	0.6830	3.1698

4．法人税率は40%とする。

5．正味現在価値ネット・キャッシュ・フローが負の数値の場合には数値の先頭に△を付すこと。

問1　0年～4年の年々のネット・キャッシュ・フローを求めなさい。

問2　取替投資をすべきか否かの意思決定を正味現在価値法により行いなさい。

■解答欄

問1

0年	1年	2年	3年	4年
千円	千円	千円	千円	千円

問2

正味現在価値が　[　　　　　　千円　]　なので取替投資を（　行う　、　行わない　）。

　　※　いずれか適切な方を丸で囲みなさい。

解答・解説 タックス・シールド

問1

0年	1年	2年	3年	4年
△40,000千円	13,200千円	13,200千円	13,200千円	16,000千円

問2

正味現在価値が　　　　3,753.76千円　　なので取替投資を（ 行う 、 行わない ）。

※　いずれか適切な方を丸で囲みなさい。

問1

◆　タックス・シールドとは、課税利益の計算上、減価償却費（非現金支出費用）の損金算入が認められているために、認められない場合と比較して、それだけ税金として現金の流出を抑えられる効果をいう。具体的には、下の計算式部分をタックス・シールドという。

法人税率　×　減価償却費（非現金支出費用）

年々のネット・キャッシュ・フロー

0年：△40,000千円（設備の取得原価）

1年～3年：16,000千円×60％＋9,000千円×40％（タックス・シールド）＝13,200千円

※　9,000千円（減価償却費）＝40,000千円×90％÷4年

4年：16,000千円×60％＋9,000千円×40％（タックス・シールド）＋2,000千円（売却価値）

＋2,000千円（売却損）×40％（タックス・シールド）＝16,000千円

※　－2,000＝2,000-40,000×10％（残存価格）

問2

正味現在価値の計算

（0.9091＋0.8264＋0.7513）×13,200千円＋0.6830×16,000千円－40,000千円＝3,753.76千円

19-8 正味運転資本

／ □ ／ □ ／ □

次の〔資料〕に基づき、以下の各問に答えなさい。なお、解答がマイナスのキャッシュ・フローの場合には、数値の前に「Δ」を付すこととする。

重要度 Ⓑ

〔資料1〕投資案Aに関するデータ

1．投資案Aは3年を想定している。

2．3年間の各資産、負債の残高は以下の通りである。

	現在	1年	2年	3年
棚卸資産	100,000千円	150,000千円	200,000千円	−
売上債権	200,000千円	350,000千円	500,000千円	−
仕入債務	150,000千円	250,000千円	300,000千円	−

問1 投資案Aの各年の運転資本にかかる正味キャッシュ・フローを答えなさい。

〔資料2〕投資案Bに関するデータ

1．投資案Bは4年を想定している。

2．投資案Bの予想売上高は以下の通りである。

1年	2年	3年	4年
400,000千円	600,000千円	1,000,000千円	800,000千円

3．投資案を実行するために正味運転資本の投資額を考慮しなくてはいけない。その内訳は次年度の予想売上高を基準とし、その8％を売上債権に対する投資、6％を棚卸資産に対する投資、4％を仕入債務に対する投資とする。

問2 投資案Bの各年の運転資本にかかる正味キャッシュ・フローを答えなさい。

■解答欄

問1

1年目 ［　　　　　］千円　2年目 ［　　　　　］千円　3年目 ［　　　　　］千円

問2

0年目 ［　　　　　］千円　1年目 ［　　　　　］千円　2年目 ［　　　　　］千円

3年目 ［　　　　　］千円　4年目 ［　　　　　］千円

第19章　意思決定会計Ⅱ（戦術的意思決定）

解答・解説　正味運転資本

問1

1年目	Δ100,000千円	2年目	Δ150,000千円	3年目	400,000千円

問2

0年目	Δ40,000千円	1年目	Δ20,000千円	2年目	Δ40,000千円

3年目	20,000円	4年目	80,000千円

問1

年々の正味運転資本（単位：千円）

0	1	2	3
	150,000	250,000	400,000
150,000	250,000	400,000	
△150,000	△100,000	△150,000	＋400,000

◆　正味運転資本は下記の計算式で求める

正味運転資本　＝　流動資産　－　流動負債

問2

年々の正味運転資本（単位：千円）

0	1	2	3	4
	40,000	60,000	100,000	80,000
40,000	60,000	100,000	80,000	
△40,000	△20,000	△40,000	＋20,000	＋80,000

■　正味運転資本＝売上高×10%（＝8％＋6％－4％）

　0年：400,000千円×10%

　1年：600,000千円×10%

　2年：1,000,000千円×10%

　3年：800,000千円×10%

◆　正味運転資本の投資額は、本問のように売上高を基準として指示が与えられることがあるが、年々の投資額の計算は、売上高増加額を基準として計算する。

次の〔資料〕に基づき、取替投資をすべきか否かの意思決定を正味現在価値法により行いなさい。

重要度 A

〔資料〕

1．設備に関するデータ

現　有　設　備		新　規　設　備	
取得原価	40,000千円	取得原価	30,000千円
耐用年数	8年（4年経過）	耐用年数	4年
残存価額	10％	残存価額	10％

※　減価償却は定額法により行う。

2．現有設備の現時点における売却価値は20,000千円である。

3．各設備は耐用年数経過時は帳簿価額で売却するものとする。

4．資本コストは10％であり、現価係数は下記のとおりである。

1年	2年	3年	4年	年金現価係数
0.9091	0.8264	0.7513	0.6830	3.1698

5．法人税率は40％とする。

6．現有設備の売却に伴う税効果は現時点で生じるものとする。

■解答欄

正味現在価値が 　　　　　　　　千円 有利なので取替投資を（　行う　、　行わない　）。

※　いずれか適切な方を丸で囲みなさい。

正味現在価値が　　　7,030.18千円　　有利なので取替投資を（　行う　、（行わない））。

※　いずれか適切な方を丸で囲みなさい。

(1)　現有設備のキャッシュ・フロー（単位：千円）

				4,000
	1,800	1,800	1,800	1,800
0				

◇　0（投資額）：現有設備は既に支出済であるので、意思決定上考慮しない。（埋没原価）

◇　1,800（減価償却費のタックス・シールド）＝4,500（減価償却費）×40％

※　4,500＝40,000×0.9÷8年

◇　4,000（設備売却収入）

正味現在価値

（0.9091＋0.8264＋0.7513）×1,800千円＋0.6830×5,800千円＝8,437.64千円

(2)　新規設備のキャッシュ・フロー（単位：千円）

800				3,000
20,000	2,700	2,700	2,700	2,700
30,000				

◇　30,000（投資額）

◇　20,000（現有設備の売却収入）

◇　800（売却損のタックス・シールド）＝2,000（売却損）×40％

※　2,000＝（40,000－4,500×4年）－20,000

◇　2,700（減価償却費のタックス・シールド）＝6,750×40％

※　6,750＝30,000×0.9÷4年

◇　3,000（設備売却収入）

正味現在価値

（0.9091＋0.8264＋0.7513）×2,700千円＋0.6830×5,700千円－9,200千円＝1,407.46千円

(3)　意思決定

8,437.64千円－1,407.46千円＝7,030.18千円

よって、取替投資を行わない。

19-10 取替投資②

当社は現在、以降３年間（×１年度、×２年度、×３年度）において、現在使用している設備を使用するか、最新の新規設備に取り替えるかを検討している。次の〔資料〕に基づき、各問に答えなさい。

重要度 B

〔資料〕

１．設備に関するデータ

現 有 設 備		新 規 設 備	
取得原価	60,000千円	取得原価	36,000千円
耐用年数	６年（３年経過）	耐用年数	３年
残存価額	10%	残存価額	10%

　※　減価償却は定額法により行う。

２．現有設備の現時点における売却価値は20,000千円である。

３．各設備の耐用年数経過時は帳簿価額で売却するものとする。

４．新規設備に取り替えた場合、現有設備と比較して、メンテナンス費用が毎期8,000千円節約される。

５．資本コストは10%であり、現価係数は下記のとおりである。

1年	2年	3年	年金現価係数
0.91	0.83	0.75	2.49

６．法人税率は40%とする。

問1　現在が×０年度期末である場合、取替投資をすべきか否かの意思決定を正味現在価値法により行いなさい。

問2　現在が×１年度期首である場合、取替投資をすべきか否かの意思決定を正味現在価値法により行いなさい。

■解答欄

問1

正味現在価値が 　　　　　　　千円　有利なので取替投資を（　行う　、　行わない　）。

　※　いずれか適切な方を丸で囲みなさい。

問2

正味現在価値が 　　　　　　　千円　有利なので取替投資を（　行う　、　行わない　）。

　※　いずれか適切な方を丸で囲みなさい。

問1

正味現在価値が | 1,144.8千円 | 有利なので取替投資を（ (行う) 、 行わない ）。

　※　いずれか適切な方を丸で囲みなさい。

問2

正味現在価値が | 676.8千円 | 有利なので取替投資を（ (行う) 、 行わない ）。

　※　いずれか適切な方を丸で囲みなさい。

問1

＜現有設備使用案のＣＦ＞

	現在時点	1年後	2年後	3年後
				② 6,000千円
		① 3,600千円	① 3,600千円	① 3,600千円
ＮＣＦ		3,600千円	3,600千円	9,600千円

①　現有設備減価償却費のタックス・シールド

　減価償却費：60,000千円×90％÷6年＝9,000千円

　タックス・シールド：9,000千円×40％＝3,600千円

②　現有設備売却代金

＜現有設備売却案のＣＦ＞

	現在時点	1年後	2年後	3年後
	② 5,200千円			
	① 20,000千円			
ＮＣＦ	25,200千円			

①　現有設備売却代金

②　現有設備売却損のタックス・シールド（現在時点が×0年度期末のため現在時点で認識する）

　現有設備の帳簿価額：60,000千円－60,000千円×90％÷6年×3年＝33,000千円

　現有設備売却損：33,000千円－20,000千円＝13,000千円

　タックス・シールド：13,000千円×40％＝5,200千円（ＣＩＦ）

＜新設備使用案のＣＦ＞

	現在時点	1年後	2年後	3年後
				④ 3,600千円
		③ 4,320千円	③ 4,320千円	③ 4,320千円
		② 4,800千円	② 4,800千円	② 4,800千円
①	36,000千円			
ＮＣＦ	－36,000千円	9,120千円	9,120千円	12,720千円

① 新設備購入代金
② 税引後メンテナンス費用の節約額：8,000千円×（1－40％）＝4,800千円
③ 新設備減価償却費のタックス・シールド
　減価償却費：36,000千円×90％÷3年＝10,800千円
　タックス・シールド：10,800千円×40％＝4,320千円
④ 新設備売却代金

(1) 現状維持案

	現在時点	1年後	2年後	3年後
ＮＣＦ	－	3,600千円	3,600千円	9,600千円
ＰＶ	－	3,276千円	2,988千円	7,200千円

正味現在価値：3,276千円＋2,988千円＋7,200千円＝13,464千円

(2) 取替投資案（旧設備売却案を含めている）

	現在時点	1年後	2年後	3年後
新設備使用案ＮＣＦ	－36,000千円	9,120千円	9,120千円	12,720千円
現有設備売却案ＮＣＦ	25,200千円	－	－	－
ＮＣＦ	－10,800千円	9,120千円	9,120千円	12,720千円
ＰＶ	－10,800千円	8,299.2千円	7,569.6千円	9,540千円

正味現在価値：8,299.2千円＋7,569.6千円＋9,540千円－10,800千円＝14,608.8千円

(3) 意思決定
　取替投資案－現状維持案：14,608.8千円－13,464千円＝1,144.8千円
　　よって、1,144.8千円有利なため、取替投資を行う

問2

<現有設備売却案のCF>

| 現在時点 | 1年後 | 2年後 | 3年後 |

　　　　　① 20,000千円　　② 5,200千円

　　NCF　　20,000千円　　　5,200千円

① 現有設備売却代金

② 現有設備売却損のタックス・シールド（現在時点が×1年度期首のため1年後で認識する）

(1) 取替投資案（旧設備売却案を含めている）

	現在時点	1年後	2年後	3年後
新設備使用案NCF	−36,000千円	9,120千円	9,120千円	12,720千円
現有設備売却案NCF	20,000千円	5,200千円	—	—
NCF	−16,000千円	14,320千円	9,120千円	12,720千円
PV	−16,000千円	13,031.2千円	7,569.6千円	9,540千円

正味現在価値：13,031.2千円＋7,569.6千円＋9,540千円−16,000千円＝14,140.8千円

(2) 意思決定

取替投資案−現状維持案：14,140.8千円−13,464千円＝676.8千円

　　よって、676.8千円有利なため、取替投資を行う

◆ 現有設備を現時点で売却する際に生じる売却損（益）のタックス・シールドの認識時点は以下のように判断する。

① 指示があれば指示に従う

② 現在時点が期末の場合、現在時点のCFとして認識する。

③ 現在時点が期首の場合、1年後のCFとして認識する。

拡張投資①　　　　　　　　　　／ □　 ／ □　 ／ □

次の〔資料〕に基づき、以下の各問に答えなさい。　　　　　　　　　　　　　　　重要度 A

〔資料〕
1．現有設備の生産能力は40,000時間であったが、新設備の生産能力は60,000時間である。
2．新設備への取替は既に決定されており、対象となっている製品は超過需要状態である。
3．製品A単位あたりに要する時間は2時間/単位であり、従来と同じである。
4．製品Aのの限界利益は5,000円/単位である。
5．法人税率は40％である。

問1　新設備への取替を行った場合の、年々の正味キャッシュ・フローの増加額を答えなさい。

問2　上記〔資料〕の4．が〔追加資料〕に変更があった場合、新設備への取替を行った場合の、年々の正味キャッシュ・フローの増加額を答えなさい。

〔追加資料〕
現有設備では5,000円/単位の限界利益であったが、新設備への取替により1,000円/単位の原価の節約が可能である。

■解答欄
問1

千円

問2

千円

解答・解説 拡張投資①

問1

| 30,000千円 |

問2

| 48,000千円 |

問1

新設備への取替を行った場合の生産能力の増加分：10,000個（20,000時間）

正味キャッシュ・フローの増加分：10,000個×5,000円/個×60％＝30,000千円

問2

正味キャッシュ・フローの増加分

増加数量分：10,000個×（5,000円/個＋1,000円/個）×60％＝36,000千円

既存の原価節約分：20,000個×1,000円/個×60％＝12,000千円

合計：48,000千円

当社では現在製造している製品Xが超過需要状態となったため、生産能力の拡大を図るため新設備を購入すべきか（新設備案）、現有設備のまま生産を続けるか（現状維持案）を検討中である。よって、次の〔資料〕に基づき、現状維持案と新設備案のいずれを実行すべきかの意思決定を正味現在価値法により行ないなさい。

重要度 A

〔資料〕

1．設備に関するデータ

	現有設備	新設備
取 得 原 価	400,000千円	300,000千円
耐 用 年 数	8年（3年経過）	5年
残 存 価 額	10%	10%
生 産 能 力	200,000 h	300,000 h
減価償却の方法	定額法	定額法

※ 現有設備の現時点での売却価値は120,000千円である。各設備の耐用年数到来時には残存価額により売却可能と見積もられている。

2．製品Xに関するデータ

製品Xの製造に要する時間は4時間/個である。製品Xの販売価格は8,000円/個であり、現金支出変動費用は4,000円/個である。

3．現有設備の売却に伴う税効果は現時点で生じるものとする。

4．資本コストは8％であり、現価係数は下記の通りである。

1年	2年	3年	4年	5年
0.9259	0.8573	0.7938	0.7350	0.6806

5．法人税率は40%とする。

■解答欄

正味現在価値が [   ] 千円　有利なので（　現状維持案　、　新設備案　）を採用する。

※　いずれか適切な方を丸で囲みなさい

正味現在価値が［ 125,123.36千円 ］有利なので（ 現状維持案 、(新設備案) ）を採用する。

※ いずれか適切な方を丸で囲みなさい

(1) 現有設備のキャッシュ・フロー（単位：千円）

					40,000
	18,000	18,000	18,000	18,000	18,000
	120,000	120,000	120,000	120,000	120,000
120,000					
58,000					

◇ 120,000（現有設備の売却額：機会原価）

◇ 58,000（現有設備売却損のタックス・シールド：機会原価）＝145,000×40％

※ 145,000（売却損）＝400,000−45,000×3年−120,000

◇ 18,000（減価償却費のタックス・シールド）＝45,000×40％

※ 45,000＝400,000×90％÷8年

◇ 120,000（製品の限界利益）＝50,000個×（8,000円/個−4,000円/個）×60％

※ 50,000個＝200,000h÷4h/個

◇ 40,000（耐用年数到来時の現有設備の売却収入）

正味現在価値

（0.9259＋0.8573＋0.7938＋0.7350）×138,000千円＋0.6806×178,000千円−178,000千円＝400,202.8千円

(2) 新設備のキャッシュ・フロー（単位：千円）

					30,000
	21,600	21,600	21,600	21,600	21,600
	180,000	180,000	180,000	180,000	180,000
300,000					

◇ 300,000（新設備の取得原価）

◇ 180,000（製品の限界利益）＝75,000個×（8,000円/個−4,000円/個）×60％

※ 75,000個＝300,000h÷4h/個

◇ 21,600（減価償却費のタックス・シールド）＝54,000×40％

※ 54,000＝300,000×90％÷5年

◇ 30,000（耐用年数到来時の新設備の売却収入）

正味現在価値

（0.9259＋0.8573＋0.7938＋0.7350）×201,600千円＋0.6806×231,600千円−300,000千円

＝525,326.16千円

(3) 意思決定

525,326.16千円−400,202.8千円＝125,123.36千円

よって、新設備案を採用する。

19-13 耐用年数が異なる場合

当社では、新製品Hの生産・販売を検討中である。新製品Hの生産方法としてはA、B２つの案が候補に挙がっている。よって、以下の〔資料〕に基づき、正味現在価値法（両投資案の最小公倍数の年数で比較する）を用いて投資案Aと投資案Bのいずれを実行すべきかの意思決定を行いなさい。　　　　重要度 Ⓑ

〔資料〕

1．各案の設備に関するデータ

	A案	B案
取 得 原 価	6,000千円	9,900千円
耐 用 年 数	2年	3年
残 存 価 額	10%	10%

2．A案、B案ともに耐用年数到来時には残存価額による売却が可能であると見積もられている。

3．A案、B案ともに耐用年数経過後は再投資される。

4．資本コストは10%であり、現価係数は下記のとおりである。

1年	2年	3年	4年	5年	6年	年金現価係数
0.9091	0.8264	0.7513	0.6830	0.6209	0.5645	4.3552

5．法人税率は40%とする。

6．負の数値の場合、（－）を付すこと。

■解答欄

正味現在価値は投資案Aが [   ] 千円　、投資案Bが [   ] 千円　であるため

投資案 [   ] を実行する。

正味現在価値は投資案Aが ―9,108.444千円 、投資案Bが ―10,861.2504千円 であるため

投資案 A を実行する。

問1

(1) A案のキャッシュ・フロー（単位：千円）

		600		600		600
	1,080	1,080	1,080	1,080	1,080	1,080
6,000		6,000		6,000		

◇ 6,000（設備の取得原価）

◇ 1,080（減価償却費のタックス・シールド）＝2,700×40％

※ 2,700＝6,000×0.9÷2年

◇ 600（設備売却収入）

正味現在価値

$(0.9091＋0.7513＋0.6209)×1,080千円＋(0.8264＋0.6830)×－4,320千円$

$＋0.5645×1,680千円－6,000千円＝－9,108.444千円$

(2) B案のキャッシュ・フロー（単位：千円）

			990			990
	1,188	1,188	1,188	1,188	1,188	1,188
9,900			9,900			

◇ 9,900（設備の取得原価）

◇ 1,188（減価償却費のタックス・シールド）＝2,970×40％

※ 2,970＝9,900×0.9÷3年

◇ 990（設備売却収入）

正味現在価値

$(0.9091＋0.8264＋0.6830＋0.6209)×1,188千円＋0.7513×－7,722千円$

$＋0.5645×2,178千円－9,900千円＝－10,861.2504千円$

(3) 差額

$－10,861.2504千円－(－9,108.444千円)＝－1,752.8064千円$（A案の方が有利となる）

19-14 リースか購入かの意思決定   ／ □   ／ □   ／ □

当社では、製品Xの製造にあたり設備Mをリースすべきか、購入すべきか検討中である。よって、下記の〔資料〕に基づいて、以下の各問に答えなさい。

〔資料1〕リースに関するデータ

1. 設備Mの年間リース料の支払額は150,000千円である。
2. 当該リース契約期間は4年間である。
3. リースに関する会計処理は賃貸借処理によって行うものとする。

〔資料2〕購入に関するデータ

1. 設備Mを購入する場合は、同額の借入を行う必要がある。借入は年利率5％（毎期末支払）で行い、返済は元本を毎期末均等額利払後に返済する方法によって行う。
2. 設備Mの取得価額は500,000千円であり、耐用年数4年、残存価額10％、定額法によって減価償却を行う。
3. 設備Mは耐用年数経過時には残存価額での売却可能であると見積もられている。

〔資料3〕製品Xに関するデータ

1. 製品X1個の製造には、40千円/個の変動製造原価が発生する。また、現金支出費用300,000千円が発生する。
2. 製品Xの販売単価は100千円/個であり、毎期の年間販売量は200,000個である。
3. 製品Xの販売には、1個あたり8千円/個の変動販売費と、年間150,000千円の固定販売費が発生する。

〔資料4〕その他計算に必要なデータ

1. 減価償却費を除いて、売上高・製造原価等はすべて発生時に現金収支を伴うものとする。
2. 法人税率は40％とする。
3. 資本コストは8％であり、現価係数は下記の通りである。

1年	2年	3年	4年
0.9259	0.8573	0.7938	0.7350

問1 法人税を考慮しない場合において、設備Mをリースすべきか、購入すべきかの意思決定を正味現在価値法により行いなさい。   重要度 A

問2 法人税を考慮する場合において、設備Mをリースすべきか、購入すべきかの意思決定を正味現在価値法により行いなさい。   重要度 B

第19章 意思決定会計II（戦術的意思決定）

■ 解答欄

問1

正味現在価値が [_____千円] 有利なので { リースする。
                                        購入する。

　　※　不要なものを　＝　で消しなさい。

問2

正味現在価値が [_____千円] 有利なので { リースする。
                                        購入する。

　　※　不要なものを　＝　で消しなさい。

解答・解説 リースか購入かの意思決定

問1

正味現在価値が [65,811.875千円] 有利なので { ~~リースする。~~
                                           購入する。

　　※　不要なものを　＝　で消しなさい。

問2

正味現在価値が [37,627.125千円] 有利なので { ~~リースする。~~
                                           購入する。

　　※　不要なものを　＝　で消しなさい。

問1

(1)　リースした場合のキャッシュ・フロー（単位：千円）

| | 150,000 | 150,000 | 150,000 | 150,000 |

◇　150,000（支払リース料）

　　正味現在価値：3.3120（年金現価係数）×－150,000千円＝－496,800千円

(2) 購入した場合のキャッシュ・フロー（単位：千円）

500,000				50,000
500,000	125,000	125,000	125,000	125,000
	25,000	18,750	12,500	6,250

◇ 500,000（設備の取得原価、借入金の金額）

◇ 125,000（借入金の元本返済）＝500,000÷4年

◇ 25,000（支払利息：1年目）＝500,000×5%

◇ 18,750（支払利息：2年目）＝（500,000－125,000）×5%

◇ 50,000（設備売却収入）

正味現在価値

$0.9259 \times -150{,}000$千円 $+ 0.8573 \times -143{,}750$千円 $+ 0.7938 \times -137{,}500$千円

$+ 0.7350 \times -81{,}250$千円 $= -430{,}988.125$千円

(3) 意思決定

$-430{,}988.125$千円 $- (-496{,}800$千円$) = 65{,}811.875$千円

よって、購入する。

[問2]

(1) リースした場合のキャッシュ・フロー（単位：千円）

	90,000	90,000	90,000	90,000

◇ 90,000（支払リース料）＝150,000×60%

正味現在価値：$3.3120 \times -90{,}000$千円 $= -298{,}080$千円

(2) 購入した場合のキャッシュ・フロー（単位：千円）

				50,000
500,000	45,000	45,000	45,000	45,000
500,000	125,000	125,000	125,000	125,000
	15,000	11,250	7,500	3,750

◇ 45,000（減価償却費のタックス・シールド）＝112,500×40%

　※　112,500＝500,000×0.9÷4年

◇ 15,000（支払利息：1年目）＝500,000×5%×60%

◇ 11,250（支払利息：2年目）＝（500,000－125,000）×5%×60%

正味現在価値

$0.9259 \times -95{,}000$千円 $+ 0.8573 \times -91{,}250$千円 $+ 0.7938 \times -87{,}500$千円

$+ 0.7350 \times -33{,}750$千円 $= -260{,}452.875$千円

(3) 意思決定

$-260{,}452.875$千円 $- (-298{,}080$千円$) = 37{,}627.125$千円

よって、購入する。

19-15 総合問題①

　当社では、製品Wを製造・販売している。現在の設備をそのまま利用するか、新設備を購入するか検討している。そこで以下の〔資料〕に基づき、各問に答えなさい。

重要度 B

〔資料1〕現有設備に関するデータ

1. 現有機械の取得原価は100,000,000円である。
2. 耐用年数は5年であり、既に2年を償却済である。減価償却は定額法により行い、残存価額は取得原価の10%である。
3. 耐用年数到来時の売却価額は0円であり、除去する予定である。なお、その際に除却費用が1,000,000円かかると見込まれている。
4. 現有機械の現時点での見積処分価額は20,000,000円である。売却に伴う税効果は第1年度末に発生する。
5. 現有設備による製品Wの限界利益は1,000円/個である。
6. 製品Wについての生産能力は年間30,000個である。

〔資料2〕新機械に関するデータ

1. 新機械の購入原価は110,000,000円であり、付随費用が10,000,000円必要となる。
2. 耐用年数は3年であり、減価償却は定額法により行い、残存価額は取得原価の10%である。
3. 新機械の耐用年数到来時の見積処分価額は残存価額と同額である。
4. 新機械の導入による現金支出費用の節約額は単位あたり500円/個である。
5. 製品Wについての生産能力は年間50,000個である。

〔資料3〕その他計算に必要なデータ

1. 今後3年間の製品Wの需要予測は年間60,000個である。
2. 税引後資本コストは8%であり、現価係数は次のとおりである。

1年	2年	3年
0.926	0.857	0.794

3. 法人税率は40%である。

問1　現有設備案と新設備案のいずれを実行すべきかの意思決定を正味現在価値法により行いなさい。

問2　新設備の生産能力がいくら以上または以下であれば、問1の意思決定と逆になるか。

■解答欄

問1

正味現在価値が [　　　　　　　　　　] 円　有利なので（　現状維持案　、　新設備案　）を採用する。

　　※　いずれか適切な方を丸で囲みなさい

問2

生産能力が [　　　　　　　　] 個　（　以上　、　以下　）

　　※　いずれか適切な方を丸で囲みなさい

解答・解説 総合問題①

問1

正味現在価値が [　11,259,400円　]　有利なので（　現状維持案　、（新設備案））を採用する。

　　※　いずれか適切な方を丸で囲みなさい

問2

生産能力が [　45,145個　]　（　以上　、（以下））

　　※　いずれか適切な方を丸で囲みなさい

問1

（1）　現有設備のキャッシュ・フロー（単位：円）

			4,000,000
	7,200,000	7,200,000	7,200,000
	18,000,000	18,000,000	18,000,000
20,000,000	17,600,000		600,000

◇　20,000,000（現有設備の売却収入：機会原価）

◇　7,200,000（減価償却費のタックス・シールド）＝18,000,000×40％

　　※　18,000,000＝100,000,000×0.9÷5年

◇　17,600,000（売却損のタックス・シールド：機会原価）＝44,000,000×40％

　　※　44,000,000＝（100,000,000−18,000,000×2年）−20,000,000
　　※　問題文より売却に伴う税効果は第1年度末に発生する

◇　18,000,000＝30,000個×1,000円/個×60％^{※ (1−40%)}

◇　4,000,000（売却損のタックス・シールド）＝10,000,000×40％

◇　600,000（除却費用）＝1,000,000×60％^{※ (1−40%)}

正味現在価値

　　$0.926 \times 7,600,000円 + 0.857 \times 25,200,000円 + 0.794 \times 28,600,000円 - 20,000,000円 = 31,342,400円$

(2) 新機械のキャッシュ・フロー（単位：円）

			12,000,000
	14,400,000	14,400,000	14,400,000
	45,000,000	45,000,000	45,000,000
120,000,000			

◇　120,000,000＝110,000,000＋10,000,000（付随費用）

◇　14,400,000（減価償却費のタックス・シールド）＝36,000,000×40％

　　　※　36,000,000＝120,000,000×0.9÷3年

◇　45,000,000＝50,000個×1,500円/個×60％

◇　12,000,000（設備の売却収入）

正味現在価値

　　0.926×59,400,000円＋0.857×59,400,000円＋0.794×71,400,000円－120,000,000円＝42,601,800円

(3)　意思決定

　　42,601,800円－31,342,400円＝11,259,400円

　　よって、新設備案を採用する。

問2

11,259,400円÷2.577（年金現価係数）÷60％÷1,500円/個≒4,854.654・・個

50,000個－4,854個（切り捨て）＝45,146個以上

　　　※　11,259,400円まで正味現在価値が減っても新設備案が有利となる。よって、年々のネット・キャッシュ・フローは11,259,400円÷2.577まで減少しても良く、法人税考慮前では11,259,400円÷2.577÷60％となる。ここから減少する製品の販売量を計算すると単位あたり限界利益1,500円/個で除すこととなる。

45,146個以上で新設備有利(問1と同じ意思決定)

⇒問2の解(現有設備有利)は45,146以下

〔参考〕別の解法（生産能力を x 個とすると）

　　2.577×（x 個×1,500円/個×60％＋14,400,000円）＋0.794×12,000,000円

　　－120,000,000円＞31,342,400円

総合問題②

当社では、製品Xを製造・販売している。製品Xの市場での販売量増加は従来以上望めず、原価の節約に関心がむいている。製品Xのライフサイクル期間は当期から4年間である。そこで従来の設備をそのまま使用する（現状維持案）か、あるいは新設備に変更する（取替投資案）かを検討中である。これに関する以下の〔資料〕を参照して各問に答えなさい。なお、法人税率は40％とする。

〔資料〕

1．現状維持案

現在使用している設備は取得原価は18,000千円、耐用年数は6年である。残存価額は10％、減価償却方法は定額法によっている。この設備は2年前に取得したものである。この設備の現在の売却価値は5,000千円であると見積もられている。また売却に伴う税効果は現時点で生じるものとみなす。なお、耐用年数到来時は残存価額での売却が可能である。

2．取替投資案

新設備の取得原価は10,000千円、耐用年数は5年である。残存価額は10％、減価償却方法は定額法を採用する。また新設備を使用することによって、現金支出費用は現状維持案と比べて年間で2,500千円節約できると見積もっている。なお、4年後の見積売却価額は2,800千円である。

3．資本構成

当社はリスク分散のため様々な形で必要な資本を調達している。調達源泉の内訳は普通株50％、借入金25％、社債25％であり、源泉別資本コスト率（税引前）は普通株が8.5％、借入金が15％、社債が10％である。なお、各年の現価係数は小数点以下第5位を四捨五入して用いること。

問1 当社の税引後加重平均資本コスト率を求めなさい。 　重要度 A

問2 正味現在価値法に基づき、どちらの案がどれだけ有利か答えなさい。 　重要度 A

問3 問2において、現時点の現有設備の売却価額がいくら以上（またはいくら以下）ならば結論が変わるか、答えなさい。正味現在価値が同じ場合には意思決定を変更しないものとする。なお、千円未満の端数は合理的に処理し、整数で答えることとする。 　重要度 B

問4 問2において、新設備の現金支出費用が年間いくら以上（またはいくら以下）節約できるならば結論が変わるか、答えなさい。正味現在価値が同じ場合には意思決定を変更しないものとする。なお、千円未満の端数は合理的に処理し、整数で答えることとする。 　重要度 C

第19章　意思決定会計Ⅱ（戦術的意思決定）

■解答欄

問1

	%

問2

（　現状維持案、　取替投資案　）の方が　| | 千円 |　有利である。

※　いずれか適切な方を丸で囲みなさい

問3

| | 千円 |　（　以上　、　以下　）

※　いずれか適切な方を丸で囲みなさい

問4

| | 千円 |　（　以上　、　以下　）

※　いずれか適切な方を丸で囲みなさい

解答・解説 総合問題②

問1

	8 %

問2

（　現状維持案、（取替投資案）　）の方が　| 2,550.68千円 |　有利である。

※　いずれか適切な方を丸で囲みなさい

問3

| 748千円 |　（　以上　、（以下）　）

※　いずれか適切な方を丸で囲みなさい

問4

| 1,216千円 |　（　以上　、（以下）　）

※　いずれか適切な方を丸で囲みなさい

問1

加重平均資本コスト

$8.5 \times 50\% + 15 \times 0.6 \times 25\% + 10 \times 0.6 \times 25\% = 8$ （%）

※ 負債コスト率は税引後であることに注意

問2

(1) 現価係数

1 年	2 年	3 年	4 年
0.9259	0.8573	0.7938	0.7350

(2) 現状維持案のキャッシュ・フロー（単位：千円）

				1,800
	1,080	1,080	1,080	1,080
5,000				
3,040				

◇ 5,000（現有設備の売却収入：機会原価）

◇ 3,040（売却損のタックス・シールド：機会原価）＝7,600×40%

※ 7,600＝18,000−2,700×2 年−5,000
※ 問題文より売却に伴う税効果は現時点で生じる

◇ 1,080（減価償却費のタックス・シールド）＝2,700×40%

※ 2,700＝18,000×0.9÷6 年

◇ 1,800（設備売却収入）

正味現在価値

$(0.9259 + 0.8573 + 0.7938) \times 1,080$千円$+ 0.7350 \times 2,880$千円$- 8,040$千円

$= -3,140.04$千円

(3) 取替投資案のキャッシュ・フロー（単位：千円）

				2,800
	720	720	720	720
	1,500	1,500	1,500	1,500
10,000				

◇ 10,000（設備の取得原価）

◇ 1,500（原価節約額）＝2,500×60%

◇ 720（減価償却費のタックス・シールド）＝1,800×40%

※ 1,800＝10,000×0.9÷5 年

◇ 2,800（設備の売却収入）

正味現在価値

$(0.9259 + 0.8573 + 0.7938) \times 2,220$千円$+ 0.7350 \times 5,020$千円$- 10,000$千円

$= -589.36$千円

(4) 意思決定

-589.36千円$- (-3,140.04$千円$) = 2,550.68$千円

よって、取替投資案を採用する。

問3

　　現有設備の売却価額を　p　とすると

　　$1,080 \times 2.577 + 2,880 \times 0.7350 - p - (12,600 - p) \times 40\% < -589.36$

　　　　　　　　　　※　12,600(売却時の帳簿価額)＝18,000-2,700×2

　　p　＞　748.866・・・

　　よって、748千円以下のときは、結論が変わる。

問4

　　2,550.68千円÷3.312÷60％≒1,283.55・・

　　2,500千円－1,284千円（切り上げ）＝1,216千円

　　よって、1,216千円以下のとき、結論が変わる。

第**20**章

戦略的原価計算

20-1 原価企画

当社は現行製品Mのモデル・チェンジを企画・開発中である。よって下記の〔資料〕に基づき、以下の各問に答えなさい。

〔資料1〕製品Mの目標販売単価及び目標売上総利益率

販売数量	20,000個
目標販売単価	13,000円/個
目標売上総利益率	20%

〔資料2〕積上法による見積原価

直接材料費		4,000円/個
変動加工費	2,000円/h×2h	4,000円/個
固定加工費	2,400円/h×2h	4,800円/個
製品M1個あたりの見積製造原価		12,800円/個

〔資料3〕ゼロルックVEに関する事項

(1) 直接材料費を900円/個削減できる

(2) 変動加工費について、製品1個当たりの作業時間を0.2h、1時間当たりの加工費を200円/h削減できる。

(3) 固定加工費は見積通りである。

問1　製品M1個当たりの許容原価・成行原価を答えなさい。また、成行原価にゼロルックVEによる改善を加えた目標原価を答えなさい。　　　　　　　　　　　　　　　　　　　　　　　重要度 A

問2　ファーストルックVEを中心に、試作品のテスト等が何度も繰り返され、直接材料費で200円/個、変動加工費で270円/個（製品単位当たり直接作業時間は変動しない）の原価削減余地があることが判明した。これでは許容原価には届かないが、量産段階での原価改善によって達成できると判断し、許容原価を標準原価として量産段階に移行することとした。この時点で想定される製造原価で発生する単位当たり原価差異の金額（絶対額）について答えなさい。　　　　　　　　　　　　重要度 C

問3　量産以降後、1年を経過した段階で、セカンドルックVEを行うこととした。これにより、製品1個当たりの直接作業時間が0.1時間短縮され、さらに固定加工費が年間で3,000千円削減できる。当該VE改善を反映させた後の新しい標準原価を答えなさい。ただし、量産以降1年を経過した段階で、当初の目標原価は予定通り達成できているものとする。　　　　　　　　　　　　　　重要度 B

■ 解答欄

問1

製品M1個あたり許容原価　（　　　　　　　　　）円

製品M1個あたり成行原価　（　　　　　　　　　）円

製品M1個あたり目標原価　（　　　　　　　　　）円

問2

製品M1個あたり原価差異　（　　　　　　　　　）円

問3

製品M1個あたり標準原価　（　　　　　　　　　）円

解答・解説 **原価企画**

問1

製品M1個あたり許容原価　（　　　10,400　）円

製品M1個あたり成行原価　（　　　12,800　）円

製品M1個あたり目標原価　（　　　11,140　）円

問2

製品M1個あたり原価差異　（　　　　270　）円

問3

製品M1個あたり標準原価　（　　　10,355　）円

問1

(1) 許容原価

目標売上高 − 目標利益 = 許容原価

13,000円/個 × （1 − 20%） = 10,400円/個

(2) 成行原価：12,800円/個

(3) 目標原価

直接材料費：4,000円/個 − 900円/個 = 3,100円/個

変動加工費：1,800円/h × 1.8h = 3,240円/個

固定加工費：4,800円/個

3,100円/個 + 3,240円/個 + 4,800円/個 = 11,140円/個

問2

(1) 原価見積

直接材料費：3,100円/個 − 200円/個 = 2,900円/個

変動加工費：3,240円/個 − 270円/個 = 2,970円/個

固定加工費：4,800円/個

2,900円/個 + 2,970円/個 + 4,800円/個 = 10,670円/個

(2) 想定される原価差異

10,670円/個 − 10,400円/個 = 270円/個

問3

直接材料費：2,900円/個

変動加工費

改善前：1,650円/個 × 1.8h = 2,970円/個

改善後：1,650円/個 × 1.7h = 2,805円/個

固定加工費

改善前固定加工費総額：4,800円/個 × 20,000個 = 96,000,000円

改善後固定加工費総額：96,000,000円 − 3,000,000円 = 93,000,000円

改善後原価標準：93,000,000円 ÷ 20,000個 = 4,650円/個

2,900円/個 + 2,805円/個 + 4,650円/個 = 10,355円/個

20-2 ライフサイクル・コスティング（顧客）　　／ □　／ □　／ □

当社は現在、営業用車両10台の購入を検討している。よって、下記の〔資料〕に基づき、①自動車S、および②自動車Tの6年間のライフサイクル・コストの正味現在価値を計算しなさい。　重要度 B

〔資料〕

1．各自動車に関する資料

	自動車S	自動車T
単位あたり購入原価	1,000万円	800万円
耐　用　年　数	6年	6年
燃　　　　費	16km/ℓ	10km/ℓ

※　車両は残存価額10％、定額法により減価償却を行う。

※　ガソリンの価格は140円/ℓである。

2．自動車Sおよび自動車Tの自動車税はともに1台あたり8万円/年である。なお、自動車Sは低排出ガス車両であるため、自動車税が50％軽減される。

3．当社では、車両1台あたり年間10万km走行する予定である。

4．各車両は耐用年数経過後は残存価額での売却が可能である。

5．法人税率は40％とする。

6．資本コストは10％とし、現価係数は下記を用いることとする。

1年	2年	3年	4年	5年	6年
0.9091	0.8264	0.7513	0.6830	0.6209	0.5645

7．資本コスト10％、6年の年金現価係数は4.3552である。

■解答欄

①　［　　　　　　　千円　］　　②　［　　　　　　　千円　］

①	−92,133.848千円	②	−93,253.216千円

① 自動車 S

(1) 年々の正味現金流入額（単位：千円）

						10,000
	6,000	6,000	6,000	6,000	6,000	6,000
100,000	5,490	5,490	5,490	5,490	5,490	5,490

◇ 6,000千円 = 100,000千円（10台分）×90%÷6年×40%（タックス・シールド）

◇ 5,490千円 =（8,750千円 + 400千円）×60%

※ 8,750千円 = 10万km÷16km/ℓ×140円/ℓ×10台
※ 400千円 = 8万円×50%×10台

(2) 正味現在価値

510千円×4.3552 + 10,000千円×0.5645 − 100,000千円 = −92,133.848千円

② 自動車 T

(1) 年々の正味現金流入額（単位：千円）

						8,000
	4,800	4,800	4,800	4,800	4,800	4,800
80,000	8,880	8,880	8,880	8,880	8,880	8,880

◇ 4,800千円 = 80,000千円（10台分）×90%÷6年×40%（タックス・シールド）

◇ 8,880千円 =（14,000千円 + 800千円）×60%

※ 14,000千円 = 10万km÷10km/ℓ×140円/ℓ×10台
※ 800千円 = 8万円×10台

(2) 正味現在価値

−4,080千円×4.3552 + 8,000千円×0.5645 − 80,000千円 = −93,253.216千円

当社は、製品Ｘおよび製品Ｙの製造販売を行っている。よって、下記の〔資料〕に基づき、以下の各問に答えなさい。

重要度 A

〔資料〕

1．各製品に関する資料

	製品Ｘ	製品Ｙ
販　売　数　量	20万個	1万個
単位あたり直接材料費	5千円/個	8千円/個
単位あたり直接作業時間	2 h	10 h
材　料　庫　出　回　数	10回	30回
生　産　計　画　所　要　時　間	100 h	200 h
製　造　指　図　書　枚　数	5枚	25枚
段　取　回　数	4回	20回

※　直接工の予定消費賃率は2千円/hである。

2．製造間接費に関する資料

在　庫　管　理　コ　ス　ト	2,000,000千円
生　産　計　画　設　計　コ　ス　ト	1,800,000千円
生　産　技　術　コ　ス　ト	3,600,000千円
段　取　コ　ス　ト	600,000千円

問1　製造間接費を伝統的な方法によって製品に配賦した場合の各製品の単位原価を計算しなさい。なお、製造間接費は直接作業時間に基づき配賦することとする。

問2　活動基準原価計算（ＡＢＣ）によった場合の各製品の単位原価を計算しなさい。

■解答欄

問1

製品Ｘ ＿＿＿＿＿＿千円/個　　製品Ｙ ＿＿＿＿＿＿千円/個

問2

製品Ｘ ＿＿＿＿＿＿千円/個　　製品Ｙ ＿＿＿＿＿＿千円/個

問1

| 製品Ｘ | 41千円/個 | 製品Ｙ | 188千円/個 |

問2

| 製品Ｘ | 18千円/個 | 製品Ｙ | 648千円/個 |

問1

(1) 製造間接費配賦率

$(2,000,000$ 千円 $+1,800,000$ 千円 $+3,600,000$ 千円 $+600,000$ 千円$)$ $÷50$ 万 $h=16$ 千円$/h$

※ 50万 h ＝20万個×2 h /個＋1万個×10 h /個

(2) 製品Ｘの単位原価

5 千円/個＋（2 千円/ h ＋16千円/ h ）×2 h /個＝41千円/個

(3) 製品Ｙの単位原価

8 千円/個＋（2 千円/ h ＋16千円/ h ）×10 h /個＝188千円/個

問2

(1) 製品Ｘの単位原価

直接材料費：5 千円/個

直接労務費：2 千円/ h ×2 h ＝4 千円/個

製造間接費：1,800,000千円÷20万個＝9 千円/個

　在庫管理コスト：2,000,000千円÷（10回＋30回）×10回＝500,000千円

　生産計画設計コスト：1,800,000千円÷（100 h ＋200 h ）×100 h ＝600,000千円

　生産技術コスト：3,600,000千円÷（5 枚＋25枚）×5 枚＝600,000千円

　段取コスト：600,000千円÷（4 回＋20回）×4 回＝100,000千円

単位原価：18千円/個

(2) 製品Ｙの単位原価

直接材料費：8 千円/個

直接労務費：2 千円/ h ×10 h ＝20千円/個

製造間接費：6,200,000千円÷1 万個＝620千円/個

　在庫管理コスト：2,000,000千円÷（10回＋30回）×30回＝1,500,000千円

　生産計画設計コスト：1,800,000千円÷（100 h ＋200 h ）×200 h ＝1,200,000千円

　生産技術コスト：3,600,000千円÷（5 枚＋25枚）×25枚＝3,000,000千円

　段取コスト：600,000千円÷（4 回＋20回）×20回＝500,000千円

単位原価：648千円/個

活動基準原価計算（ＡＢＣ）②　　　　／□　／□　／□

　当社は、製品Ｐおよび製品Ｑの製造販売を行っている。よって、下記の〔資料〕に基づき、以下の各問に答えなさい。

重要度 A

〔資料〕

１．資源の原価に関する資料

間 接 工 賃 金	7,200,000円
段 取 費	3,000,000円
電 力 費	1,500,000円
機械減価償却費	30,000,000円
	41,700,000円

２．資源作用因に関する資料

	間接作業時間	段取回数	電力消費量	機械稼働時間
マテハン	6,000時間	—	1,000kwh	4,500時間
品質管理	10,000時間	—	3,000kwh	24,000時間
段取作業	2,000時間	15回	1,500kwh	1,500時間
機械加工	18,000時間	—	4,500kwh	30,000時間

３．活動作用因に関する資料

	製品Ｐ	製品Ｑ
マテハン	15人	35人
品質管理	3,000時間	7,000時間
段取作業	3回	12回
機械加工	48,000時間	12,000時間

４．各製品の製造販売量は製品Ｐが16,000個、製品Ｑが1,000個である。

問1　製造間接費を伝統的な方法によって製品に配賦した場合の各製品の単位原価（製造間接費）を計算しなさい。なお、製造間接費は機械稼働時間に基づき配賦することとする。

問2　活動基準原価計算（ＡＢＣ）によった場合の各製品の単位原価（製造間接費）を計算しなさい。

■解答欄

問1

製品Ｐ 　　　　　　　　　　円/個　　　　製品Ｑ 　　　　　　　　　　円/個

問2

製品Ｐ 　　　　　　　　　　円/個　　　　製品Ｑ 　　　　　　　　　　円/個

活動基準原価計算（ＡＢＣ）②

問1

製品P [2,085円/個]　　　製品Q [8,340円/個]

問2

製品P [1,356.875円/個]　　　製品Q [19,990円/個]

問1

(1)　製造間接費配賦率

41,700,000円÷60,000時間（機械稼働時間）＝695円/時間

(2)　製品P

48,000時間×695円/時間＝33,360,000円

33,360,000円÷16,000個＝2,085円/個

(3)　製品Q

12,000時間×695円/時間＝8,340,000円

8,340,000円÷1,000個＝8,340円/個

問2

(1)　資源の原価の配賦

間接工賃金配賦率：7,200,000円÷36,000時間＝200円/時間

段取費配賦率：3,000,000円÷15回＝200,000円/回

電力量配賦率：1,500,000円÷10,000kwh＝150円/kwh

機械減価償却費配賦率：30,000,000円÷60,000時間＝500円/時間

(2)　各活動に集計される原価

マテハン活動：3,600,000円

200円/時間×6,000時間＝1,200,000円

150円/kwh×1,000kwh＝150,000円

500円/時間×4,500時間＝2,250,000円

品質管理活動：14,450,000円

200円/時間×10,000時間＝2,000,000円

150円/kwh×3,000kwh＝450,000円

500円/時間×24,000時間＝12,000,000円

段取作業活動：4,375,000円

200円/時間×2,000時間＝400,000円

200,000円/回×15回＝3,000,000円

150円/kwh×1,500kwh＝225,000円

500円/時間×1,500時間＝750,000円

機械加工活動：19,275,000円

　　200円/時間×18,000時間＝3,600,000円

　　150円/kwh×4,500kwh＝675,000円

　　500円/時間×30,000時間＝15,000,000円

(3)　各製品の製造間接費

　製品P

　　マテハン活動：3,600,000円÷（15人＋35人）×15人＝1,080,000円

　　品質管理活動：14,450,000円÷（3,000時間＋7,000時間）×3,000時間＝4,335,000円

　　段取作業活動：4,375,000円÷（3回＋12回）×3回＝875,000円

　　機械加工活動：19,275,000円÷（48,000時間＋12,000時間）×48,000時間＝15,420,000円

　　単位原価：21,710,000円÷16,000個＝1,356.875円/個

　製品Q

　　マテハン活動：2,520,000円

　　品質管理活動：10,115,000円

　　段取作業活動：3,500,000円

　　機械加工活動：3,855,000円

　　単位原価：19,990,000円÷1,000個＝19,990円/個

第21章

分権組織とグループ経営の
管理会計

21-1 事業部長の業績評価

　当社は事業部制を採用しており、事業部Xと事業部Yを有している。事業部Xでは製品Xを、事業部Y
では製品Yの製造販売を行っている。よって、下記の〔資料〕に基づき、以下の各問に答えなさい。なお、
計算上端数が生じた場合には金額の場合は円未満を、％の場合には小数点以下第3位を四捨五入すること。

重要度 A

〔資料〕

1．各製品に関する資料

	製品X	製品Y
単位当たり販売価格	4,000円/個	2,000円/個
単位当たり変動製造原価	1,600円/個	900円/個
単位当たり変動販売費	200円/個	100円/個
販売数量	5,000個	8,000個

2．固定費に関する資料

⑴　製品Xを製造販売するのに必要となる固定費が、製造原価で4,000,000円、販管費で2,000,000円発
生する。

⑵　製品Yを製造販売するのに必要となる固定費が、製造原価で3,000,000円、販管費で1,500,000円発
生する。

⑶　事業部Xと事業部Yに共通して、固定製造原価が1,300,000円、固定販管費が3,600,000円発生する。

⑷　共通固定費は、製造原価については販売数量に、販管費については売上高に基づき各事業部に配
賦することとする。

⑸　個別固定費は、製造原価では80％が、販管費では60％が各事業部長にとって管理可能である。

3．その他計算に必要なデータ

⑴　各事業部の投下資本は事業部Xが24,000,000円、事業部Yが18,000,000円であり、このうち80％は
各事業部長にとって管理可能である。

⑵　当社の資本コストは10％である。

⑶　法人税は考慮する必要はない。

問1　答案用紙の事業部別損益計算書を完成させなさい。

問2　各事業部の①管理可能投下資本利益率（ＲＯＩ）、および②管理可能残余利益（ＲＩ）を計算しな
さい。

■解答欄

問1

事業部別損益計算書　　　　（単位：円）

	事業部X	事業部Y	合　計
Ⅰ　売　　上　　高	(　　　　　)	(　　　　　)	(　　　　　)
Ⅱ　変　動　製　造　原　価	(　　　　　)	(　　　　　)	(　　　　　)
変動製造マージン	(　　　　　)	(　　　　　)	(　　　　　)
Ⅲ　変　動　販　売　費	(　　　　　)	(　　　　　)	(　　　　　)
限界利益	(　　　　　)	(　　　　　)	(　　　　　)
Ⅳ　管理可能個別固定費			
製造間接費	(　　　　　)	(　　　　　)	(　　　　　)
販売管理費	(　　　　　)	(　　　　　)	(　　　　　)
管理可能営業利益	(　　　　　)	(　　　　　)	(　　　　　)
Ⅴ　管理不能個別固定費			
製造間接費	(　　　　　)	(　　　　　)	(　　　　　)
販売管理費	(　　　　　)	(　　　　　)	(　　　　　)
営業利益	(　　　　　)	(　　　　　)	(　　　　　)
Ⅵ　共　通　固　定　費			
製造間接費	(　　　　　)	(　　　　　)	(　　　　　)
販売管理費	(　　　　　)	(　　　　　)	(　　　　　)
事業部利益	(　　　　　)	(　　　　　)	(　　　　　)

問2

	事業部X	事業部Y
管理可能投下資本利益率	％	％
管理可能残余利益	円	円

問1

		事業部別損益計算書		（単位：円）
		事業部X	事業部Y	合　計
Ⅰ	売　　上　　高	(20,000,000)	(16,000,000)	(36,000,000)
Ⅱ	変 動 製 造 原 価	(8,000,000)	(7,200,000)	(15,200,000)
	変動製造マージン	(12,000,000)	(8,800,000)	(20,800,000)
Ⅲ	変 動 販 売 費	(1,000,000)	(800,000)	(1,800,000)
	限界利益	(11,000,000)	(8,000,000)	(19,000,000)
Ⅳ	管理可能個別固定費			
	製造間接費	(3,200,000)	(2,400,000)	(5,600,000)
	販売管理費	(1,200,000)	(900,000)	(2,100,000)
	管理可能営業利益	(6,600,000)	(4,700,000)	(11,300,000)
Ⅴ	管理不能個別固定費			
	製造間接費	(800,000)	(600,000)	(1,400,000)
	販売管理費	(800,000)	(600,000)	(1,400,000)
	営業利益	(5,000,000)	(3,500,000)	(8,500,000)
Ⅵ	共 通 固 定 費			
	製造間接費	(500,000)	(800,000)	(1,300,000)
	販売管理費	(2,000,000)	(1,600,000)	(3,600,000)
	事業部利益	(2,500,000)	(1,100,000)	(3,600,000)

問2

	事業部X	事業部Y
管理可能投下資本利益率	34.38％	32.64％
管 理 可 能 残 余 利 益	4,680,000円	3,260,000円

問1

事業部X

売上高：4,000円/個×5,000個＝20,000,000円

変動製造原価：1,600円/個×5,000個＝8,000,000円

変動販売費：200円/個×5,000個＝1,000,000円

管理可能個別固定費（製造間接費）：4,000,000円×80％＝3,200,000円

管理可能個別固定費（販管費）：2,000,000円×60％＝1,200,000円

管理不能個別固定費（製造間接費）：4,000,000円×20％＝800,000円

管理不能個別固定費（販管費）：2,000,000円×40％＝800,000円

共通固定費（製造間接費）：1,300,000円×5,000個/13,000個＝500,000円

共通固定費（販管費）：3,600,000円×20,000,000円/36,000,000円＝2,000,000円

◆　事業部長の業績評価は、**管理可能性**に注目する。よって、事業部長にとって**管理可能な収益、費用および投資額を集計**することで、正確な事業部長の業績評価が可能となる。なお、共通固定費は事業部長にとって当然管理不能なため、個別固定費のみ区別が必要となる。

■　本問のような損益計算書の問題では、**必ず検算をすること！！**

本問は個別固定費を管理可能・不能に分けていたり、共通固定費を各事業部に配賦したり計算が複雑なため、計算間違いが多くなる。よって、利益の合計額などで確実に検算をすること。

〔参考〕検算

各事業部の利益の合計額：2,500,000円＋1,100,000円＝3,600,000円

合計ベースでの利益の合計額：19,000,000円－10,500,000円－4,900,000円＝3,600,000円

各製品の限界利益：2,200円/個×5,000個＋1,000円/個×8,000個＝19,000,000円

個別固定費の合計：4,000,000円＋2,000,000円＋3,000,000円＋1,500,000円

＝10,500,000円

共通固定費：1,300,000円＋3,600,000円＝4,900,000円

問2

（1）　管理可能投下資本利益率

事業部X：6,600,000円÷19,200,000円≒34.38％

※　19,200,000円＝24,000,000円×80％

事業部Y：4,700,000円÷14,400,000円≒32.64％

※　14,400,000円＝18,000,000円×80％

（2）　管理可能残余利益

事業部X：6,600,000円－19,200,000円×10％＝4,680,000円

事業部Y：4,700,000円－14,400,000円×10％＝3,260,000円

第21章　分権組織とグループ経営の管理会計

21-2 内部振替価格①

当社では、2つの事業部（事業部P、事業部Q）を用いて、製品xの製造販売を行っている。事業部Pでは、部品xを製造しており、事業部Qでは、事業部Pで製造した部品xをすべて振り替え製品xを製造している。よって、下記の〔資料〕に基づき、以下の各問に答えなさい。

重要度 A

〔資料〕

1．事業部Pおよび部品xに関する資料
 (1) 部品xの変動製造原価は1,600円/個である。
 (2) 固定製造原価が3,600,000円発生している。なお、当期の基準操業度は部品x6,000個である。
 (3) 部品xの販売には200円/個の変動販売費が発生する。また、固定販管費が1,800,000円発生している。
 (4) 部品xの市場価格は3,500円/個である。
 (5) 事業部Pの生産能力は部品x10,000個である。

2．事業部Qおよび製品xに関する資料
 (1) 製品x1個を製造するには、部品x2個を必要とする。
 (2) 部品xを除く、製品xの変動製造原価は2,400円/個である。
 (3) 固定製造原価が4,800,000円発生している。
 (4) 製品xの販売には400円/個の変動販売費が発生する。また、固定販管費が1,200,000円発生している。
 (5) 製品xの販売数量は3,000個である。
 (6) 製品xの市場価格は14,000円/個である。
 (7) 事業部Qの生産能力は製品x5,000個である。

問1　市価基準により振り替える場合の損益計算書を作成しなさい。

問2　全部原価基準により振り替える場合の損益計算書を作成しなさい。

問3　差額原価基準により振り替える場合の損益計算書を作成しなさい。

■解答欄

問1

(単位：円)

	P事業部	Q事業部	合　計
外 部 売 上 高			
内 部 売 上 高			―
内 部 仕 入 高			―
変　　動　　費			
限　界　利　益			
固　　定　　費			
営　業　利　益			

問2

(単位：円)

	P事業部	Q事業部	合　計
外 部 売 上 高			
内 部 売 上 高			―
内 部 仕 入 高			―
総　　原　　価			
営　業　利　益			

問3

(単位：円)

	P事業部	Q事業部	合　計
外 部 売 上 高			
内 部 売 上 高			―
内 部 仕 入 高			―
変　　動　　費			
限　界　利　益			
固　　定　　費			
営　業　利　益			

問1　(単位：円)

	P事業部	Q事業部	合　計
外 部 売 上 高	—	42,000,000	42,000,000
内 部 売 上 高	21,000,000	—	—
内 部 仕 入 高	—	21,000,000	—
変 　 動 　 費	10,800,000	8,400,000	19,200,000
限 界 利 益	10,200,000	12,600,000	22,800,000
固 　 定 　 費	5,400,000	6,000,000	11,400,000
営 業 利 益	4,800,000	6,600,000	11,400,000

問2　(単位：円)

	P事業部	Q事業部	合　計
外 部 売 上 高	—	42,000,000	42,000,000
内 部 売 上 高	16,200,000	—	—
内 部 仕 入 高	—	16,200,000	—
総 　 原 　 価	16,200,000	14,400,000	30,600,000
営 業 利 益	0	11,400,000	11,400,000

問3　(単位：円)

	P事業部	Q事業部	合　計
外 部 売 上 高	—	42,000,000	42,000,000
内 部 売 上 高	10,800,000	—	—
内 部 仕 入 高	—	10,800,000	—
変 　 動 　 費	10,800,000	8,400,000	19,200,000
限 界 利 益	0	22,800,000	22,800,000
固 　 定 　 費	5,400,000	6,000,000	11,400,000
営 業 利 益	−5,400,000	16,800,000	11,400,000

問1

(1) 市価基準による内部振替価格

　3,500円/個

(2) 損益計算書の金額

　内部売上高：3,500円/個×6,000個＝21,000,000円

　変動費：1,600円/個×6,000個＋200円/個×6,000個＝10,800,000円

　固定費：3,600,000円＋1,800,000円＝5,400,000円

　外部売上高：14,000円/個×3,000個＝42,000,000円

　内部仕入高：（＝内部売上高）

　変動費：2,400円/個×3,000個＋400円/個×3,000個＝8,400,000円

　固定費：4,800,000円＋1,200,000円＝6,000,000円

問2

(1) 全部原価基準による内部振替価格

　1,600円/個＋200円/個＋（3,600,000円＋1,800,000円）÷6,000個＝2,700円/個

(2) 損益計算書の金額

　内部売上高：2,700円/個×6,000個＝16,200,000円

　総原価：（1,600円/個＋200円/個）×6,000個＋3,600,000円＋1,800,000円＝16,200,000円

　内部仕入高：（＝内部売上高）

　総原価：（2,400円/個＋400円/個）×3,000個＋4,800,000円＋1,200,000円＝14,400,000円

問3

(1) 差額原価基準による内部振替価格

　1,600円/個＋200円/個＝1,800円/個

(2) 損益計算書

　内部売上高：1,800円/個×6,000個＝10,800,000円

　変動費：（1,600円/個＋200円/個）×6,000個＝10,800,000円

　固定費：3,600,000円＋1,800,000円＝5,400,000円

　内部仕入高：（＝内部売上高）

　変動費：（2,400円/個＋400円/個）×3,000個＝8,400,000円

　固定費：4,800,000円＋1,200,000円＝6,000,000円

問題21－2の〔資料〕に基づき、以下の各問に答えなさい。

問1　A社から、製品xを8,000円/個で1,000個購入したいという申し出がある場合に、これを受けた場合の各事業部の利益の増加額および全社的な利益の増加額を計算しなさい。なお、内部振替価格は市価基準を用いることとする。

問2　A社から、製品xを10,000円/個で1,000個購入したいという申し出がある場合に、これを受けた場合の各事業部の利益の増加額および全社的な利益の増加額を計算しなさい。なお、内部振替価格は市価基準を用いることとする。

■解答欄

問1

事業部P	事業部Q	全社
円	円	円

問2

事業部P	事業部Q	全社
円	円	円

問1

事業部P	事業部Q	全社
3,400,000円	−1,800,000円	1,600,000円

問2

事業部P	事業部Q	全社
3,400,000円	200,000円	3,600,000円

問1

(1) 事業部P

利益の増加額：（3,500円/個−1,600円/個−200円/個）×2,000個＝3,400,000円

(2) 事業部Q

利益の増加額：（8,000円/個−7,000円/個−2,400円/個−400円/個）×1,000個＝−1,800,000円

(3) 全体

利益の増加額：（8,000円/個−1,800円/個×2個−2,400円/個−400円/個）×1,000個＝1,600,000円

問2

(1) 事業部P

利益の増加額：（3,500円/個−1,600円/個−200円/個）×2,000個＝3,400,000円

(2) 事業部Q

利益の増加額：（10,000円/個−7,000円/個−2,400円/個−400円/個）×1,000個＝200,000円

(3) 全体

利益の増加額：（10,000円/個−1,800円/個×2個−2,400円/個−400円/個）×1,000個＝3,600,000円

◆ 追加注文の問題では、各事業部の追加利益の合計が全体の追加利益と等しくなるので、必ず検算すること！！

〈編著者紹介〉

CPA会計学院

公認会計士試験資格スクールとして、圧倒的な合格実績を誇る。
創設は昭和43年。わが国で初めて全日制による公認会計士受験指導を
始めたスクールとして誕生した。本質が理解できる講義・教材により、
全国の学生・社会人から支持を得ている。
創設以来、全国展開をせず、受講生一人ひとりを手厚くするフォロー
する戦略により、合格者の過半数以上を輩出。
2023年公認会計士試験では全体合格者1,544名の内、786名の合格者の
輩出、総合合格1位合格者の輩出など圧倒的な実績を残している。
「CPAラーニング」を通じて、簿記・会計教育の浸透に取り組んでいる。

いちばんわかる日商簿記1級
工業簿記・原価計算の問題集

2023年5月18日　初版第1刷発行
2024年7月25日　　　第2刷発行

編著者　CPA会計学院
発行者　CPA出版
住所：〒160-0022　東京都新宿区新宿3-14-20 新宿テアトルビル5F
アドレス：cpa-learning@cpa-net.jp
URL：https://www.cpa-learning.com/

発売　サンクチュアリ出版
〒113-0023　東京都文京区向丘2-14-9
電話：03-5834-2507　FAX：03-5834-2508

印刷・製本　シナノ書籍印刷株式会社